BUILDING
THINKING CLASSROOMS
in MATHEMATICS

〔加〕彼得·利耶达尔
（PETER LILJEDAHL）◎著

方 盈◎译

为什么你的学生不思考？

北京科学技术出版社

著作权合同登记号　　图字：01-2022-4651

图书在版编目（CIP）数据

为什么你的学生不思考？/ (加) 彼得·利耶达尔（PETER LILJEDAHL）著；方盈译. —北京：北京科学技术出版社，2023.6（2025.1重印）

书名原文：Building Thinking Classrooms in Mathematics
ISBN 978-7-5714-2822-8

Ⅰ. ①为… Ⅱ. ①彼… ②方… Ⅲ. ①课堂教学－教学研究 Ⅳ. ① G424.21

中国国家版本馆 CIP 数据核字（2023）第 004906 号

策划编辑：崔晓燕	**电　话：**0086-10-66135495（总编室）
责任编辑：崔晓燕	0086-10-66113227（发行部）
责任校对：贾　荣	**网　址：**www.bkydw.cn
图文制作：北京瀚威文化传播有限公司	**印　刷：**北京中科印刷有限公司
责任印制：吕　越	**字　数：**300 千字
出 版 人：曾庆宇	**开　本：**720 mm × 1000 mm　1/16
出版发行：北京科学技术出版社	**印　张：**18.25
社　　址：北京西直门南大街 16 号	**版　次：**2023 年 6 月第 1 版
邮政编码：100035	**印　次：**2025 年 1 月第 8 次印刷
ISBN 978-7-5714-2822-8	

定　价：79.00 元

推荐序

在有关教学的文献中，我们常常看到"研究表明……"这样的字眼，其后会提到一些所谓成功且高效的教学方法。看到这样的字眼后，我常常会想："在这篇文献中，作者做了怎样的研究呢？这项研究是怎么设计的呢？"

"这个成功的教学方法是什么意思？谁成功了？在怎样的条件下成功了？""这个高效的教学方法又指的是什么？作者是怎么衡量一种方法高效与否的呢？"这些问题或许并不重要。但就我而言，我特别不信任那种没经过课堂实践就去做研究的人，也不相信那些只凭期末考试成绩就评判某种教学方法成功与否的研究。这样的研究不值得我们相信，也不值得我们为此改变自己的教学方式。反之，我很容易被那种既严谨又全面的研究所迷住，这类研究往往会将教育理论、学习行为和学生思维等因素都考虑进去。

本书作者彼得·利耶达尔的研究就属于后者，他的研究真让我着迷。在阅读的过程中，我们会发现，十五年来，他一直与四百多名老师和数千名学生一起探索成功的教学方法。彼得认为成功的教学方法是指这种教学方法能让更多的学生思考，且思考的时间更长。而他认为高效的教学方法是指这种教学方法能运用有效的教学手段，为学生营造适宜的学习环境，让学生能主动思考。不仅如此，彼得的研究成果是有数据支撑的，比如，从刚开始上课到学生真正开始思考需要多长时间（秒）？学生自己能坚持思考多久？学生的专注度有多高？学生心不在焉时，玩手机的频率有多高？有哪些学生是在认真思考？上课开小差的学生多吗？学生能否将所学的内容融会贯通？

彼得专注研究学生。他对学生进行观察、对学生访谈，从中收集各种信息，就为了解决教育中的一大难题：老师到底用什么样的教学方法才有用？例如，老师在布置作业的时候，是应该将习题投影出来还是打印出来呢？又或是只需口头解释一遍就够了呢？布置作业的不同方式对学生思考会有不同的效果吗？（的确是有的。）老师在讲解习题的时候，学生站着听和坐着听会有不同的效果吗？（还真有。）一堂课的导入部分对上课的效果影响大吗？（非常大。）学生应该在草稿纸上，还是在黑板上做题呢？是小组合作比较好，还是独立完成比较好呢？如果是小组合作的话，小组里的每个人都需要配一支笔，还是只有一个学生拿笔就够了呢？如果分了组的话，一个小组里安排多少人比较合适呢？如何给学生进行分组呢？小组成员怎么轮换呢？轮换的频率又该如何呢？

彼得对课堂的研究已达数万个小时，解答了上百个问题，上述这些问题仅仅只是其中的一小部分。在早期的教学实践中，他若是发现某种教学方法能让学生思考，后期就会和更多的老师一起合作，把这种教学方法应用在不同的课堂中。只有那些在不同学校对不同的师生都起到了效果，并成功地引发了学生思考的教学方法，才会被记录到这本书中。

如今，你手上这本实用性和可读性兼备的书，可以说是给数学老师的一份礼物。彼得告诉我们，老师可以通过做出一些改变让学生更主动地思考，且思考得更久，并将其总结成一些实用的教学方法。据此，老师随时可以做出一些改变，一步步解决教学中遇到的问题。彼得在研究中做了无数次尝试，听取了学生真实的心声，并用了最平实的语言去描述这些方法。彼得的研究成果出自真实的课堂，所以他所列举的教学方法是非常可行的。在阅读本书的时候，我发现我自己也会不自觉地点头认同，这都要感谢彼得，是他把自己的观察成果组织成文，让老师能够最快地实施这些教学方法。

这些改变课堂的实践是需要一层层往上推进的，这也意味着不能慢条斯理地进行改变。虽然彼得所列举的一些方法是很可行的，但老师在实践过程中还是会遇到阻力的。彼得认为需要变革那种根深蒂固的传统教学流程：首先，学生在教室里找到自己的位置坐下听讲；然后，老师站在讲台上开始授课；接着，老师在黑板上写下需要学生完成的习题，学生再抄写下来；随后，学生通过模仿老师示范的解题方法把题目做出来；再接着，学生回家写作业；最后，老师对学生的考试成绩做出评估。

在这本书中，彼得建议我们大胆质疑上述那套传统的教学流程，用更有效的且经过检验的教学方法来取代这套传统的教学流程。在学生进行小组讨论的时候，老师可以让他们站起来，而非坐在座位上。在学生记笔记的时候，老师可以让学生记下容易忘记的内容，而非老师想让他们记的内容。在学生解题的时候，老师可以让学生想一种新的解题思路，而非模仿老师示范的解题方法。要记住，老师之所以采取这些教学方法，是因为这些教学方法可以在数以百计的课堂上引导学生去思考。总而言之，采取这些教学方法，是为了提醒学生：这节课是不一样的！在这节课上，老师需要学生思考。

打造思考型课堂为什么很重要？因为现在大多数学生都只是装模作样地表现出学生该有的样子，他们其实并没有在认真思考。还有一些曾在学习中遇到过困难的学生，在后续的学习过程中，他们也是更加不敢思考和挑战。为了让学生更有效地学习，我们需要挑战传统的教学方式，建立思考型课堂，鼓励学生思考，延长学生思考的时间，而不是让学生养成偷懒、拖延、装模作样和模仿学习的习惯。

鉴于学生不思考这一大难题，我特别希望老师能试着运用本书中的理念与方法。毕竟，还有什么是比教会学生思考更重要的事呢？

推荐人 特拉西·约翰斯顿·扎格尔

简介

2003年我初遇简，当时她已在初中任教15年了。她很喜欢教数学，当时学校需要她设计一套新的课程。据说这套新课程需要老师用解决问题的方式来进行教学。在简15年的教学生涯里，她从没有接触过这类教学方式。于是，简决定走在课程改革的前列，她需要学习一些关于解决问题式教学的内容，并尝试在课堂上使用这种教学方式。

在我们相识之前，简只知道关于我的三件事。第一，她知道我喜欢解决问题，当时我的研究重点正好是关于解决问题式教学，而且我经常在相关的研讨会上发表演讲。第二，她知道我正在攻读博士学位，没有在教职岗位上工作，因此我有较多空闲时间。第三，她知道我的邮箱，我不知道她是如何获取我的邮箱信息的，毕竟我那时根本不认识她。但是，在2003年的某一天，我收到了一封来自简的电子邮件。

简：您好！我们需要在初一、初二的数学课堂中尝试解决问题式教学，我对这种教学方式非常感兴趣，您能给我一些建议吗？

这真的是太棒了！我离开讲台已经好些年了，也非常想念教书的感觉。对我来说，这不仅仅是一次重回讲台的机会，我还可以和学生一起解决问题。

彼得：如果能帮上忙就太好了。不如我们开个会来讨论一下吧！我明天可以去你们学校一趟。你们的教室是哪一间？几点开始上课？

在第二天下午的15点15分，我面带微笑地来到了简的教室。我非常高兴。但简大概是因为曾经和不少研究者合作过，她显然不像我看起来那么兴致勃勃。

简：在我们尝试解决问题式教学之前，我想先说清楚几件事。首先，我不想在我的课堂里看到您表现出特别激动的样子。其次，我并不打算和您一起授课，我也不会和您一起制订教学计划，我只想要一些可以在初一、初二的数学课堂上使用的思考题，我甚至不明白为什么我们一定要面谈。

事实上，这与我所期待的结果相去甚远，但我也不会因此而打退堂鼓。经过15分钟的讨论后，我们终于达成了一点点共识。我会给简提供一些优质思考题，让她在课上进行尝试。为了答谢我，她允许我去旁听她讲课，看看她是如何在课上尝试解决问题式教学的。简的规矩还有很多。

简：首先，您必须坐在那个位置。（指着教室后面的一张课桌）其次，您不能和学生交谈，也绝不可以和我说话。

于是，我们开始了某种意义上的合作。我给简的第一道题目出自英国数学家路易斯·卡罗，我自己曾在初二、初三的课堂上用了不少次。这是一道优质思考题，背景故事很有趣，答案却不简单，尽管这道题目不涉及太多复杂的数学知识。当我和学生一起讨论这道题目时，学生会算出各种答案，并争论不休，他们自己也非常享受解题的过程。

如果6只猫能在6分钟里捉住6只老鼠，那么在50分钟里捉住100只老鼠需要多少只猫？

第二天早上，我坐在简上课的教室里，看着她把这道题写在黑板上，并让学生去解答。先来回顾一些细节，我再告诉你接下来发生了什么。如前文所述，简已经从事教学15年了，她从没试过在课上运用这类习题。教室里的课桌平行排列，课桌两两拼在一起，学生两两成为同桌。在教室里，学生没有指定的座位，他们想坐在哪里就坐在哪里，想和谁坐就和谁坐。简的上课流程通常是这样的：首先，她要讲解前一天布置的家庭作业，随后才正式开始上课。在此期间，简会向学生演示如何解答某道题目，学生会记下笔记。简还会要求学生做一些我称之为"现在你试一试"型题目。几分钟后，她会给学生讲解。讲完这些题目后，简会从练习册或讲义中选取一些题目给学生布置家庭作业，学生会在课余时间完成作业。总之，简的课就是一堂非常典型的数学课。这次教学实践是在五月进行的，距离一学年结束只剩下六个星期了。

当简第一次在课上尝试解决问题式教学时，你觉得会发生什么样的情况呢？没错，就是一场灾难。当简要求学生解答黑板上的题目时，很多学生马上举起手来，简不得不在教室里走来走去，解答学生的疑惑。她从一个学生身边走到另一个学生身边，从一桌走到另一桌，告诉他们应该做什么、做对了没有。不一会儿，学生就变得灰心丧气，开始放弃解题。简不得不花很多时间鼓励学生继续努力。

与此同时，我坐在教室后方的指定位置，尽量不和学生说话，也不和简说话。我看着情况变得越来越糟，想着简肯定要把我赶出教室，我们之间短暂又悲惨的合作可能马上就要结束了。

25分钟之后，简走到我身边对我说："再给我一道题吧"。我既震惊又感动，简真的是深藏不露。于是我又给了她一道题。第二天早上，我又坐回到那个指定位置，看着简又试了一次，还是同一群学生。

结果，情况变得更糟了，学生很快就放弃了。简已经没有时间指导学生解题，她不得不花很多时间来鼓励学生。在快下课时，简又过来对我说："再给我一道题"——她太坚持了。在过去的18年里，我曾和无数老师合作过，但从没见过像简这样在遭遇失败后还如此坚定的人。于是，我又给了她一道题。隔天早上，我还是坐到指定的位置，看着简和同一群学生一起去做新的题目。

整节课真的是糟透了，学生的斗志早已被磨灭。整整25分钟里，他们就只是坐在座位上闲聊，也不做题，但简依旧斗志昂扬。在这灾难性的25分钟里，她在教室里走来走去，期待着会有奇迹发生。快下课时，她走到我身边对我说："我想这场实验该结束了。"

我也这么觉得，教室里的每个人都太痛苦了。学生受挫，简也累坏了，而我也失望透顶——的确是该停下来了。但我想弄清楚，这些经过检验的优质题目怎么到了简的课堂上就不行了。我询问简能否让我留下来，我希望再观察一下她的课堂。简准许了，但她又和我强调了一遍："但你知道我的规矩的。"

我在简的教室里又观察了三天。如她所说，她上课往往会遵循一套固定的流程：从讲解家庭作业开始，再讲解例题，要求学生记笔记、做练习，最后布置作业。有些学生是参与过之前那几次实验的，有些则是我没见过的新面孔。直到第三天，我悟出了两点。

第一点是，在这三天里，我几乎没见过简的学生动脑筋思考过，至少不是我认为的思考，学生只有真正开始思考，他们后续的学习才会更顺利。我并不是指课上的教学活动太少，在这几次课上，教学活动很丰富，学生从上课一直忙到下课，他们要不停地记笔记、回答问题、在书上填空以及做作业。他们只是太忙了，忙得没时间思考而已。

第二点是，简的教学设计主要基于：学生不愿意或不能思考。简真的太难了，满满一屋子不愿意动脑筋的学生，还有课程大纲和各种对教师的考核压着她。这就是每位老师都逃避不了的困境——既要了解自己的教学内容，也要关心自己的学生，为他们提供最好的教学。在简所在的学校，乃至整个学区里，她都称得上是数一数二的优秀教师，她的学生成绩都很不错，几乎没有拖后腿的。她希望自己能给学生提供最好的教学，也愿意为此付出努力，但她还是面临着这种考核压力。她做了大多数老师都会做的事——设计了很多学生不用思考就能完成的教学活动。

我举个例子。简曾经在课堂上给学生出了一道"牙签题"。她要求学生用牙签摆一排正方形，并记录下摆不同面积大小的正方形所需的牙签数量。根据记录下的数据，学生可推算摆出长度单位为10、20或100根牙签的正方形需要多少根牙签。再根据这些推算，学生会归纳出一些运算规则。牙签题是一道优质题目，可以鼓励学生养成探索意识。但在她的课堂上，这项教学活动演变成了一组组指令，演算过程也被简化成一系列按部就班的讲课流程。于是，在这20分钟左右的时间里，每个学生都能完成她所给的任务，并不需过多思考。当然了，这项教学活动本身就不需要学生思考，她一开始的教学设计就假设学生是不愿或不能思考的。她也没有其他的选择，一直深陷在学生不思考的死循环里。这是一个非常严峻的问题，思考是学习的前提，学生不思考就意味着他们没有在学习。

思考是学习的前提，学生不思考就意味着他们没有在学习。

这是简才会遇到的问题吗？我又去观察了另外一位老师的课堂情况，我看到的是一模一样的场景。我一共观察了五位老师的课堂，见到的都是同样的情况。学生没有思考，老师在备课的时候就假定了学生不愿或不能思考，如此说来，简的个人问题就上升为学校的普遍问题了。

这是这所学校独有的问题吗？我联系了一些教育同行，请他们推荐一些优秀的老师给我。我再联系这些老师，询问是否可以去观察他们的课堂，大多数老师都同意了。于是，我去到不同地区观察不同学校、班级的老师上课。我还会问他们有没有其他的老师推荐给我，这样我就能从一个班级被介绍到另外一个班级，从一所学校被介绍到另外一所学校，不断观察优秀的课堂。

因为有老师的推荐，我能到不同的学校参观。从幼儿园到高三年级，每个年级的课堂我都观察了一遍。同时，我也观察了说英语的课堂和说法语的课堂，公立和私立的学校我也都去过了。我一共观

我遇到的无一例外是学生不思考的情况，老师在备课的时候就假定了他们的学生不愿或不能思考。

察了40多个班级，遇到的无一例外是学生不思考的情况，老师在备课的时候就假定了他们的学生不愿或不能思考。但这些老师和简一样，都是很优秀的老师，他们非常了解自己的教学内容，也很关心自己的学生，希望能给学生提供最好的教学。但这些老师全都陷入了学生不思考的死循环里。面对着这一群不思考的学生，以及大量需要讲解的知识点，这些老师和简一样，不得不借助那些可以快速把知识点讲明白的辅导资料。这不是简一个人的问题，也不是简所在学校的问题，这是美国教育体制的问题。

不思考的学生

我发现学生都不愿意思考。对此，你也许深有同感，或许你还会一边点头

一边说你的课堂上也常出现这样的情况；或许你还很着急，不知道如何改变这种情况。如果是这样的话，你可以跳过接下来介绍制度规范的部分。但如果你还想知道为什么学生不思考，或者想了解学生不思考的概率有多大，那就请你继续阅读吧。

在走访这40多个班级时，我只是隐隐感觉到学生没有思考。事实证明，我当时的感觉是对的。

在研读了一系列关于学生行为的文献后，我找到了一个精确的术语，可以更好地描述我的所见所闻。那就是1986年芬斯特·马赫在研究中首次提出的与教学行为相类似的词语——学生行为。作为老师，我们需要做大量的事情，这些事情或许能促进学生主动学习，但老师往往还需要考勤、维持课堂纪律、发布学校公告、收集家长意见、筹集班费，以及帮助学生学习课程内容，以培养出学生应具备的一些能力。这些都可被称作教学行为。芬斯特·马赫认为学生行为与教学行为类似。

学生行为不仅指学生要学会如何学习，还包括如何与老师、同龄人相处，与父母沟通等非学业方面的问题。此外，学习行为也包括学生的一些不合理的行为，例如，和老师打心理仗，打破老师立下的规矩，把时间混过去还不被老师看出来，和老师商量布置较少的作业量、安排较多的课外活动，思考哪些是考点、哪些不会考。

学生行为是指学生在学习环境中所做的一切事情，学习只是其中的一部分。

总之，学习只是学生行为中的一小部分，还有很大一部分是与学习无关的。学生行为是我们研究的起点，有助于我们研究学生不思考时的所作所为。于是我打算设置一些教学活动，以便研究学生行为。设置教学活动是指在一堂课里布置有明确规则的活动。我最初设置了这些教学活动：布置"现在你试一试"型题目、记笔记和做作业。我将在第七章和第十一章中介绍做作业和记笔记的研究结果。在这里，我会介绍"现在你试一试"型题目的调查研究结果。

"现在你试一试"型题目是指老师先向学生展示例题的示范解法，学生自己再尝试做的一类题目。例如，老师会先向学生讲解两位数的乘法，讲了两三遍后，老师一边转过身对学生说"现在你们试一试"，一边在黑板上写下学生要做的题目。等待4分22秒（老师留给学生做"现在你试一试"型题目的平均时长）后，再给学生讲解如何解题。通常情况下，老师会再给学生布置一道"现在你试一试"型题目。在我观察的那40多个班级里，"现在你试一试"型题目是每个课堂的基础和核心部分，对老师而言，这也是教学内容的一部分。

我问这些老师会希望学生怎样做，老师们的答案大同小异。

莉　莲：我希望看到学生自己尝试解题。

研究者：为什么呢？

莉　莲：想看看他们到底能不能做出来，如果他们做不对的话，我希望他们能从错误中吸取教训。

老师希望学生尝试着独自解题，并从中吸取教训。"现在你试一试"型题目是一种自测型评估题目，它能让学生和老师了解到老师之前示范的解法是否有效。那么，在"现在你试一试"型题目中，学生到底在做什么？研究结果显示，只有20%的学生如我们期望那般认真思考，剩下的学生都没有思考，我们从中观察到许多类似的学生行为，来看看有没有眼熟的学生行为吧。

1. **偷懒**　每个教室里总有一些学生拿到习题后根本不会尝试解题。在别人做题的时候，他们会玩手机来打发时间，或和其他偷懒的同学聊天，甚至什么都不做。经过访问和调查得知，这些偷懒的学生完全不知道自己要做什么，或根本不关心要做什么。

2. **拖延**　和偷懒的学生一样，拖延的学生也不会试着解题。但和偷懒的学生不一样的是，这类学生会用与解题无关的行为来打发时间，比如削铅笔、喝水、去洗手间或是在书包里翻来翻去。经过访问和调查得知，这类学生不知道该怎么解题，或者他们相信再过几分钟老师肯定会讲答案的。

3. **假装学习**　有的学生装出一副认真做题的模样，但其实并没有在做题。例如，他们不断地抬头看黑板、翻书、装模作样地沉思、在草稿纸上写写画画。这种行为和拖延行为性质是一样的，只不过隐藏在看似正常的学生行为背后。不同之处在于，拖延的学生在做与解题无关的事，而假装学习的学生在做看似与解题相关的事。经过访问和调查得知，这类学生要么是不知道怎么做题，要么在老师走过来之前装模作样地做小动作，以打发时间。

4. **模仿学习**　和前面三种类型的学生不一样，会模仿学习的学生通常都能完成老师布置的题目，但他们只是重现老师在黑板上演示出来的步骤。这类学生需要不断参考老师所给出的演示例题，并将例题与自己手头的题目一点点地对应起来。如果老师所讲的例题和他们手头的题目稍有不同，他们就会卡住。虽然老师都表示不希望自己的学生去模仿，讽刺的是，几乎所有的学生都认为老师希望他们模仿，学生会把老师示范的解法当成老师希望他们模仿的解法。

5. 自主思考 最后一种学生就是自主思考的学生。这类学生会埋头思考，把老师布置的题目和自己学过的知识联系起来。有的学生能做对，有的会做错。他们真的会如老师所愿那般认真思考，并评估自己有没有理解所学的内容。

通过观察发现，每当老师布置了"现在你试一试"型题目时，上述前四种学生行为会反复出现。这四种学生行为在每个班级中的占比都惊人地相似（见图i-1）。在这些班级里，超过一半的学生都在模仿学习，而偷懒、拖延、假装学习的学生约占学生总数的25%。那些如老师期望那般自己尝试思考的学生甚至不到学生总数的20%。所以，正如我在前文中所提到的，学生其实并没有在思考，而是在偷懒、拖延、假装学习和模仿学习。

图i-1 针对"现在你试一试"型题目，学生行为占比

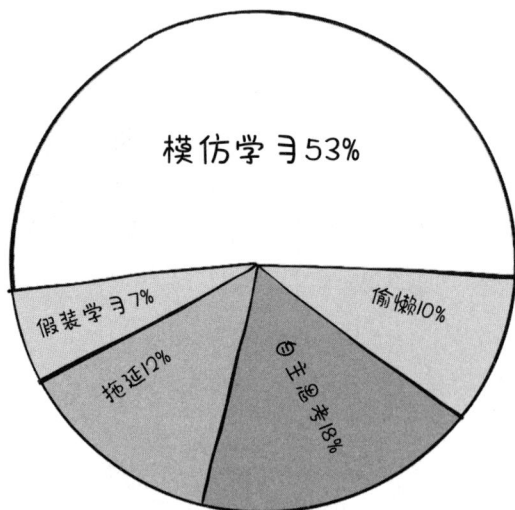

当我把上述数据和从第七章中的家庭作业、第十一章中的记笔记以及其他活动中收集的数据结合起来看，我发现，在长达一小时的常规课堂里，约

75%~85%的学生几乎不会思考，尽管剩下15%～25%的学生会思考，但他们每个人平均也会有8～12分钟是不思考的。上述就是我所收集到的基础数据，我希望改变学生不思考的情况。

制度规范

在观察的过程中，其实还暴露出了很多其他的问题。无论我走到哪里，我都能看到，每一间教室的外观和陈设看起来都是差不多的。教室里的课桌都朝着同一个方向，课桌前方是老师的讲台，竖直的黑板便于老师书写板书。学生坐着听讲，老师站着讲课。学生在自己的座位上解题，老师站在讲台上写板书。每节课的流程几乎都差不多，且都由老师主导的教学活动所构成，比如老师讲课，让学生记笔记、分组讨论、写作业等。不同的只是每个班的老师会布置不同的作业。

这种课堂模式渗透到了北美大陆，甚至全世界的每一间教室里，这种渗透力如此强大且根深蒂固，以至于成为了课堂的规范标准，我们也可以将其称为制度规范。这种规范融入了每所学校的体制中，如今的教室陈设和课堂设计等都是在这种规范的指引下出现的。自从工业革命时期公立教育诞生之初，这种规范就不曾改变过。虽然课桌的设计不一样了，教学工具也发生了变化——从黑板、绿板、白板再到智能黑板，但学生依旧还是坐着听，老师依旧还是站着讲。我们在教学技术、教育理论和学生评价方面有了十足的创新和改变，但学校的制度规范从没变过。

思考型课堂

在我去过的每间教室里，我都能看到不思考的学生。老师也是在假定学生不愿和不能思考的基础上备课。这些课堂如此大同小异，背后是不是存在某种制度规范？这种制度规范既然已经渗透到了每所学校、每间教室，是这种制度规范助长了学生的不思考行为吗？如果真是如此，我们就需要从制度规范上开始改变，激发学生主动思考。

这个假设是我后续研究的基础。在接下来的15年里，我和400多位小学、初中、高中老师一起合作，尝试着打破这种不思考行为的牢笼，希望能引导学生思考。我将8～18位老师分为一组，以两周为一个周期，试图改变这些制度规范，再观察主动思考的学生数量是否有所增加。我们的目标非常简单：让更多的学生思考，让学生思考的时间更久。为此我们愿意改变任何制度规范来实现这一目的，但唯一的限制条件是：我们的研究必须在教室里进行，且必须严格遵循课表。除此之外的其他规范，我们都可以对其进行改变。

我们内心非常渴望改变。在我们研究的早期阶段，我曾和8位老师合作过。在整整两周的时间内，学生在没有课桌椅的教室里上课。课桌椅是制度规范里必备的一项，但如果我们拿掉了课桌椅，会发生什么样的改变呢？从这次的实验里，我得出了三个结论。第一，有思考行为的学生明显变多了，更多的学生会主动思考，并思考得更久。第二，虽然拿掉课桌椅会有非常积极的成效，但老师还是不太愿意在没有课桌椅的教室里上课。即便这个举动效果再好，如果老师不愿意这样做的话，那就没有实施的必要了。虽然这会限制我们的研究，但这并不代表我们不愿意走出舒适圈。第三，我们往往在得出结论后，才会去思考其原理或相关的理论；我们知道了哪些改变是可行的之后，才会去深入研究这些改变为什么可行。像我这样的研究者，早已习惯了从理论入手，设计专门的实验来验证已知的理论，这种先有结果、后思考理论的情况真是令人兴奋。就像前文中拿掉课桌椅的实验，我花了很长时间采访学生，想弄明白为什么没有课桌椅的课堂环境有利于他们思考。情况是这样的，每当学生走进一成不变的教室，他们会在心里做出预设：今天的课和以往的课差不了多少。于是，学生就把他们不思考的习惯也带进了教室里。但如果学生进入一间不一样的教室，也许他们会把不思考的习惯留在教室门外，以不一样的心理状态走进教室，这种状态至少能坚持到刚上课的时候。课桌椅本身并不会影响学生思考，但拿走了课桌椅，学生的那种习惯性的心理状态就会发生改变。

没过多久，我们发现学生会积极思考了。很多老师反馈实验很成功，希望我们继续观察学生所取得的巨大进步。然而，在轰轰烈烈的课堂变革中，我们还是有所疏忽，没有注意到老师做出哪些改变会对学生产生怎样的影响。因此，我们的实验需要更加系统。在每一段为期两周的实验期里，我们只会选择一个变量来进行研究，观察这个变量对学生思考行为的影响。来看一下我们选择了哪些变量吧。

在刚开始的研究过程中，我们选择了这些变量——"现在你试一试"型题目、笔记、家庭作业、小组合作等，但影响学生思考的因素不仅仅是课堂上发生的事情，教室内的陈设也会产生影响。另外，老师如何回答学生的问题、布置哪类题目等都会对学生的思考产生影响。

我花了几个月观察没有进行这些实验的课堂，寻找影响学生思考的变量。最后，我总结出了14条影响学生思考的因素。

1. 布置思考题
2. 频繁地进行透明化的随机分组
3. 运用白板
4. 课桌椅随意摆放
5. 只回答持续思考的问题
6. 站着口述题目
7. 布置自测题
8. 让知识流动起来
9. 让学生进入心流状态
10. 底层巩固
11. 让学生记有意义的笔记
12. 评价你重视的能力
13. 帮助学生了解自己学会了什么、没学会什么
14. 使用数据收集型评分方式

这些因素囊括了老师在课堂上做的每一件事。至于老师如何改变这些因素，本书中都给出了相应的方法，老师也可以将其融入自己独特的教学风格。

这些因素也是影响学生思考的变量。我们针对每一项因素都做了实验，这些实验也成功地激发了学生思考。经过了长达15年的实验，我们找到了能引发学生思考的最佳教学方法。

其实，要找到比传统的教学方法更能引发学生思考的方法并不难，毕竟传统的教学方法本身就有很多劣势。在研究初期，我们采取了和传统教学方法完全相反的做法：如果传统的教学要求学生坐着听课，那我们就要让学生站着听课；如果传统的教学要求老师必须回答学生的问题，那我们就让老师减少回答学生的问题。我们做的就是诸如此类的改变。这种反其道而行之的做法的确引导我们找到了一种最佳教学方法，可以促进学生主动思考。在付诸了这些实践后，我们发现学生思考的频率要高很多。

老师在为期两周的实验里尝试了这些教学方法。如果这些方法效果不错，我们会继续优化，再投入课堂实践。但如果某种方法效果不佳，我们就会弃之不用，转而寻找其他的方法。经过不断调整和改变，我们找到了相对而言最佳的教学方法。相对是指：对某些特定的教师、某种特定的环境或某类特定的学生群体来说，这种方法是最佳的教学方法。但由于每间教室的风格、习惯和规范等不同，这种最佳教学方法可能会有一定的局限性。我真正希望研究出一套在任何环境下对任何老师都绝对有效的教学方法。

于是，我把这种相对最佳的教学方法应用在不同环境下的不同教室里，看看它到底有没有用。我们还会和老师们在实验中继续进行调整，直到找到一种适用于任何环境的最佳教学方法，即在不同的教室里，面对不同学生时，都能引发学生思考。然后我会把这种教学方法介绍给另外一组老师，让他们实践6～8周，以便了解该方法是否新鲜有趣（所以才让学生这么喜欢），以及这样的效果是否会持久。如果这些方法经过了这6～8周的检验，就证明这些方法是能引发学生思考的最佳教学方法。

本书阅读方法

在后续的章节中，你将了解到这种最佳教学方法。我会在每一章的开头简述该章所涉及的影响学生思考的因素，以及该章的内容。接下来，我会剖析该因素在传统的教学中所引发的问题，以及传统的教学方法所面临的困境。

然后，我会阐述该章的主体部分：思考型课堂。在这一部分中，你将了解针对该因素所给出的最佳教学方法，以及如何运用这种教学方法来解决某种特定的教学问题。同时书中还会针对不同年龄段的学生提供具体的指导。你也会收获很多具体的建议，以便实施上述教学方法。另外，我还提供了一些微观手段，以便你在课堂上更顺利地运用这种教学方法。

开头的问题和困境部分可能会让你想到教学中所遇到的问题。在我对其进行描述的过程中，你可能会产生一些疑问。因此，我在书中也添加了问题与解答的部分，来解答一些常见的问题。在这一部分里，我会给教育同行们解答他们最好奇或最不解的问题。

每章末尾的宏观、微观手段的部分是对本章内容的总结，"想一想"的部分是一些我认为值得深入想一想的问题。如果你在和他人一起学习、合作，那这些问题可以当作你们的讨论点。如果你独自阅读这本书，这些问题能帮助你更深入地思考本章的内容，并将你的想法转化成实际在课堂中可操作的教学方法。有些问题也能让你不断反思自己的教学方式。

如果你打算在阅读整本书之后再建立思考型课堂，那么在本书第十五章中，你会了解到应以怎样的顺序开展实践。如果你打算一边阅读，一边建立思考型课堂，我建议你先阅读第一~三章，尝试同时实施第一~三章中所提供的教学方法。为了更好地帮助到你，我几乎在每一章的结尾都加了一个"试一试"的部分，你会看到一些教学上的提示、技巧和思考题，供你在课堂上使用。

我并不是要你把书中提到的每一种教学方法都植入你的课堂中，这些教学方法仅供你参考，旨在和你常用的一些教学方法一起搭配使用。如果你要在特定的环境或人群中实践这些方法，你会发现微观手段很有帮助。

希望你喜欢这本书。

目 录

Building Thinking Classrooms

第一章

激发学习兴趣
——布置思考题

12 + 12 = 24
24 + 12 =

3×12

3 × 10 = 30
   +   +
3 × 2 = 6

36

老师如果想让学生思考，那么就必须布置一些题目启发他们思考。

老师如果想让学生思考，那么就必须布置一些题目启发他们思考，且所给的题目不仅要能引发他们思考，还要能鼓励他们不断思考。在数学课堂中，这类题目常常以思考题的形式出现，老师需要给学生布置合适的思考题。在本章中，我们将具体探讨思考型课堂中的题目类型。在本章的结尾，你可以找到一些运用在课堂上的题目，也可以了解到从哪里找这些题目，以及如何设计该类题目。在之后的章节里，我们会更深入地探讨引发学生思考的其他因素。

问 题

题目本身是无趣的。我曾和一些老师聊过哪些题目才能启发学生思考，但不会具体到哪道题目，我只会和老师探讨这道题目能实现什么样的教学目的。老师布置思考题的目的就是要让学生开动脑筋、主动思考。举个例子。

8和9，哪个数字更大？

如果拿这道题目去问初三的学生，其实是不合适的，初三的学生不应该解答这样的题目。但对一个四岁的孩子来说，要弄清楚8和9哪个数字更大，需要经过复杂且细微的思考。所以，要判断一道题是不是好的思考题，老师需要明白这道题目对学生来说能起到怎样的作用。由于低龄的孩子还不清楚数字的相对位置，所以这道题目有利于他们思考。

当我们不知道该怎么做时，就会想方设法地让学生去解题。

解题有助于学生思考。从波利亚的著作《如何解题》到美国数学教师协会（NCTM）制定的原则和标准都介绍了让学生参与解题的好处。虽然我们对解题所需的能力还有一些争论，但我们有一个普遍的共识：当我们不知道该怎么做时，就会想方设法地让学生去解题。换句话说，解题不是对已知知识的直接应用，不是去套用所学的公式，而是一个复杂的非线性过程。学生在解题过程中或许会卡壳，但他们依旧会思考，直到得出最终的答案。他们在解题时会学到如何应用所学的知识，也会更加了解自己的学习情况，从而学会思考。

布置合适的思考题，有助于打造思考型课堂。一道题目是好是坏，取决于学生在解题中运用知识的能力。一道好的题目会让学生在解题过程中遇到困难，学生需要不断思考、尝试、历经挫败，才有可能渐渐地把已有的知识运用到解题的过程中。简介中提到的猫鼠问题就是一道优质题目，学生如果只掌握分数和比例的知识，是不足以解答这道题的，学生还要用不同的视角去思考这道题。如果6只猫在6分钟里捉住6只老鼠，那么一种情况是6只猫每分钟捉1只老鼠，另一种情况是每只猫在6分钟里捉1只老鼠。学生要解出这道题就需要解读出题目中的隐藏信息。

> 一道好的题目会让学生在解题过程中遇到困难，学生需要不断思考、尝试、历经挫败，才有可能渐渐地把已有的知识运用到解题的过程中。

这类思考题常常被视为非常规的题目，因为要解答这些题目，学生需要用非常规的方式理解已学的知识。在学习过程中，一旦进行常规思考，学生就会宁愿模仿也不愿思考，如利森纳在研究中说的，学生会更倾向于模仿而非创新。思考题的优质与否要看这道题是否需要学生运用丰富多样的数学知识，并将这些知识用不同的方式组合起来。总之，题目的优劣与否并不是由题目本身所决定的，而是取决于布置这道题目要达到什么样的教学目的，以及能否让学生思考。

在研究早期，我始终认为，老师给学生布置合适的思考题，是鼓励他们思考，甚至迫使他们思考的最好方式。我花了很多时间来寻找和收集这些思考题，收获颇丰。下面让我们一起来了解一下这些思考题吧。

1. 趣味题 趣味题非常有趣且吸引人，它们能让学生忍不住去思考。这种类型的题目适用于各个年级，其中一些题目甚至可以从低年级一直用到高年级。起初，我以为这类题目并不多，甚至以为根本没有。但在研究过程中，我逐渐发现了许多这类题目，渐渐积少成多。以下是4道趣味题，按年级从低到高排列。

小学低年级：下图中一共有多少个正方形？

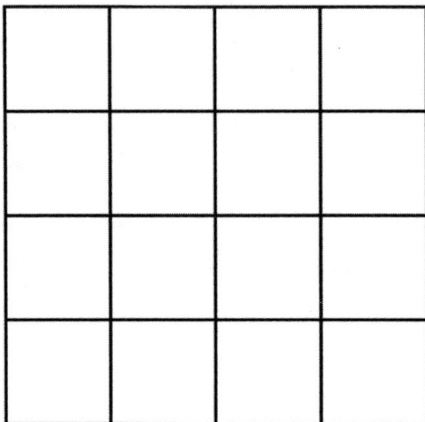

小学高年级：我用10元买了一台游戏机，以20元卖掉它，又用30元买了回来。最后，我又以40元卖掉了它。我是赚了还是赔了？赚了或赔了多少钱？

初中：我有一个4分钟的煮鸡蛋定时器和一个7分钟的煮鸡蛋定时器。我能用这两个定时器计时花9分钟煮一个鸡蛋吗？如果可以，客人至少要等多久才能吃到鸡蛋？

高中：一个古怪的女人预订了酒店里3间相邻的房间。登记入住时，她告诉酒店前台人员，她每天都会挪到前一天晚上住的房间的隔壁间。前台人员本以为这是开玩笑，但收钱时发现她的信用卡有点儿问题，不得不去房间找她。问题是，前台人员每天只能敲一扇房门。前台人员要多少天才能找到这个古怪的女人呢？如果她订了4间房间，需要多少天才能找到她？如果她订了5间房间，需要多少天才能找到她呢？如果她定了17间房间，且要住满30天，前台人员能在她退房前找到她吗？

在第三章末尾，我还会继续分享这类趣味题。

2. 卡片题　和趣味题一样，卡片题也是优质思考题。卡片题同样也能吸引学生参与其中，并引导学生思考。事实证明，很多卡片的玩法也是建立在数学的基础上，或可以用数学知识去解释的。我对这类卡片题非常感兴趣，我希望学生能从中感受到数学的魅力，而不仅仅是对我手中的卡片有兴趣。图1-1是一道典型的卡片题，供你参考。

图1-1 卡片题"判断对错"

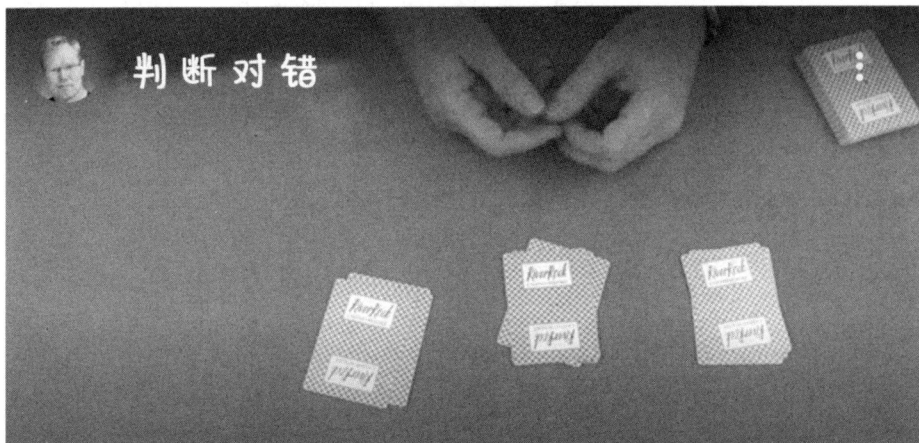

3. 计算题 计算题是以现实为基础的，它们与学生的生活息息相关。这类题目会涉及手机、娱乐、体育等，能让学生在解题过程中感受到生活的多样性。学生要解答这类题目，就必须了解现实生活。

◎滑雪旅行筹款活动

滑雪俱乐部要去滑雪，每个成员都尽力为这趟旅行筹款。下表列出了每个成员筹集了多少钱，以及他们的个人花销，个人花销取决于他们是否需要支付租赁费用、缆车票费用和课程费用。每个人都必须参加旅行，且所有筹集的款项都必须用来支付这次滑雪旅行的费用。请问他们筹集到足够的资金了吗？如果不够，还有谁需要支付，需要支付多少钱呢？

名字	课程费用（元）	租赁费用（元）	缆车票费用（元）	筹集款项（元）
艾利克斯	40	20	40	75
希拉里	40	10	40	125
达妮卡	0	30	40	50
凯文	40	40	40	10
简	0	0	40	25
拉蒙娜	40	0	40	10
泰利	0	30	40	38
史蒂夫	40	40	40	22
索尼娅	0	20	40	200
凯特	0	25	40	60

低门槛：题目门槛较低，所有的学生都能找到题目的切入点，在舒适圈中解题。

高门槛：题目门槛较高，需要学生对知识点进行延伸和拓展。在解答这类题的过程中，学生可以学得更加深入。

开放性：仅有一个正确答案，但解题方法有很多种。

　　趣味题、卡片题和计算题都非常有趣，能够吸引学生的注意力，引导他们开始思考。所以，这些题目对构建思考型课堂是非常有用的。这些题目不仅有趣，而且还同时具备低门槛和高门槛的特征，可以促使学生进行深入的交流与合作。

　　计算题本身就具有开放性，有的计算题甚至有超过200种解题思路；而趣味题和卡片题通常只有一个最终答案，但也会有多种解题方法，因此这两种类型的题目也具备开放性。

困　境

　　课外题：需要用到数学知识，但不需要用到课内知识的题目。

　　上述题目都是课外题，与课内知识毫无关联，不仅有趣味性，还能引发学生思考。我们可以来比较一下这两道题，一道是判断对错的卡片题，另一道是分数（分母不同）相加的题。解答第一道题是需要运用课内知识的，同时这道题还要求学生有一些课外知识，比如，学生需要注意到目标卡片的位置、特定单词中字母的规律等。而第二道题明显也是需要用到课内知识的，这道题需要学生求出这两个分数的最小公分母，再将分数相加。这两道题的相同之处在于，解答它们都需要运用课内知识；不同之处在于，卡片题需要学生运用课外知识，具有课外属性，而分数相加的题只需要用到课内知识，具有课内属性。

　　如果某道课外题恰好也具备开放性的话，那么这道题目不光能引发学生思考，还会造成一些非常不可控的结果。如果你的目标只是让学生思考，那么这就不成问题，但如果你的目标是将这类题目融入你的教学，比如，如果你希望引导学生思考分数的除法，那么布置这类题目就很容易引发各种不可控的问题。只有少数人会按照你所希望的那样运用课堂上所学的知识来解题，其余的人都会选择用更简单的方法（如对分数进行重复加减）来算出答案，有的甚至会用一些和分数不相关的知识来进行运算。学生自己选择的解题方法可能不是你希望的那种，但仍旧会有学生依照你所希望的那样去做，只是可能性不大而已。

为了应对这种不可控的情况，我们试图人为地对这类开放性的课外题进行修改，让解题过程变得更加可控，我们将这类题目修改为类似于数学课本中很常见的文字应用题。

卡米拉要去超市买10个鸡蛋、2瓶牛奶和3块奶酪，超市里鸡蛋的售价为3.5元一个，牛奶2元一瓶，奶酪4元一块。卡米拉需要带多少钱呢？

文字应用题和趣味题很像，两者都需要学生先解读题目。然而，文字应用题中隐含的数学知识点往往是琐碎的、程序化的，这和学生所学的例题类似。趣味题则并不如此。在趣味题中，解码出的数学知识点既不琐碎，也不固定。换句话说，解答趣味题的重点在于掌握数学知识，而对于一般的文字应用题，解题重点在于读懂题目——这可能是将其称为文字应用题的原因吧。

趣味题会引发学生思考，但与我们的教学目标背道而驰。文字应用题能更可靠地，且如预期那样促使学生运用特定的知识点，但牺牲了学生的课堂参与度，也无法培养学生的思考习惯。面对这些问题，我们该怎么办呢？

思考型课堂

尽管有点儿不切实际，但我们如果想要打造思考型课堂的话，就要先把课程目标放在一边。我不会过多考虑某种教学活动是否符合课程目标，我更关心如何才能让学生思考。这并不代表我不关心老师们的现实处境，也不代表我要忽略课程目标。相反，我的研究需要有一个切入点。在考虑课程内容前，我要先考虑如何让学生思考。

在研究过程中，我发现让学生思考并不像想象中的那样难。我们可以从其他地方找到大量的资源引导学生思考，从生活中的计算问题到脑筋急转弯，网络上有大量有趣又优质的资源供我们参考。

结果显示，学生是愿意思考的，也愿意深入思考。我收集并设计了大量趣味题、卡片题和计算题，而且把这些题目原封不动地给老师使用，这些数学题能在课上引发更多的学生思考。学生非常喜欢这些数学题，还时刻期待着老师会给他们更多的题目。学生变得自信了，学习效率也提高了。

但只关注学生思考与否，而不关注课程目标是行不通的，因而，我们也要考虑课程目标，用课内题来引发学生思考。通常，老师都已经教过学生该如何解答课内题了，学生也都知道应该怎么做这些题，比如，让一名初中生对$x^2 - 5x - 14$进行因式分

解，或者让一名小学生去求3.1与5.2的和，他们只会仿照老师教过的思路来做题，而不会主动思考。

如果老师先不教学生如何解题的话，上述两道题都可以当作学生的思考题。在此基础上，我们开始研究如何让课内题变成学生的思考题。例如，对上述因式分解的题，在不教学生如何解题的情况下，老师该如何利用这道题来引发学生思考呢？让我们一起来看看。

老师： 我们先来复习一下如何计算$(x + 2)(x + 3)$。［老师在黑板上写下"$(x + 2)(x + 3) = $"］

学生： $x^2 + 5x + 6$。

老师： 那么请问，如果我得出的结果是"$x^2 + 7x + 6$"，原本的算式该是怎样的呢？［老师在黑板上写下"$(x + 2)(x + 3) = x^2 + 5x + 6$"，然后在这个算式的下方写下"$(\quad)(\quad) = x^2 + 7x + 6$"］

对小数加法的题——求3.1与5.2的和，老师也可以用类似的方式来提问。

老师： 我们先来复习一下，请一位同学告诉大家，3.1在哪两个相邻整数之间？

学生： 3.1在整数3和4之间。

老师： 那这个数字更接近3还是4呢？

学生： 更接近3。

老师： 很好，那么5.2呢？

学生： 这个数字在整数5和6之间，且更接近5。

老师：很好。如果我用3.1加5.2，答案是在哪两个相邻整数之间，它更接近哪
  个整数？

即便是初级难度的题目——连续数数，我们也可以将其变成一道思考题。

老师：我们一起数到20吧！

学生：1、2、3、4、5……20。

老师：很好！那如果我从14开始数呢？14之后连续的3个整数分别是什么？14
  之前连续的3个整数分别是什么？

每堂课的授课流程都是相似的，老师会先从一个已知的知识点问起，再问
一个与之相关的延伸问题，然后老师会要求学生去做一些事情，但是不会告诉
他们怎么做。上述提问方式既要求学生进行宏观思考，又要求学生对特定知识
点进行具体地思考。事实证明，老师可以用上述方式来引导学生思考课内题，
让学生从模仿学习转变为自主思考。老师可以先提一个复习已知知识点的问
题，再从这个问题延伸出去，向学生提问。

在我的研究中，我对比了三类题目（见图1-2）。

图1-2 三类题目

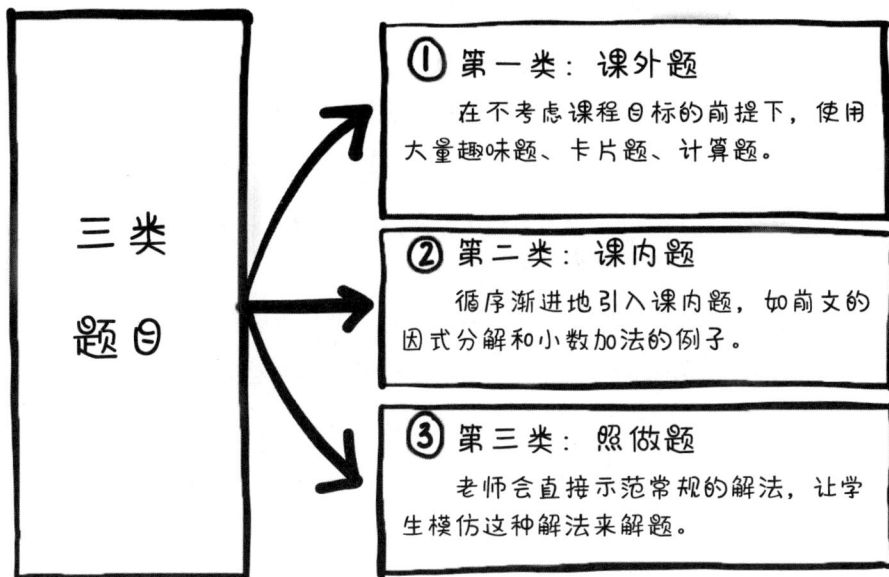

① 第一类：课外题
在不考虑课程目标的前提下，使用大量趣味题、卡片题、计算题。

② 第二类：课内题
循序渐进地引入课内题，如前文的因式分解和小数加法的例子。

③ 第三类：照做题
老师会直接示范常规的解法，让学生模仿这种解法来解题。

在这三类题目中，前两类都是围绕着让学生思考这个中心点去设计的，但布置课外题（第一类）比布置课内题（第二类）更能促进学生思考。

相比课内题（第二类），照做题（第三类）的确能让更多学生高效地完成手头的学习任务。这并不奇怪，因为解照做题主要是通过模仿老师的示范解法来完成的，这是一种非常高效的策略，可以让学生在短时间内成功解题。但是，模仿并不代表思考，因此不算是真正的学习。当然，相较于做出课内题的学生，做出照做题的学生要更多。

> 学生一旦开始思考，他们也会持续有动力地完成其他类型的题目。

如果学生做过课外题的话，那他们完成课内题的意愿会更强烈。因为，如果老师能先通过课外题去调动学生思考的兴趣，那么学生会更愿意去做课内题，解题的成功率也会更高。与那些课内题如因式分解题、小数的加法题等相比，课外题更有趣，更能吸引学生，并推动学生思考。学生一旦开始思考，就会持续有动力地完成其他类型的题目。因而，课外题为课内题起到了铺垫的作用，为学生提供了更多思考的空间。

进一步调查显示，如果老师连续三节课都给学生布置课外题的话，这可以为绝大多数学生打下思考的基础，但有时候，老师甚至需要连续五节课都给学生布置课外题，学生的行为和态度才能有所转变，才能够努力完成课内题。这项调查还显示，无论是怎样的情况，老师都能感知自己班上的学生何时准备好开始思考。

> **露西**：我能感觉到学生似乎准备好了。他们不再抱怨，一进教室就很兴奋，急切地想知道当天要做什么题目。

从课外题过渡到课内题的过程是很顺利的。老师可以直接给学生课内题，甚至都不需要向学生明说："现在，我们要开始做课内题啦！"

当然，这并不代表所有学生都可以做出这些题目，也不代表所有学生都愿意思考。要想让学生养成思考的习惯，我们的课堂还有太多东西需要改变，这也是本书讨论的重点。实验结果表明，要想让学生对课内题进行思考，就需要先用课外题调动他们的兴趣。我们无法绕开这个过程，想要学会跑步，就必须先学会走路。

在后续章节中，我将进一步讲解，在布置了有趣的课外题之后，如何给学生布置课内题，让学生能够随着课程的推进，不断进行有效的思考。需要强调的是，本书的目标并不是让学生日复一日地思考那些有趣的课外题，而是让学生在课程目标的指引下思考的次数更多，且思考的时间更长。

♟ 问题与解答

问题 在本书的简介和第一章中，您都表示：模仿并非思考，也并非学习，模仿是不好的。但模仿难道不是学生开始思考的起点吗？

回答 模仿是好是坏并非重点，重要的是模仿对什么好、对什么不好。如果你需要教学生学会进行重复性的运算，模仿是非常有用的。学生在开始模仿后，他们甚至会算上瘾。低年级的学生很容易养成模仿学习的习惯，而高年级的学生已经养成了模仿学习的习惯，难以改掉。在你尝试向学生解释一个很难的概念的时候，学生可能会催促你："告诉我们怎么算就好了。"随着要学的内容不断增加，总有一天，光模仿是不够的，但习惯了模仿的学习后学生往往不愿意抛弃这种简易的学习方法。模仿虽然可以让学生在短期内尝到甜头，但因为无法令学生深入学习，所以这种方法没法长期有效。学生无法将前后学习的内容串联起来，也无法在知识间建立联系。

　　我之所以认为模仿不好，是因为模仿会取代思考，模仿与思考并不会共存，模仿也不是思考的前提。相对于思考来说，模仿并不需要学生投入太多精力。学生一旦形成了模仿学习的习惯，就很难再愿意尝试做那些复杂的题目了，因为那些题目往往需要花费更多时间，投入更多精力。研究表明，如果学生习惯于用模仿学习的方式来做作业，那么只有20%的学生愿意主动尝试做那些没有示范解法、需要深入思考的题目。而在这20%的学生中，也仅有一半的人能够成功解出题目。

问题 课内题已经安排得非常紧凑，我可抽不出3～5天的时间布置那些课外题。我能跳过这部分，直接给学生布置课内题吗？

回答 课外题是老师必须要布置的，这有助于打造思考型课堂。就像前文提到的那样，学生需要先做课外题，才能顺利地过渡到做课内题，这样可以极大增大学生完成课内题的概率。虽然我没有详细讲解为什么如此，但精心挑选出来的课外题极具吸引力，能驱使学生思考。在做课外题的过程中，所有学生好像都没法顺利解题，但他们渐渐会明白，解不出题也是正常的、可接受的。从本质上来讲，课外题能让失败合理化，促使学生不断尝试，在尝试过程中，学生能渐渐树立起信心。因此，课外题可以培养学生不断尝试的品质，而这些品质有助于学生顺利地过渡到解课内题。

但这不代表课内题没法帮助学生培养这些品质，只是这个过程会更难、耗时更长，且更少的学生愿意尝试。学生对课内题实在太熟悉了，因此，借助课内题来引导学生改变以往的行为习惯是很难的。

问题 如果说课外题很有效、足以吸引学生，我们为什么不整堂课都用这些题呢？肯定也有一些课外题既有吸引力又符合课程目标吧？

回答 这是一个非常大胆的想法，但已被证明是可行的，这也是乔·博勒早期研究的重点。此外，玛莉亚·卡诺夫的研究表明，她用了18个课时设计并带领学生完成了18个既有吸引力，又能满足课程规定内容的课外题，在这18个课时内，学生几乎全部完成了该年级规定的课程目标，甚至还完成了一些更高级别的课程目标。总之，如果我们让学生不断思考，总有一天他们能完成所有的课程目标。

问题在于，这需要老师拥有坚定的信念，而这样的信念很容易因为课程目标排得满满的而消失殆尽。另一个问题是，年级越高，要学的知识越抽象，我们就越难找到这种既符合课程目标，又极具吸引力的课外题，设计这类题目也变得越来越难（但也并非不可能）。

问题 即便我想要使用课内题，我也没有那么多时间让学生自主思考解题，直接告诉他们怎么解题比让他们自己思考快多了。

回答 我们做了很多关于学习效率的研究。如果学生有时间自主思考解题，那他们需要花多长时间解题？这是最重要的一点。通常老师给学生布置课内题后，只会留下一小部分时间给学生解题。我们再看看本章中所给的例子，你会发现这些题目都很简短。后续我会详尽地解释其原因。

如果老师要求学生模仿示范解法，那他们需要花多长时间解题？如果要求学生自主解题，他们完成一道题目需要花多长时间？或许你第一次布置思考题的时候，学生凭借自主思考来解题会很慢。不过你要明白，学生越是善于思考，越能快速解题。

如果你能将本章的方法与后续十三章的方法一起实践，学生就会更快地学完该学的内容。用因式分解来举例，如果学生在思考型课堂里上课，老师只需要用40~70分钟就能讲完因式分解的相关内容。如果讲小数的加减法的话，用时就更短了。我将在后续章节中详尽地解释其原因，但现在我们只需要明白，第一次布置课内题可能会浪费很多的时间，但一旦你在班上营造了思考的氛围，这些时间都不会白费。

问题 学生真的不需要老师示范就能独自做出课内题吗？

回答 是的。如果单独给出这类题目，那些愿意思考的学生通常能成功解题，但并非每个学生都愿意思考。所以，以趣味题作为引子能极大增加愿意思考的学生的数量，也能延长学生思考的时间。这两个因素都可以促使更多学生成功解题。

问题 你说要先给学生布置能启发思考的课外题，再给他们讲例题。你的意思是指这类课外题要在刚开始上课的时候就给出吗？

回答 是的。我将在第六章详细讲述这么做的重要性。不过，我先回答一下你提出的问题。在开始上课后的5分钟内，你就该给学生布置这类课外题。

问题 本章中所提到的例子都涉及一些已讲授过的知识点。如果要给学生讲授他们没有任何知识储备的全新内容，我又该怎么做呢？

回答 我们的课程内容是按照螺旋式上升的方式来设计的，因此，很少会出现学生完全没有相关知识储备的情况。如果要给学生讲解全新的内容，那你可以先向学生透露一些知识点。但你还是应该在开始上课后的5分钟内给学生布置能引发思考的课外题。例如，在讲解勾股定理的时候，我可以给你提供两种做法，第一种是引导学生敏锐地觉察出勾股定理中暗含的规律。

> **老师：** 我给大家发的讲义上有8个不一样的三角形（见图1-3），三角形每一条边的边长都已经标注了具体的数值，你们发现其中的规律了吗？

学生可能发现图1-3所示的三角形全都是直角三角形，也可能发现这些三角形的边长之间是存在一定比例关系的，还可能发现一些边上两个数字之间存在平方的关系，他们甚至可能发现某个三角形里的平方数之间是有关联的。

图1-3 勾股定理讲义中的内容

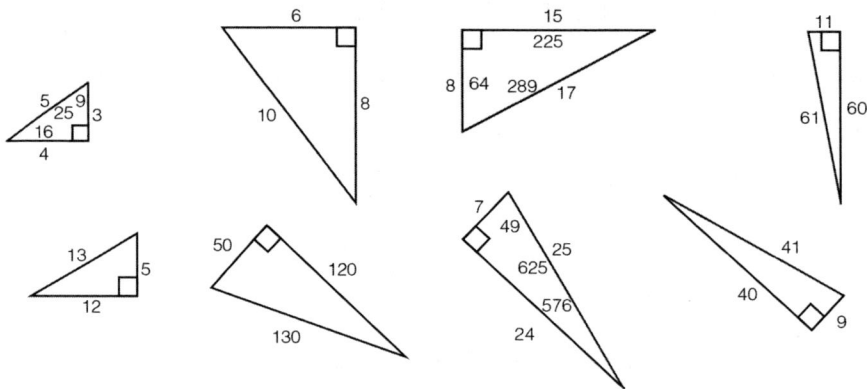

第二种做法则更加直接。

> **老师：** 你们可以看到这里的直角三角形，所有的直角三角形都有一个共同的特性：直角边边长的平方和等于斜边边长的平方，这就是我们要学习的勾股定理。我们可以将其写成 $a^2+b^2=c^2$，其中 a 和 b 是直角边边长，c 是斜边边长。我们可以看到，图中第一个三角形的三条边的边长代入公式是 $3^2+4^2=5^2$，下方的三角形（见图1-3）的三条边的边长代入公式是 $5^2+12^2=13^2$。假设一个直角三角形两条直角边的边长分别是8和15，那么斜边的边长应该是多少呢？

这两种做法很不一样，但都是朝着同一个目标：在开始上课后的前5分钟内，老师先不给学生讲解例题，而让学生尝试着自己解题。第一种做法侧重于让学生自己发现规律，第二种做法则侧重于让学生活用已知的条件。但这两种方法都要求学生自己想办法去解题。

问题　我按照你说的方式做了，学生也成功地解出了题目，接下来我该做什么呢？

回答　你可以再提一个相似的，但难度更高的问题。我可以非常直接地告诉你，你可以问学生一些更有难度的问题，像上述的第二种做法一样，接下来你可以问学生，当一个三角形直角边的边长分别为3.4和5.2时，斜边的边长是多少。或者你还可以出一道题：已知三角形斜边边长和一条直角边的边长，求另一条直角边的边长。

总 结

宏观手段

- ☐ 在开始上课后的5分钟内给学生布置思考题

微观手段

- ☐ 给学生布置的前3~5个题目应该是课外题和趣味题
- ☐ 慢慢地从课外题过渡到课内题
- ☐ 具体如何布置课内题，你可以参考以下方法：
  - ☐ 从已知知识点开始问起
  - ☐ 根据已知知识点进行延伸提问
  - ☐ 先不告诉学生如何解题，让学生自己尝试解题

1. 在本章中,有哪些是你非常认可的内容?

2. 在本章中,你了解了一些模仿示范解法解题的后果,这种解题方式有积极成效吗?你觉得这些积极成效能抵消消极后果吗?

3. 简介中提到,几乎所有模仿示范解法的学生都以为老师想让他们模仿。在本章中,我们发现,在学生还没开始解题时,老师就会教他们如何解题,所以学生以为老师是希望他们模仿的。我们还有没有类似的行为也让学生错误地理解了我们的用意呢?

4. 本章中讲到,我们的教学内容是螺旋式上升的,所以在学习全新的知识点时,学生不会完全没有任何知识储备。在你的课堂上有这种全新的知识点吗?如果有,怎样的知识储备能够帮助学生理解呢?

5. 本章中讲到,在给学生布置课内题前,先用3~5节课的时间去尝试一下课外题,这样会有更好的效果。你认为用3~5节课去尝试值得吗?你能收获什么,又会有什么损失呢?

6. 当你在实践本章介绍的方法时,你觉得你会遇到怎样的困难呢? 有什么办法能克服这些困难呢?

☑ 试一试

　　如简介中所提到的，前三章的方法最好一起尝试。当然，你也可以先试一下本章中的方法。如果你要实践这些方法，请先用3~5节课尝试给学生布置课外题，并在开始上课后的5分钟内布置好这些题目。如果你打算阅读完前三章的内容再实践，那你现在可以先记一下重点。

　　在本章中，我们举了3个例子（因式分解、小数的加减法、数数）来示范在教学生解题之前，如何先让他们思考。老师需要先对已知知识点进行提问，再对其进行延伸提问。想一想最近你要教的内容，再按照这种方式向学生提问。

| 第二章 |

探索课堂合作
——频繁地进行透明化的随机分组

学生合作是课堂教学中很重要的一环，合作得好会对学生的学习产生非常积极的影响。你想必尝试过让学生进行小组合作，他们有如你期待的那般认真地学习吗？所有学生都在热烈讨论吗？如何分组会促进学生合作呢？如何让分组讨论更有成效呢？在本章中，我会仔细研究分组方式是如何影响学生合作的。在本章的结尾，你将会收获一种教学方法，这在很大程度上会提高学生的课堂参与度。

问 题

在所有我观察过的课堂中，让我印象最深刻的是，每一位老师都会想尽各种方法，通过让学生分组合作的形式来教学。分组合作包括最简单的同桌合作、和前后桌的同学合作，或者学生自己选择小组成员等。在小学课堂中，最常见的分组方式是老师安排分组。老师会有意识地把性格相同或性格不同的学生安排到同一个小组里，以达成某种教育目的或某种社交目的。

通过观察发现，老师通常依据下列三种教育目的进行分组。

1. 教学原则 老师认为学生会彼此相互学习，所以倾向于根据学生的能力和学习习惯进行分组。

2. 学习效率 老师安排学生进行小组学习，以便引导学生高效完成任务。为此，老师或许会在小组里安排一个领导力较强的学生，或者把成绩好的学生和成绩差的学生安排在同一个小组里。

3. 学生关系 老师可能会将一些关系好的学生分开，或将课堂"捣乱分子"分开，这些学生聚在一起可能会导致老师的教学任务无法正常推进。

此外，老师还会按照社交目的进行分组。

1. 多元性 老师可能会安排一些多元化的小组，比如，确保每个小组里都有不同性别的学生。

2. 合作性 老师可能会出于让学生走出社交舒适圈的目的，让他们和不常交流的同学进行沟通和合作。

3. 社交性 有时候，老师会让学生和与其关系较好的同学进行合作，给他们好好表现的机会，表扬他们，从而对他们的行为进行正强化。

不过，老师往往会让高中学生自己选择小组成员。有部分学生可能会出于对上述教育目的的考虑而选择成员，但更多的学生还是偏向于对社交目的的考虑。我们专门研究了学生选择小组成员的原因，95%的学生都会出于某种社交目的而做出选择，他们更愿意和与自己关系较好的同学合作。

困　境

虽然老师也会出于教育目的或社交目的来给学生分组，但几乎总是会出现老师的分组目的与学生的分组目的不匹配的情况。例如，老师出于教育目的来给学生分组，但学生却总是想要和与自己关系较好的同学分到一组。学生可能最终会勉强同意和老师指定的小组成员一起学习，但这种勉强真的不能被称为合作。原因在于，学生更关注自己的社交，或更在意与自己关系好的同学，而老师会考虑到每个学生，于是造成了双方目标不匹配的情况。学生想和与自己关系好的同学合作，不愿意与关系不太好的同学合作。不管老师在分组时考虑得多么细致周全，只要老师的分组目的和学生的分组目的不匹配，就意味着有的学生会不高兴，试图离开小组，而这是不利于建立思考型课堂的。我敢说，大部分的老师都会面临这样的分组困境。

> 不管老师在分组时考虑得多么细致周全，当老师的分组目的和学生的分组目的不匹配时，这就意味着有的学生会不高兴，试图离开小组。

若老师的分组目的与学生的分组目的产生矛盾，还会引发更严重的问题。不管老师怎么分组，学生都很清楚自己在组内会扮演什么角色。为了更好地理解学生的这种心理，我用了40多个小时去观察那些学生小组，有的是由老师安排的，有的是学生自行成组的。不管是哪一种情况，80%的学生都表示，在进行小组合作时，自己只是个听从者，而非领导者或思考者。

研究者：现在你知道自己被分到哪个小组了，你觉得自己在小组里会扮演怎样的角色呢？

斯图尔特：我不明白您的意思。

研究者：我想问的是，你是否会为小组提供学习建议，或是在合作中起带头作用呢？

斯图尔特： 应该不会吧。我和加布里埃尔、艾莎一组，她们都很聪明，也很勤奋，这大概是老师把我和她们分到一组的原因吧。

研究者： 我发现你又和弗朗西斯、那哈尔、德娅他们几个分到了一组呢。

阿曼达： 对啊，我总是和他们一组。

研究者： 因为你们是朋友吗？

阿曼达： 对啊！

研究者： 那你今天要努力解题吗？

阿曼达： 不用吧，德娅做就好，我听她的就可以。

我向200多名学生分发了调查问卷，问卷上只有如下两个问题。

1. 如果下一节课仍以小组的形式来学习，请问你为小组主动提供想法、建议的概率有多大？

2. 如果你这么做了，你认为自己所提供的想法、建议对解题的帮助有多大呢？

不止80%的学生认为自己不太可能会主动向小组提供想法和建议，多于90%的学生认为自己的想法和建议对解题不会有任何帮助。大部分学生觉得自己在组内不会有大的贡献，只会扮演一个听从者的角色，并不需要思考。这意味着当老师分组时，只有10%~20%的学生清楚自己的角色，即领导小组完成任务，剩下的大多数学生都很明白自己为什么会和这些同学分到一组，他们自然而然地扮演着听从者的角色。同样，在学生自行分组的情况下，他们也会马上找到自己的定位：要么扮演听从者，要么扮演领导者。无论用哪种方法分组，学生的这些行为都不利于建立思考型课堂。

> 大多数学生都很明白自己为什么会和这些同学分到一组，他们自然而然地扮演听从者的角色。

为了应对这种情况，有的老师给组里的每个学生都指派了一个角色，比如：小组长、记录员、计时员、资料收集员等，但给学生指派角色只会使上述情况愈加恶化。我观察了采用这种做法的三个课堂，在小组活动中，学生的参与度更低，他们只想做角色分内的事情，不想思考手头的题目，从而逃避做自己该做的事情。

我们明白学生合作的价值与重要性，但上述分组方式（老师安排分组、为学生指派角色）都会影响学生思考的主动性。学生自行分组的情况也差不多，他们更倾向于依据平时的社交习惯选择组员，而这并不利于学生完成学习任务。作为老师，你自己可能也遇到过类似的情况。那么，我们该如何解决这个问题呢？

思考型课堂

这次我们决定尝试随机分组的实验。从老师掌控力的角度来看，与老师安排分组、学生自行分组这两种分组方式相比，随机分组是完全不一样的。有11位老师参与了这次实验，有的老师刚开始有点儿犹豫，但当他们看到了之前的分组方法所带来的问题时，他们还是愿意尝试一下随机分组。老师会先给学生重新分配座位，再向学生展示新的座位表，并告诉他们座位是随机分配的。

实验结果显示，随机分组其实是无效的。和老师安排分组相比，随机分组并没有什么优势。学生会先入为主地想象自己的角色，他们之间根本没有进行有效的合作。与学生交流之后，我们马上知道了问题所在。

研究者：你觉得新的分组方式怎样？

米切尔：还行吧。

研究者：你喜欢老师给你们随机分组吗？

米切尔：喜欢啊！

研究者：你不觉得这是随机分组吗？

米切尔：肯定不是随机分组吧。

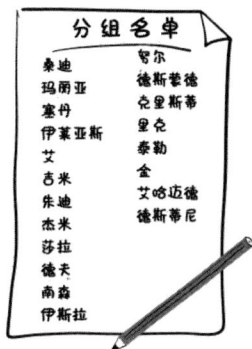

即便新的分组是随机的，但学生并不觉得这是随机的，他们为什么会这样认为呢？老师拿出了一张新的座位表，告诉学生分组是随机的，和他们之前所经历的老师安排分组并没

> 老师拿出了一张新的座位表，告诉学生分组是随机的，和他们之前所经历的老师安排分组并没有多大差别。

有多大差别。虽然我们弱化了老师对分配座位的控制权，但学生并不相信。

于是，我们马上做了调整，用抽纸牌的方式来分组。这种方式非常简单：先把桌子挪到每个小组里，在桌子上标上特定的纸牌号（2、7、J、Q等），再让学生自己抽纸牌，按照抽中纸牌对应的座位号入座。

研究者：现在你喜欢新的分组方式吗？

米切尔：喜欢。

研究者：你喜欢这种随机的分组方式吗？

米切尔：挺不错的，抽纸牌挺酷的。

研究者：酷吗？

米切尔：很酷，我希望我能抽中7，因为露易丝抽中了7。

研究者：那你抽中了哪个数字或字母？

米切尔：我抽中了J。

研究者：那……

米切尔：或许下一次运气好的话我可以和露易丝一组。

随机分组弱化了老师的控制权，分组方式变得透明，学生也能看到这种分组是随机的。后来，我们又对11位老师负责的班级进行了几次实验，看到了更多细微的变化。比如，如果老师太长时间不更换组员，学生又会陷入以往的固定角色中。因此，老师需要频繁地进行透明化的随机分组，大约每小时一次。

> 随机分组弱化了老师的控制权，分组方式变得透明，学生也能看到这种分组是随机的。

我们发现，对小学三年级及以上的学生来说，最佳小组规模是每组3人。2人小组比3人小组更难合作；4人小组又会自然地发展为3人小组，剩下的1个人落单，或是发展为2人小组，剩下2人一起讨论。为了让小组顺利合作，分组既需要重复性，也需要多样性。重复性是指组里的学生需要有一些共同点，如会说同一种语言，有相同的、兴趣、经历和知识，没有这些共同的特点，他们甚至从一开始就无法合作。但如果分组只具备重复性，合作的效果也不会太好，很难达到1+1＞2的效果。因此，分组还需要具备多样性，不同的组员要带给这个组极具个人特色的东西，如不同的想法、观点、视角和表达等。3人小组在重复性和多样性之间取得了完美的平衡，这也是学生自行分组无法高效运作的原因——重复性大于多样性。

对小学三年级以下的学生而言，最佳的小组规模则是每组2人。尽管这样分组缺乏多样性，但这个年龄段的学生仍处于平行游戏的发展阶段，对他们来说，一起合作更多的还是学习如何礼貌地轮流发言。我们观察到，如果老师对2人小组的合作进行引导，学生会开始慢慢地认真倾听对方讲话，并互相补充彼此的想法，进而实现真正的合作。上述是三年级以下学生的分组情况，但这不能等同于初二年级学生的情况，当然，也不是说初二年级的学生就具备了多么厉害的合作能力，而是初二年级的学生早就具备了合作的技能，在课堂之外早已运用纯熟。

一旦在课堂上经常进行透明化的随机分组，你就能马上看到学生的课堂参与度在提升。我们弱化了老师和学生在分组上的控制权，学生不知道自己将扮演怎样的角色，不过他们更愿意主动向自己的小组提供想法和建议了。在这种分组方式实行6周之后，几乎所有的学生都表示自己愿意为小组贡献力量、提供想法和建议。尽管只有50%的学生认为自己的想法和建议对最终的解题有用，但至少每个学生都愿意去尝试。

除了能引发学生思考以外，频繁地进行透明化的随机分组还有很多其他的优点。

✎ 引发学生合作的意愿

虽然很多学生一开始都对随机分组有点儿抵触，但在3周之后，这种抵触情绪基本上都会消失，学生会愿意和随机分组的同学合作。

研究者：上周我看到你有好几次想和杰克逊分到一个组，现在你还想要和他同一组吗？

亨　特：不想了。

研究者：为什么不想了呢？

亨　特：一开始我以为是老师故意将我俩分开，但每周五我们还是能够组成小组、一起合作。

研究者： 你还觉得是老师故意把你们俩分开吗？

亨　特： 不，我觉得老师的确不喜欢我俩老在一起，但我们就是抽到一样的纸牌了，老师也没办法。所以就看抽纸牌的运气了。

研究者： 我看到你上周做了什么。

嘉丝茗： 什么意思？

研究者： 我看到你偷偷换了小组。

嘉丝茗： 哦，那也不是啥大事啦。

研究者： 但你这周没有换组了，为什么呢？

嘉丝茗： 和谁分到一组都可以吧。反正就一节课而已，下周又要换组了。

✏ 打破学生的社交壁垒

当老师让学生自行分组时，学生通常会按照平时的社交习惯来选择组员，他们更愿意和自己的朋友、熟悉的同学一起合作，这样的社交习惯对分组合作其实是有负面影响的。如果老师频繁地进行透明化的随机分组，这种负面影响就会减小。

研究者： 今天你的小组合作进展得如何？

梅乐妮： 挺好的。

研究者： 你和谁分到了一组？

梅乐妮： 和艾莎、路易斯分到了一组。

研究者： 那你感觉他们怎么样呢？

梅乐妮： 艾莎很聪明，我之前跟她合作过一次，她很清楚我们该做什么、怎么做，所以每次艾莎发表意见的时候，我都会认真听。我们的科学课也是一起上的，我还和她的姐姐一起上英语课。

研究者： 你怎么知道艾莎的姐姐和你一起上英语课呢？

梅乐妮： 我今天才发现的。

　　每过一个小时，小组成员都能轮换一次，学生可以跨越曾经的社交壁垒，进一步了解班上的同学。

促进学生分享知识

前文提到，当学生自行分组的时候，同学
之间的社交壁垒依旧存在，这会阻碍一个小组
的学生向另一个小组的学生分享知识。社交壁
垒一旦被打破，这也会促进学生分享知识。

研究者： 今天的题目如何？能告诉我你们
是怎么解题的吗？

伊德里斯： 题是挺难的。我们中间卡壳了挺久。

研究者： 那你们最后是怎么解出题的？

伊德里斯： 我们看到了隔壁组的同学在用表格计算。从他们的表格里，我们
发现了数字的规律，所以我们也照此尝试了一下，很快就得出答
案了。

研究者： 那答案是正确的吗？

伊德里斯： 是的，虽然一开始我们不太确定，因为隔壁组的答案和我们的不一
样。我们和他们一起算了很久，才知道哪个是正确答案。

学生分享知识的形式体现为以下三种：小组成员到其他小组去借鉴解题思
路，再回到组内讨论；小组成员和其他小组成员核对答案；两个或两个以上的
小组因为各自得出了不同答案而进行辩论；或者是上述三种形式的综合体。

当越来越多的学生开始互相分享知识时，学生对老师的依赖感会减弱，对自
己的小组（组内依赖）和其他小组（组间依赖）的依赖感会增强。于是，老师
不再是课堂上唯一的知识来源。

激发学生学习数学的热情

社交壁垒一旦被打破，学生会更享受数学课堂。

詹姆斯： 现在数学是我最喜欢的科目。

嘉丝茗： 我喜欢这间教室。虽然数学不是我最爱的科目，但我喜欢到这间教室

来上课。

肯德拉： 每次都是开始上课的时候我才知道自己和谁分到了一个小组，这种感觉很刺激。

学生学习的热情高涨，缺勤率和迟到率也降低了。

减轻学生的社交压力

尽管刚开始随机分组的时候，有的学生会有点抵触情绪，但只要老师频繁地进行透明化的随机分组，学生就会喜欢上这种分组方式，因为它极大减轻了学生自行分组所造成的社交压力，受益最多的还是那些较为"社恐"的学生。

研究者： 你觉得随机分组怎样？

阿曼达： 我挺喜欢的。只要不用我自己去找组员，和谁在一组都可以。

研究者： 为什么？

阿曼达： 我是个挺容易"社恐"的人。上课时，老师总是让我们自己选择小组成员。我最讨厌那样了，我最讨厌那种小心翼翼问了别人又被拒绝的感觉，我很想独自完成题目，但这又太难了，我无法做到。

其实，这并不是社交能力不强的学生独有的烦恼，其他学生也会有这样的烦恼。

研究者： 你觉得随机分组怎样？

列： 挺好的，我喜欢这样——不用自己选小组成员。

研究者： 真的吗？我还以为你一直想和那两个女孩分到一组呢！

列： 詹妮弗和希拉里？

研究者： 对，你们不是朋友吗？

列： 没错，我们是朋友，但这并不代表我想时时刻刻和她们在一起啊。我们在一起的时候总是什么事都做不成，但我又不能这样和她们直说。

研究者： 那……

列： 随机分组就帮到我了。

从社交压力中解脱出来是如此舒服，以至于我好几次都看到学生提醒老师随机分组。

问题与解答

问题 你说过，学生互相分享知识是一件好事。难道学生不会通过这种方式抄袭其他组的答案吗？这样自己就不用思考了。

回答 不会。在我观察过的数百个课堂中，老师都会频繁地进行透明化的随机分组，抄袭其他组答案的学生不超过十个。学生不会把小组之间知识的流动（学生称之为"借鉴"）作为他们不用再思考的借口，而会将其看作摆脱卡壳的妙招。

问题 那些答案被借鉴了的学生也认可这样的做法吗？

回答 这要看你的课堂氛围了。在那些竞争比较激烈的班级里，学生很有可能会把自己的答案藏起来，不让别人看到。但因为老师频繁地进行随机分组，社交壁垒会被打破，小组的边界不再那么明确。尽管在某些时刻，小组成员是确定的，但这是临时且随机的。学生还是会不断在组与组之间流动，知识、想法也会一起跨越壁垒，在组与组之间流动。

问题 你认为学生最终会接受这种随机分组的方式吗？和谁一组都可以？但我发现我的班里就有好多学生不愿意这样做。

回答 学生可以接受这种分组方式并不代表学生会喜欢，有些学生仍然想独立思考或自行分组，但研究显示，即便这些学生这么想，当他们被随机分组的时候，他们也会更主动地思考。

问题 按照你的说法，知识的流动好像会自动发生。我尝试过随机分组，但我还是没有看到学生之间进行知识分享。我需要做些什么来改变这种状况呢？

回答 我会在第八章探讨如何培养学生的自主性，同时会更详尽地探讨这个问题。既然你现在就遇到了这种情况，你可以引导学生观察其他小组，从其他小组那里获得一些提示，从而帮助他们思考。你也可以安排你认为需要进行知识分享的小组一起学习。

问题 当我用抽纸牌的方式随机分组时，总会出现4个人或2个人的小组，也总有人被剩下来。我该怎么办呢？

回答 在学生抽纸牌之前，你可以先设置好纸牌的数量。首先，每个数字对应的纸牌有且只有三张，比如三张1、三张10等。如果你教的是小学三年级以下的学生，就针对每个数字准备两张纸牌。其次，确保牌的总数和班级的人数是相对应的。如果有学生请假，你可以将牌减去一张，确保牌数和班级人数仍相同。这样就不会有人被剩下了。这对改变学生迟到的现象也有好处，你只需要让迟到的学生从剩下的牌里拿一张，把他安排到已经开始热烈讨论的小组里就好了。

问题 有些学生总是自己换牌，或者对自己抽纸牌之后的分组结果不满意。遇到这样的情况我该怎么办呢？

回答 有两种方法。第一，你可以点名，命令他们把抽到的纸牌拿给你检查。第二，你可以让所有学生在抽完纸牌之后把纸牌全部展示出来。这两种方法都能让学生明白，你知道他们抽中的牌和该去的小组，这样学生就不会随意换纸牌了。

问题 如果我不想用纸牌呢？还有其他随机分组的方式吗？这些分组方式效果好吗？

回答 有的老师会用写有学生名字的小木棍，有的会让学生把自己的名字写在卡片上，有的会用学生的照片来抽选，有的会采用一些更新颖的方式。用什么方式进行随机分组并不重要，只要分组是随机的，且这种随机性学生可以感受到就可以了。使用新颖的抽选方式有利也有弊，有的学生会不相信分组是随机的。为了让学生相信分组是随机的，你可以让学生自己抽选，按抽选的数字去到相应的小组。不管你用哪种分组方式，只要既能告诉学生他们被分到了哪个小组，又能告诉他们小

不管你用哪种分组方式，只要既能告诉学生他们被分到了哪个小组，又能告诉他们小组在哪里，这种方式就是可行的。

组在哪里，这种方式就是可行的。这是很容易做到的，你只要在桌椅上贴上和随机抽取物品相同的标签就可以了。如果你不用纸牌，也可以用数字、字母或颜色来标记桌椅。

问题 我要给学生上一整天的课，当我上完一节课，再接着上下一节课的时候，我需要给他们重新分组吗？

回答 实验证明，最好是每小时调整一次小组成员。但如果你要给学生上一整天的课，那这样的调整方式就非常不实际了。在这种情况下，我们可以用午间休息、课间休息的时间来重新分组。换句话说，每当学生走出教室再重新进入教室时，你就可以重新分组了。

问题 学生都有自己的固定座位，他们课桌的抽屉里塞满了东西。每天搬好几次东西真的太麻烦了，你有什么好的建议吗？

回答 西方的学校只允许小学阶段的学生在教室里拥有自己的固定座位，这个年龄段的孩子对自己的固定座位非常执着，一旦有其他人坐到了他们的座位上，他们就会紧张。为了应对这种情况，最好的办法就是让学生把自己的物品从课桌的抽屉里拿出来，存放到教室的其他地方。

问题 有些学生绝对不能被分到同一组，如果他们被随机分到了同一组，我该怎么应对？

回答 把某些学生分开的原因有很多，让人头疼的是，这些学生又总是喜欢凑到一起。通常在你第一次尝试随机分组的时候，他们就会主动凑到一起。我们能做的就是，在各小组开始讨论时，你就先走到这个小组旁问一句："你们讨论得怎么样？"以显示你在关注他们。这样的学生大部分都会因为被分到一组而感到兴奋，不想失去被分到一组的机会。

但有时候某个学生不想和另一个同学被分到一组，这种情况就比较复杂了。一定要把这两个学生被分到一组这件事当作最普通不过的事来看待，你越是以平常心处理这件事，学生就越觉得没什么大不了。学生其实是很在意老师的看法的，如果你担心他们凑到一起会造成不良影响，他们就会注意自己的行为举止。如果你真的预感有什么麻烦要发生，你可以走到这个小组旁边看看，提醒学生只是这节课被分到一组，表达你希望他们能在成为组员的这段时间里互相尊重的想法。

如果这些学生真的不适合被分到同一个组，那你只能自己想办法了。不过你要想一想，这些学生真的不能待在同一个组吗？还是你不想让他们待在同一组？这两者的差别可是很大的。

问题 如果学习成绩较差的学生和学习成绩较好的学生被分到同一个组，学习成绩较差的学生不会被排挤吗？

回答 我会在后续章节中详细解答这个问题。在这里我想强调的是，频繁地进行透明化的随机分组不仅能促进学生分享知识，还能让学生具备同理心和包容心。或许是因为过多校园霸凌现象的出现，大多数人不太相信孩子之间会产生同理心。在防止校园霸凌的过程中，我们会不自觉地萌生一种想法：没有成人的干预，孩子可能会霸凌别人。但事实并非如此，学生拥有极强的同理心，他们知道哪些同学学习成绩较差，但他们还是会把这些同学当作自己的朋友。随机分组可以帮助学生培养这种同理心，我曾多次观察到学生会向小组里成绩较差的同学提供帮助。下文是高一年级某小组之间交流的内容。

菲　尔：安柏，你来做我们组的"计算员"吧，只要题目中有需要计算的部分，就由你来负责。

史蒂夫：就靠你了！只有你能胜任！

安柏是一个有智力障碍的孩子。组内的成员找到了安柏能做的事情，并鼓励她去做，还在她完成任务时一起为她庆祝。

问题 我一直都针对不同的学生给出不同的指导，按照学习成绩对学生进行分组，感觉效果不错。如果我突然安排随机分组，效果会怎样？

回答 要求学生立刻适应随机分组是不现实的，但假以时日，效果一定会有的，这主要基于以下三个原因。

第一，当你将本章的方法和其他章节的方法一起实施时，所有学生都会变得更擅长思考，且以一种你未曾预料到的方式进行思考。有一些你认为学习能力比较强的学生可能只是擅长模仿学习而已，一旦遇到需要深入思考的题目，他们就会无法胜任。有一些你认为学习能力比较弱的学生可能会展示出更强的思考能力，而那些成绩中等的学生的表现也会慢慢地颠覆你的认知。所以，按你以为的学习能力分组的话，最终效果可能会和你想的不太一样。

第二，在思考型课堂里，差异化教学的方式也应该有所不同，我会在第九章里详细讲解。我建议你给每个小组同样的思考题，观察一下每个小组的进展，再有针对性地给出不同的提示或拓展问题。

第三，你其实不用过于担心，正如前文所述，多样化的小组是好事。多样化能让学生更有创意、合作更顺利。

问题　我希望在分组前，学生就能思考我所布置的题目。如果随机给学生分组，我还可以这么做吗？

回答　不可以。我们在研究中发现，如果在分组前让学生提前思考你所布置的题目，知道该怎么做题的学生会马上解出题目，而其他学生则一头雾水；如果这些学生被随机分到一个小组，他们之间能力的差别就非常明显，不太可能会在解题的过程中合作。

总 结

宏观手段

- [ ] 频繁地进行透明化的随机分组

微观手段

- [ ] 小学三年级以下的小组规模以2人为佳，小学三年级~高三年级的小组规模以3人为佳
- [ ] 最好能让学生明白分组是随机的，也让他们明白分组后的去向
- [ ] 让学生以为你知道随机分组的结果

想一想

1. 在本章中，有哪些是你非常认可的内容？

2. 哪些学生不适合被分到一组？你为什么认为他们不适合在一个小组呢？有什么办法能让这样的小组也顺利合作呢？

3. 哪些学生从透明化的随机分组方式中获益最多？为什么呢？

4. 哪些学生可能不喜欢随机分组这种方式呢？随机分组对他们来说是好是坏呢？

5. 当你在实践本章介绍的方法时，你觉得你会遇到怎样的困难呢？有什么办法能克服这些困难呢？

试一试

正如第一章所说，前三章中介绍的方法一起使用效果最好。如果你要实践这种随机分组的方法，你打算用怎样的方式来随机分组呢？要记住，你最好让学生相信你安排的分组是随机的，以及让他们了解分组后他们的去向。

| 第三章 |

改变被动的行为习惯
—— 运用白板

在前面的章节中，我们已经了解老师应布置什么样的思考题、如何进行透明化的随机分组，那现在我们就要来找最适宜学生学习的载体了。在传统的教学方式中，老师一般会让学生在各自的笔记本上解题，但这种方式有助于打造思考型课堂吗？本章将介绍我对学习载体的研究结果，你会了解学习载体是如何引发学生思考，并让学生持续思考的。在本章的结尾，你将会了解最适宜学生思考的学习载体，认识到不同的学习载体对学生学习效果的影响，比如，学生用笔记本来解题，学习效果并不是很好。

问 题

在数学课上，最传统的学习方式就是学生坐在固定的座位上，在各自的笔记本上解题。在我观察的所有小学课堂上，都是这样的情况。学生通常会坐在座位上用笔记本做老师布置的"现在你试一试"型题目。接着，学生会继续用笔记本做家庭作业，他们在笔记本上写写画画的时间可能比睡觉的时间都长。既然学生已经用笔记本来解题了，那我们还要让他们用笔记本来做家庭作业吗？

困 境

坐在座位上用笔记本学习并不利于学生思考。但一直以来，笔记本都是学生数学课上的主要学习载体，从记笔记、做课内题再到做家庭作业，虽然这些活动其实本质上是非常不一样的，却全部都是通过固定不变的方式——学生坐在座位上用笔记本来完成的。所以，学生在完成这些任务时，学习态度、投入的精力都没有变过。在第十一章中，我将讲到记笔记是一项非常被动的学习活动，这种被动会引发学生模仿活动。同时我也说到，在做"现在你试一试"型题目和家庭作业时，学生主要都是靠模仿老师的示范解法来完成这些题目的。也就是说，学生坐在座位上用笔记本来学习会引发更多被动模仿的行为。如果老师要求学生继续坐在座位上用笔记本

完成思考题的话，那么就会出现和简的课堂上一样的情况。如果学习载体不变，学生的行为就不会发生任何改变。当这些行为没有产生任何效果时，学生很快就放弃了。

那么，我们该怎么办呢？学生不仅需要一个载体来记录容易忘记的知识，还需要另一个载体来写作业。我将在后续章节中对此进行介绍。我认为笔记本最适合用来坐在座位上记笔记，并不适合用来完成其他的任务。

> 如果学习载体不变，学生的行为就不会发生任何改变。

> 我认为笔记本最适合用来坐在座位上记笔记，并不适合用来完成其他的任务。

思考型课堂

我们选了一些不一样的学习载体供学生完成思考题。秉承逆向思考的原则，我们先让学生站起来，在课桌旁的便携白板上做题，但没一会儿学生就回到自己的座位上坐着了。与只在笔记本上写写画画相比，站起来能促进学生思考，提高他们的课堂参与度，但在实践过程中，我们看到学生出现了一些拖延和假装学习的行为。

我们试着让学生站起来，使用一整面墙那么大的白板来做题（见图3-1），这几乎完全避免了学生出现拖延和假装学习的行为，增强了他们思考的意愿。当

图3-1 学生专注地在满墙的大白板旁解题

我们把这种改变和频繁地进行透明化的随机分组（见第二章）这两种方式结合起来实践后，学生思考的意愿大大增强了。在研究思考型课堂的15年时间里，我发现将这两种方法结合起来实践是最能引发学生思考的。学生思考的时间更长了，也更愿意讨论数学问题了，遇到难题时也更愿意坚持下去。

学生的变化是如此巨大，于是我决定再做一个控制性实验。在实验中，我们给学生安排了五种不同的学习方式，以观察他们思考行为的差异。第一种是：让学生站起来，使用竖直放置的白板解题；第二种是：让学生坐在座位上，使用水平放置的白板解题；第三种是：让学生站起来，使用钉在墙上的活页纸解题；第四种是：让学生坐在座位上，使用课桌上的活页纸解题；第五种是：让学生坐在座位上，使用笔记本解题。学生会以小组的形式随机使用这五种学习载体。在实验之前，我们会在每间教室里准备好上述的五种学习载体。

学生会被安排使用某种学习载体，所有小组都会拿到一道同样的思考题。我们会从以下三个方面给学生计时。

1. 学生从拿到题目到开始讨论题目有多久（以秒计）？

2. 学生从开始讨论题目到开始记下要点有多久（以秒计）？

3. 在老师不鼓励的情况下，学生还愿意继续思考吗？这种思考会持续多长时间（以分钟计）？

此外，我们也从另外六个方面对学生进行了评价，我们还用0（表示"无"）~3（表示"多"）等去量化学生思考的成果。

4. 学生之间的讨论多不多？

5. 学生讨论初期的积极性有多高？

6. 小组里每个学生的参与度如何？

7. 学生会一直努力解题吗？

8. 知识流动的量有多大？

9. 学生的解题思路是否清晰？

关于问题8，学生在竖直放置的白板上做题时，知识会频繁地从一个小组流向另一个小组，我希望能用数据把这一细节记录下来。关于问题9，研究表明，学生不进行模仿学习时，他们的思绪往往会更加混乱，虽然这并不是一个非常恰当的衡量标准，但我也希望我能用数据把这个结果记录下来。

我们在每个课堂上都进行了上述实验。表3-1显示了学生使用不同的学习载体时解题的平均用时和分数。

表3-1　学生解题的平均用时和分数

学习载体	竖直白板	水平白板	竖直活页纸	水平活页纸	笔记本
小组人数	10	10	9	9	8
1．从拿到题目到开始讨论题目用时（秒）	12.8	13.2	12.1	14.1	13.0
2．从开始讨论题目到开始记要点用时（秒）	20.3	23.5	144.3	126.8	18.2
3．思考持续的时长（分钟）	7.1	4.6	3.0	3.1	3.4
4．讨论量	3.0	2.3	1.2	1.0	0.9
5．讨论初期学生的积极性	2.8	2.2	1.5	1.1	0.6
6．学生参与度	2.8	2.1	1.8	1.6	0.9
7．努力解题的程度	2.6	2.6	1.8	1.9	1.9
8．知识流动的量	2.5	1.2	2.0	1.3	1.2
9．解题思路的清晰度	2.7	2.9	1.0	1.1	0.8

我们通过观察上述五种学习载体，把学生解题所用的时长记录了下来，得出了以下结论。从上述表中的结果来看，不管学生站着还是坐着，他们用白板学习的效果比用活页纸学习的效果更好；若要让学生用笔记本解题，站着解题比坐着解题效果更好。究其原因，学生在白板上书写时，他们可以迅速地擦除做错的部分，对学生来说，这就减小了做错的风险。因为笔记本有私密性、体积小、容易掌控，且学生对笔记本也比较熟悉，所以笔记本能为学生提供一定的安全感。相比之下，用活页纸做错题的风

学生在白板上书写时，他们可以迅速地擦除做错的部分，对学生来说，这就降低了做错的风险。

险更大，因为在活页纸上写下就不容易更改了。

实验表明，无论是用活页纸还是用白板，学生站着学习的效果比坐在座位上的更好。这并不难理解，从生理学的角度看，站着比坐在座位上更健康。不仅如此，我们还需要更好的站姿，这可以帮助我们改善情绪，使我们更加有精神。我们还了解到，大多数的交流都是非语言的，包括面部表情、语音语调和肢体动作。站起来更便于进行非语言交流。

学生站起来能增强知识的流动性。如果让部分学生站起来用白板解题，那教室里的其他学生都能看到他们的解题过程，这提升了组与组之间的可视化程度，方便大家交流彼此的想法。如第二章所说，知识流动性的增强能增强学生对彼此（包括对组内成员和对其他组的成员）的依赖度，同时降低学生对老师的依赖度，老师不再是教室里唯一的知识来源。

在与学生多年的交流过程中，我们渐渐明白站着学习能产生更好的学习效果的原因。学生坐着听课时，他们往往会觉得自己被忽视。学生坐得离老师越远，中间就有越多东西（课桌、电脑等）挡着，学

学生坐得离老师越远，中间就有越多东西挡着，学生就越觉得自己被忽视。

生就越觉得自己被忽视。如果学生觉得自己被忽视了，他们就会有意识地把注意力转移到其他地方，觉得自己可以不用管手中的学习任务，比如，他们可能会想去完成另一门课的作业，也可能会玩手机。学生不仅会有意识地转移自己的注意力，有时候这种注意力的转移还可能是下意识的。如果学生感到无聊，他们就会下意识地"刷"手机。下意识地转移注意力的举动还包括东张西望、发呆等。

学生站着学习能立即消除这种被忽视的感觉，并将注意力集中在手头的任

学生站着学习能立即消除这种被忽视的感觉，并将注意力集中在手头的任务上。

务上，而且并不觉得站起来很突兀或难为情。当所有学生都用白板学习时，他们不会感到恐慌，且白板上的笔迹可以擦除，因此，白板就是学生解题的最佳学习载体。

白板也给老师提供了很大的帮助。我们观察到，越来越多的白板被应用在课堂中，老师通过白板能够把控所有学生的学习进度，了解每个小组的任务进展到哪一步，何时需要给学生一些提示或进行知识延伸。总而言之，用白板学习这种

方式有助于老师持续地进行形成性评价，给学生提供及时的反馈。

然而，大多数老师都没有这样的条件：教室里没有白板，也没有能容纳8~12组学生在白板上解题的空间。现在，教室里配备的白板越来越少，新兴的教学工具越来越多。一些新学校直接认定老师需要更多新兴的教学工具，而非需要在白板上写板书，所以给老师们提供的白板越来越小。要提供大面积的白板供学生书写，且打造出足够容纳8个以上小组的教室空间，成本会很高。幸运的是，有很多替代品可选，也不用花费那么高的成本。黑板和白板是同样好用的。窗玻璃也可以当作可擦除字迹的书写平面来使用。因为有大量的替代品，我们不再只专注于白板，我们将替代品称为可擦面板，这些可擦面板可放在每间教室里供学生使用。

白板能引发学生思考的根本原因在于白板本身所具备的两种特质：竖直、可擦。让学生尝试用白板学习是引发学生思考和提升学生课堂参与度的有效方法：若将这种方法和随机分组的方法相结合，学生不思考的现象，比如偷懒、拖延、假装学习等就会减少；若将这种方法和布置合适的思考题的方法相结合，学生模仿学习的现象也会减少。我们需要营造适宜学生思考的环境。从15年前我进行这项研究开始，白板可以称得上是我见过的最有效的学习载体。

> 我们需要营造适宜学生思考的环境。

我们可以采取一些微观手段，让学习效果更加明显。在研究过程中，我们会对研究内容不断地进行微调和改变，寻找最合适的教学方法。

首先，我们会对小组的间距进行微调，当小组之间坐得距离较近又不会过于拥挤时，学习效果会更好，因为组与组的间距会影响知识的流动性。

其次，我们还会调整学生对笔的使用，如果每个小组只配有一支笔，学习效果会更好，如果每人都有一支笔，很快就会变成三人分开解题，而非一起合作解题。老师最好能用一支与学生的笔颜色不一样的笔来进行标注，这样老师一眼就能看出自己做了什么标记，学生也很容易识别老师的标记，并借助这些标记来完成手头的题目。

问题与解答

问题 你再一次说到知识的流动是一件有益的事。但知识的流动不是也会导致学生更容易抄袭到其他小组的答案吗？

回答 在我这些年的观察中，我发现，使用黑板做题时，自己不思考而去抄袭别人答案的学生很少。在一个看重思考过程而非思考结果的环境里，光得到一个答案并不是最重要的，只有思考过程才是最重要的。学生可能会到处看看其他人的解题步骤，和其他小组讨论，从而获得一些解题的灵感。学生在做思考题时，头脑里会蹦出很多新奇的想法。知识的流动是在学生解题的过程中自然而然发生的。

> 在一个看重思考过程而非思考结果的环境里，光得到一个答案并不是最重要的，只有思考过程才是最重要的。

问题 如果只给每个小组分配一支笔，我怎么就能确定每个学生都参与了讨论呢？

回答 最简单的方法就是要求拿笔的学生把这支笔交给其他的学生。例如，你靠近某个小组时，就要求握着笔的学生在你走开后把笔交给另外一个组员。在最开始讨论的时候，你可以把笔先交给距离白板最远的学生。讨论过程中，你也可以问小组中谁还没有拿过笔，要求拿笔的学生把笔交给这个没拿过笔的学生。还有一个很好的方法，你可以用计时器提醒学生，每当计时器响时，拿笔的学生就要把笔交给另外一个组员。如此往复，几个星期后，学生就会自觉地将笔传来传去了。

问题 轮流使用笔是不错的策略，但如果有的学生就是没什么思路和想法，他拿到笔又有什么用呢？

回答 面对这样的情况，你可以对这个小组或全班学生补充一条规则：拿笔的同学不要记录自己的想法，只能记录其他组员的想法，这可以确保小组里学习进度慢的同学能跟得上其他组员，同时也会避免聪明的学生一个人解答出所有的问题。你还可以这样要求：只有每个小组成员都能解释清楚该组的解题思路，该组才能开始做下一道题。这样就确保了组员之间会互相照顾学习进度。

问题 我的班里有的学生学习能力很强，本章中的方法对他们来说有用吗？

回答 每个班里都有学习能力较强的学生，你之所以认为这个学生学习能力较强，主要是因为他在你的课堂上一直表现得不错。你一旦给学生随机分组，让他们用白板学习和思考，那些你认为学习能力较强的学生在做思考题的时候可能会力不从心，而那些你曾认为学习能力较弱的学生会表现得很好。

　　这并不是说你之前对学生的认知是完全错误的。这是因为在白板上解题和在笔记本上解题所需的能力有很大的差异。用白板解题时，学生需要具备如沟通、耐心和独立性等特质，而这些特质能帮助学生更好地掌握所学的知识。

> 用白板解题时，学生需要具备如沟通、耐心和独立性等特质。

问题 我在课堂上尝试了本章中的方法，但发现学生急于把写错的内容涂掉，然后他们就忘了自己进行到哪一步了。我该怎么避免这种情况呢？

回答 一方面，涂掉笔迹可以让学生有安全感，愿意再尝试做题。另一方面，涂掉太多笔迹表明学生害怕出错，我们希望学生不惧怕出错。所以面对这种情况时，有两种方法可选择。第一种就是等待，学生急于涂掉错误笔迹的行为只是暂时的，随着时间的推移，学生只会在快要下课的时候才会把笔迹全部涂掉。第二种方法是和学生沟通，你可以向学生提议，建议他们用一个框框出写错的部分。除此之外，你还可以告诉学生所有的想法都是有价值的，即便是错误的想法也有其价值。总之，不管学生想要怎么涂、怎么写，你都不能限制学生涂写的自由。

　　还有一种情况是学生涂掉了别人的成果，这时你就应该加以制止了，因为这会抹消一个学生在组里的贡献，这是绝对不允许的。你可以对这种行为多加制止，不允许学生擦除其他人的思考成果。

总　结

宏观手段

- ☐ 运用白板

组里谁还没拿过笔啊？

微观手段

- ☐ 每组只分配一支笔
- ☐ 要求组内成员轮换使用这支笔
- ☐ 要求拿笔的学生尽量记下别人的想法
- ☐ 要求学生照顾到每个组员的学习进度
- ☐ 组与组要靠近一些（但又不能太近）
- ☐ 让学生知道错误的想法也是有价值的，同时要尊重他人的思考成果

想一想

1．在本章中，有哪些是你非常认可的内容？

2．如果你希望所有学生都能够站起来用白板做题，那么你需要怎么做呢？

3．你要如何让每个组员都能轮流使用笔呢？

4．在本章中，你知道了笔记本是学生数学课上的主要学习载体，学生会在笔记本上完成老师布置的所有题目。想一想，你曾让学生在笔记本上完成过哪些学习任务呢？这些任务可以在白板上完成吗？

5．你认为学生用白板完成哪类学习任务也会有很好的学习效果呢？

6．当你在实践本章介绍的方法时，你觉得会遇到怎样的困难呢？有什么办法能克服这些困难呢？

☑ **试一试**

现在你已经读完前三章的内容了，你可能想在课堂上尝试使用这些方法。正如简介里所说，把前三章的方法结合起来实践效果是最好的，我将在第十五章中详细解释其原因。下面我会给你一些极具吸引力的课外题作为练习。请回忆一下第一章的内容，最好用3～5节课布置这些课外题，然后过渡到课内题。请回忆一下第二、三章的内容：安排学生随机分组，以及用白板来做题。你可以灵活运用每章结尾所提供的微观手段，刚开始实践这些方法时，你需要注意以下几点：

★ 不要布置学生仅通过模仿示范解法就能解答的题目；

★ 要让学生明白你安排的分组是随机的；

★ 三年级以下的分组以2人为佳，三年级及其以上的分组以3人为佳；

★ 分完组告诉学生他们的去向；

★ 每组只能分配一支笔；

★ 组与组要靠近一些（但又不能太近）。

幼儿园~小学三年级：猜颜色

请推断右侧每个图形都是什么颜色。

蓝色的图形没有角。

绿色的图形在红色和黑色的图形之间。

绿色的图形在橙色的图形的左边。

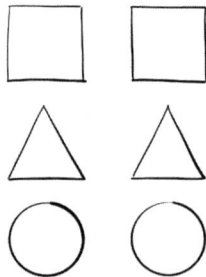

紫色的图形紧靠着红色的图形。请问，每个图形分别是什么颜色？

小学四年级~初一年级：有多少个7?

如果我要从1写到100，我要写多少个7？如果我要从1写到1000，我要写多少个7？要写多少个0？

$$1, 2, 3, 4, 5, 6, 7, 8, 9, 10, 11, \cdots \cdots 997, 998, 999, 1000$$

初二年级~高三年级：分解25

下列是一些通过加法来分解25的方式。

$$25 = 10 + 15$$
$$25 = 10 + 10 + 5$$
$$25 = 3 + 3 + 3 + 16$$
$$\cdots\cdots$$

如果将这些加数相乘，你能得到的最大的乘积是多少？

$$10 \times 15$$
$$10 \times 10 \times 5$$
$$3 \times 3 \times 3 \times 16$$
$$\cdots\cdots$$

（**注意：**题干中没有规定加数必须是整数，我们可以先让学生找到最大的整数，再点明这点。）

| 第四章 |

打造自由思考的空间
——课桌椅随意摆放

欢迎大家！

但如果老师下班了，学生都放学回家了，这间无人的教室还能算思考型课堂吗？

思考型课堂是由老师设置、学生参与的各项活动来定义的。在前文中，我列举了打造思考型课堂的一些方法，比如老师要布置思考题、安排学生随机分组，安排学生在白板上学习等，这些方法都能引发学生思考，且被证明可以增加学生思考的时间。但如果老师下班了，学生都放学回家了，这间无人的教室还能算思考型课堂吗？当然不算。教室里没有学生思考，又怎能称得上思考型课堂呢？在本章中，你将了解教室的布置如何影响学生思考，以及如何布置教室能给学生营造最佳的思考环境。

问 题

从本质上讲，教室通常指的是一间有教学设施的房间。教室的布置对学生产生的影响极其深远，甚至会决定学生是否思考。例如，你在体操馆里学到的内容一定和你在木工教室、美术教室和音乐教室里学到的内容不一样。简言之，教室中的摆设都是针对某种特定的学习内容而设计的，数学教室也是如此。有大量白板的教室比没有白板的教室更能引发学生多样化的思考。但是，布置一间教室可远远不止摆放几块白板这么简单。

困 境

在研究早期，我发现这样的教室会更难引发学生思考：课桌椅摆放得整整齐齐，课桌上的收纳盒和每件物品也放得整整齐齐。尽管我们针对学习载体、分组问题、作业布置等各个方面都研究出了专门的方法，但在整洁的教室里，这些方法起到的效果几乎微乎其微。当我们在较为杂乱的教室里进行研究时，这些方法就会有比较好的成效。在这些整洁的教室里，到底是什么影响了学生的思考呢？

一方面，思考是无序的，学生要思考，意味着他们势必要进行非常规的思考，经历试错的过程。在整洁的教室里，学生总是觉得发散性思考是不对的，但他们又需要发散性思考，而整洁的教室无法满足这一需求。另一方面，思考也不应该是完全无序的，学生需要去整理混乱的思绪。这样看来，教室也不能布置得太过混乱。

因此，教室布置得太整洁或太混乱都是不适宜的。教室里需要有让学生放松、有安全感的空间，学生在这个空间里可以放心地试错。同时，教室也不能布置得太过混乱，因为教室里的布置不能让学生分心。所以教室需要达到一种恰到好处的无序状态，这样才能引发学生思考。

思考型课堂

事实证明，教室里课桌椅的摆放方式能反映出教室里有怎样的学习行为。有的老师对课桌椅摆放的整齐度的要求会低一些，但有些教室里，课桌椅整整齐齐地摆放在那里，就是在给学生传递着这样的信息：在这个教室里，秩序是非常重要的。

你可以想象自己去参加一场研讨会。如果会议室的前部有一个讲台，下面摆满了椅子，没有桌子，你肯定在开会前就明白自己是来开会的。如果你走进一间教室，发现里面摆放着整齐划一的课桌

椅，且这些课桌椅全都正对着前方，你肯定马上就知道自己是来上课的，可能你还会猜到课上老师会设置什么样的活动。如果看到某间教室里有很多椅子围着一张桌子，你立刻就能明白这堂课需要学生展开讨论。总而言之，当你走进一间房间，你一看环境布置就知道接下来会有怎样的事情发生，而这会对你的行为产生影响。在某些情况下，学生可能会选择坐在教室的最后面，或和同学坐到一起，还可能会选择坐在其他地方。总之，在开始上课之前，学生会通过教室的布置猜到这里将发生什么，他们的猜想会影响他们的态度与行为。

在思考型课堂里，课桌椅的布置在很大程度上也会影响学生的态度和行为。课桌椅的布置给学生传递了一些信息，这些信息与将要进行的课堂活动

在思考型课堂里，课桌椅的布置在很大程度上也会影响学生的态度和行为。

一定是相符的。思考型课堂的布置应该给学生传递与思考有关的信息：在这个空间里，学生是需要思考、合作的，也是可以试错的。如果我们把课桌椅一排排摆放，或将其三三两两拼成一组，这样的摆放方式并不能向学生传递与思考有关的信息；如果我们把桌椅摆放得整整齐齐，让学生都对着教室正前方，也无法传递与思考有关的信息。

在打造思考型课堂时，我一直在寻找一种最佳的课桌椅摆放方式，我向学生展示各种教室的照片，问学生觉得这些教室里的老师是怎样的，在这些教室里学习会是怎样的。在我所展示的照片里，课桌椅的摆放方式都不一样：有的课桌椅摆放得整整齐齐；有的课桌椅随意摆放，朝向各个方向。从学生的回答中，我们了解到：成直线摆放课桌椅代表了一种有秩序的、规矩的教学模式。如果学生看到桌椅是成直线摆放的，他们就会觉得这间教室很整齐，也很有秩序。更深入的研究显示，学生一旦做出这些假设，就会对自己有相应的要求。如果教室布置得整整齐齐，他们会表现得更有秩序，也会把自己的课桌椅摆放得整整齐齐。虽然有的学生喜欢有秩序的课堂，但大多数学生都认为，在这样的课堂里学习会背负太多的期望和压力。简而言之，课桌椅成直线摆放向学生传达了相应的期待。

课桌椅对称摆放（将桌椅摆成马蹄形或圆形，或平行摆放）也会向学生传递一种秩序感。我们认为课桌椅朝前摆放（朝向教室的正前方）、直线摆放和对称摆放是一样的，都向学生传达了一种需要遵守秩序和服从的感觉。朝前摆放还会向学生传递这样的信息：在这个地方，要进行大量的观察和倾听。如果课桌椅的摆放符合上述三种方式——朝前摆放、直线摆放、对称摆放，那么学生就会认为这间房间是有秩序的，且教学活动都是以老师为中心的。

我采取的都是和传统教学方式完全相反的做法，研究结果表明，我们需要打造一间不一样的教室，课桌椅不能呈直线对称、朝正前方摆放。据此，我们采取了两个步骤。第一个步骤是，教室内的课桌椅以非直线、不对称、不朝正前方的方式摆放，大多数学生对这种摆放方式的反应是积极的。研究结果表明，无论学生是否喜欢这种摆放方式，他们都觉得在这间教室里上课应该是有趣的，课程会比较轻松，还觉得课上会有很多活动。

研究结果还表明，只要课桌椅不朝正前方摆放，就能让教室失去直线性和对称性，这是一种随意摆放的方式。随意摆放是指，我们把教室里的课桌椅都朝向不同的方向摆放，这样就能自然而然地确保教室里的课桌椅不是对称或直线摆放的。

> 只要课桌椅不朝正前方摆放，就能让教室失去直线性和对称性。

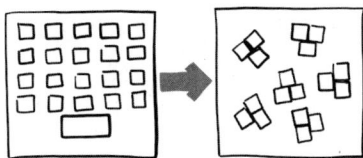

第二个步骤是让学生在课桌椅随机摆放的教室里上课，同时搭配随机分组和运用白板学习这两种方法一起实验。同时，老师还需要做到以下两点。第一，老师摆放课桌椅时需要确保三个学生能坐到一起，组成一个小组。第二，老师要确保教室里有足够的空间供学生自由地学习、讨论和走动，并确保三人小组能方便地接触到白板。

既然学生大多数的学习活动都是围绕白板进行的，教室中的课桌椅可以按照上述三人一组的方式来进行摆放。课桌椅的摆放方式同时会影响学生的行为和态度。

> 课桌这样摆放就意味着老师不会用她以前的教学方式来上课了。

第一个实践这种摆放方式的课堂，是一个初一年级的课堂。当学生们一走进这间教室，有个男生马上就说："看来现在要这样做了，是吧？"我后来找到这个男生，问他为什么这么说。男生表示，课桌这样放就意味着老师不会用以前的方式上课了。改变课桌椅的摆放方式会让学生明白老师最近的一些改变。

在有些教室里，我们只是建议老师最好别把课桌椅都朝正前方摆放，其他方面并没有做任何调整，学生会认为桌椅摆放的变化预示着课上还会有更多的变化。当然，之后的课堂的确有所变化。随意摆放课桌椅对老师和学生都立即产生了影响，学生彼此之间更愿意合作了，课堂上由以老师为中心慢慢地变成了以学生为中心。从与老师的访谈中，我们得知，老师希望课桌椅的摆放方式符合自己的教学意图和教学目标。同时，这种随意摆放的方式反过来也会影响老师的教学意图，塑造老师的行为。

在前文中，我们说过，在一个课桌椅随意摆放的教室里，老师从头讲到尾的情况会大幅减少，写板书的情况也会减少，相反，老师会更频繁地在教室里走动，帮助所有学生学习。

到底有没有其他的摆放方式和随机摆放一样能起到积极效果呢？对此，我们也很好奇，但尝试过其他的一些摆放方式后，我们仍认为随机摆放这种方式是最能引导、促进学生思考的方式之一。

图4-1　一位老师在课桌椅随意摆放的教室里解答学生的问题

问题与解答

问题　一间教室如果没有了正前方的概念，那老师的讲台要放到哪里？

回答　通常讲台会放在教室的正前面，但在课桌椅随意摆放的教室里，讲台放在哪里都可以，为了配合这样的教室布置，最好还是把讲台从原先的位置移开。不然，学生还是会把讲台的位置视为教室的正前面。你可以把讲台移到教室后面，但不要妨碍学生使用黑板。

问题　那投影仪和时钟怎么办呢？这些物品都是固定放在教室的正前面的。

回答　如果的话，试着把它们移到教室侧墙或后墙上。实在不行的话，就只能学会习惯它了。但要注意的是，不要把投影仪和时钟所在的地方当作教室的正前面，若你不使用投影仪，就不要打开它。如果你打开了它，尽量确保你不是站在教室的正前面。根据你自己站的位置来定义正前方，这样投影仪所在的位置就不是正前面了。在你的教室里，如果只有正前面的时钟不可移动，那你可以再买三个时钟分别挂到另外三面墙上。

问题　我平时都在实验室里上数学课，这种教室里的课桌都是固定的、不可移动的。我要怎样摆脱"正前方"这个概念呢？

回答　影响学生对教室正前方认知的有三个因素：因素之一是课桌摆放的位置；因素之二是学生座椅的朝向；因素之三是老师的位置。课桌被固定只是这三个因素中的一个因素。你仍然可以改变其他的因素，比如改变学生座椅的朝向。同时，你还要确保自己在教室里不断走动，而不是一直在所谓的正前面讲课。

问题　我和其他老师共用一间教室上课，如果其他老师喜欢把课桌椅排成一排，我该怎样把课桌椅按照我的意愿随意摆放呢？

回答　一分钟就足以把课桌椅重新排列了。你可以让学生在上你的课之前，尽快将课桌椅随意摆放，不要让学生感觉教室还有正前方。在把教室交给另一位老师使用之前，让学生快速把课桌椅恢复原样。有的老师会在讲台上放两张座位表：一张座位表是课桌椅都朝正前方摆放的座位表，另一张则是课桌椅都随意摆放的座位表。在这两张座位表上，每张桌子都会有颜色标记，提示学生要把它移到哪里。学生一走进教室，看到任何一张桌子，都知道要把它移到哪里。

问题　我班里的课桌非常大。我想让每张课桌都坐满学生，但这样又如何确保每组只有三个学生呢？

回答　有时，课桌的大小与你所期望的小组人数并不相符。在这种情况下，与其让学生挤坐一桌，不如让学生都站着，用白板学习。如果你教室里的课桌比较大，可以安排一桌坐两组；如果你教室里的课桌比较小，可以安排每桌坐一组，这样可以留出更多的自由活动空间。在第六章中，我们还会讨论更少的陈设、更多的自由活动空间对学生思考的诸多益处。

总 结

宏观手段

☐ 课桌椅随意摆放

微观手段

☐ 不要把课桌椅都摆放到黑板附近

☐ 让课桌椅都朝向不同的方向

☐ 尽量让教室没有正前方，也不要站在学生的正前方讲课

☐ 和学生沟通的时候，要尽量在教室里走动起来

1. 在本章中，有哪些是你非常认可的内容？

2. 想想你教室里的课桌椅的摆放方式，这种摆放方式给你的教学带来了哪些便利？对学生又有哪些帮助呢？

3. 课桌椅的摆放方式改变之后，教室里发生了怎样的改变？你觉得这些改变怎么样？为什么？

4. 你有没有看到过课桌椅的其他摆放方式？为什么老师会选择那样摆放呢？

5. 在本章中，我讲到了课桌椅成直线摆放、对称摆放、朝前摆放。在课堂中，还有什么情况一定要按照直线或对称的形式来摆放课桌椅呢？你喜欢这些摆放方式吗？这又会向学生传递怎样的信息呢？

6. 如果老师的一举一动都在向学生传递信息，那么学生从你的教学中能获得什么样的信息呢？这真的是你想向他们传递的信息吗？

7. 当你在实践本章所介绍的方法时，你觉得你会遇到怎样的困难呢？有什么办法能克服这些困难呢？

幼儿园~小学二年级：分配豆豆软糖

假设你一共有16颗豆豆软糖和4个空罐子。

1. 每个罐子里必须是3颗或6颗豆豆软糖，这可能吗？

2. 如果每个罐子里的豆豆软糖都必须比前一个罐子里的豆豆软糖多一颗，那么每个罐子里应该装多少颗豆豆软糖？

3. 每个罐子里豆豆软糖的数量必须是前一个罐子里的两倍，那每个罐子里该放多少颗豆豆软糖呢？如果每个罐子里的豆豆软糖是前一个罐子里的三倍的话，那每个罐子里又该放多少颗呢？

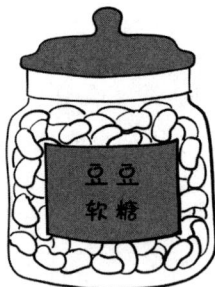

小学三年级~初二年级：运算4个数字

从数字1~9中随机选出4个数字，你可以用这4个数字进行任何运算，使得运算得出的值为1~30。

初三年级~高三年级：切割金链子

　　假设你在欧洲旅行。距离你回家还剩1个月（30天）的时间，但你已经没钱了。你在旅途中买了一条有50个链扣的金链子，有一家酒店每晚会扣下1个链扣当作你的宿食费。然而，酒店经理希望你每天都能付款，也愿意帮你切割链扣，但他们每切割1个链扣，就要额外收1个链扣作为报酬。在你飞回家的那天，你最多还剩多少个链扣呢？

　　（**提示：**若你希望学生能运用生活中找零钱的常识来解开这道题目。例如，我欠酒店2个链扣，如果我付了4个链扣，那么酒店会找给我2个链扣。）

| 第五章 |

应对学生的提问
——只回答持续思考的问题

已经有很多文献记载过老师要如何回答学生的问题，才能引导学生进行思考。在第九章中，当我介绍老师要如何给学生提示、如何帮助学生进行延伸学习的时候，我也将讨论这一点。在本章中，我们更关注老师的回答对学生思考的影响。当你阅读完本章，你将会了解学生一般都会提哪些类型的问题，以及我们作为老师又该如何回答这些问题。

问　题

你可能曾了解过，一个老师每天要提400多个问题。更有趣的是，老师到底回答了多少个问题？这就与打造思考型课堂密切相关了。在我第一次观察课堂时，我发现老师为了回答学生的问题花费了大量的时间。一开始，我只是把老师回答学生的问题当作教学中很不起眼的一部分，并不认为这是老师教学的重点。但当我开始关注老师回答问题的频率，我才意识到回答问题这个

> 一个老师平均每天要回答200~400个问题。

环节也非常重要。在进行了初步的研究后，我得出了一个惊人的结论：一个老师平均每天要回答200~400个问题，有的老师甚至一天要回答600多个问题。

困　境

频繁地回答学生的问题并不利于培养学生的思考力。研究表明，老师如何

回答学生的问题会影响到其它教学方法（将在另外13章中讲到），比如，给学生布置一道思考题后，如果老师马上就告诉学生如何解题，那这道题目就变得毫无意义了。同样，当我们把学生随机分成三人小组，如果老师马上回答了小组提出的问题，那学生进行分组讨论就变得毫无意义了。但是，就像提问是学生应该做的一样，回答学生的问题既是老师的职责所在，同时也是老师很难改变的一个职业习惯。

> **塔莉娅：** 让我不回答学生的问题实在太难了。我想帮助学生，也希望学生喜欢我。

那么，我们该怎么办呢？学生的问题不会变少，我们除了回答还能做什么呢？其实，我们不需要考虑要不要回答学生的问题，我们要思考的是：我们要回答学生的哪些问题。研究发现，学生只会问下列三类问题：接近性问题、停止思考的问题和持续思考的问题。

```
1. 接近性问题
2. 停止思考的问题
3. 持续思考的问题
```

✎ 接近性问题

接近性问题就是当老师走到学生身旁时学生会问的问题。从表面上看，这类问题和另外两类问题没有什么大的差别，但其实问这类问题的学生不会主动举手，也不会穿过整间教室去问老师。从简介中我们了解到，大部分学生问这种接近性问题并不是为了获得老师的解答，而是这么问符合学生的角色定位，让学生更像学生而已。我们看到有学生会问一些接近性问题，老师会对此进行解答，但其实大量接近性问题对学生后续的解题没有任何帮助。事实上，学生在问接近性问题时，往往已经知道答案了，或

> 我们看到有学生会问一些接近性问题，老师会对此进行解答，但其实大量接近性问题对学生后续的解题没有任何帮助。

者已经有结论了，只是需要老师确认一下而已。只是因为老师刚好在旁边，他们才会问这种问题，这是学生的一种习惯性做法。

我们通过角色理论了解到，即便在下意识的情况下，一个人做出符合其社会角色定位的行为的驱动力也是很强的。在教室里，主要的角色就是学生与老师。提出问题，是学生能做的最符合学生角色定位的事情之一——在老师的眼中，他们的角色就是学生。同理，回答问题也是老师所能做的最符合老师角色定位的事情之一，所以老师会通过回答问题来强化其老师的角色。当学生做了不该做的事情而被老师发现时，他们就会做一些符合自己角色定位的事情来掩盖。来看看下面的情况你是不是很熟悉。

快要下课了，你给学生布置了一些作业，让他们坐在座位上完成后才能离开。你察觉到教室后面有一个女生一直在低头看着什么，你怀疑这个学生在玩手机，但她的课本刚好挡住了你的视线，你没办法看到。于是你站起来，走向她的那一排，想看看到底是什么情况。觉察到你在往她那边走，这个女生赶紧动了动手做了些小动作。你走到她身边，发现她的手机打开了计算器。这时，她向你提问："老师，请问第11题，我们要算出所有可能的答案，还是只要算出一个就够了？"你告诉她要算出所有可能的答案。看到她认真地在做作业，进度还领先于班里的大多数同学，你满意地走开了。

但是，我坐在教室后面，可以看到真实情况。其实，你的直觉是对的，她是在用手机，但她并不是在用计算器，而是在和朋友聊天。当她看到你走了过来，她马上切换到了计算器的界面，完美地掩盖过去了，你其实也很难找到证据证明她在做别的事。那么她为什么还要问问题呢？她不是已经躲过一劫了吗？

作为老师，不管你知不知道，学生之所以问这个问题，是因为她知道自己的角色就是一个学生。这个问题的答案她其实并不需要知道，只是她这样问，就能最快地让你明白，她知道她自己是一个学生，这是她的角色。你回答了她这个问题，说明你不仅承认了你自己是个老师，这是你的角色，也承认了她作为学生的角色。

但这并不代表当老师在学生旁边的时候，学生就不会真正提出一些好问题。我们通过调查发现，当老师在学生旁边，有两类学生会提出一些好问题。

第一类学生比较害羞，第二类学生有很好的学习习惯。害羞的那一类学生通常不喜欢举手，也不想离开座位去找老师，因为这样会引起其他同学的注意。相反，他们会一直等待老师走到他们旁边，然后静悄悄地问一些问题。老师们或是基于之前的经验，或是从这些学生细微的表情、肢体动作中等捕捉到了某种信号——就会被吸引到这类学生身边，期待着学生提出自己的问题。至于有很好的学习习惯的第二类学生，他们不大愿意举手，也不愿意穿过大大的教室，和同学们一起排队等老师解答，他们会把问题留着，只有当老师恰好经过自己身边的时候，他们才会向老师提问。在等老师走过来的这段时间，他们会暂时放下他们的疑问，先做一些其他的事情。但不管怎么样，总有一些学生会为了证明自己的学生角色而提出一些接近性问题，这样做的学生要比问出真正有意义的问题的学生多得多。

✎ 停止思考的问题

学生经常提出的第二类问题叫：停止思考的问题。例如，"我们一定要学这个吗？"或者"这个会考到吗？"但是，大多数时候，他们可能会换种方式问老师："我这样做是对的吗？"他们提出这个问题，通常可能是因为他们自己想出了答案，在向你展示自己的成果，又或者他们在向你证明他们是在按照你的指示去做。无论如何，学生提出这些问题都是为了证明一个事实：思考对学生来说是很困难的，他们也不知道自己做的是不是正确的，如果能让你替他们解答这些疑问，就会变得容易多了。所以学生问这类停止思考的问题主要是为了得到你的回答，这样他们就不用思考了。

✎ 持续思考的问题

如果学生提出了一些持续思考的问题，那就意味着他们会继续解答手头的题目。学生提出这些问题，通常是希望你来把一些概念讲明白，或者是想要深入了解这个问题，因而会问出持续思考的问题。提出这类问题的学生是有学习动力的，他们想要继续探究，继续思考。

★老师，下一个问题是什么？

★您说这个和25相加的数字难道一定是整数吗？

★我们也想考虑值为负数的情况。这样可以吗？

当读到第九章时，我们会发现，学生在自己思考的过程中获得了自信心，变得更有动力，并开始去深入学习。这时候，他们就不会再问停止思考的问题和接近性问题了。

思考型课堂

事实证明，在老师一天内回答的200～400个问题中，90%的问题无外乎是停止思考的问题和接近性问题。这些问题里有多少是接近性问题，取决于老师在教室里来回走动的次数。与那些很少或根本不走动的老师相比，那些经常在教室里走动的老师会被问到更多的接近性问题。但不管怎样，回答接近性问题和停止思考的问题都不利于建立思考型课堂。如果老师回答了学生这两类

回答接近性问题和停止思考的问题都不利于建立思考型课堂。

问题，最好的情况就是，老师给学生的回答是多余的，没有起到任何作用；最坏的情况就是，这会阻止学生思考。

在思考型课堂中，唯一需要老师来回答的问题仅仅只是那一小部分持续思考的问题，这仅占所有问题的10%。这引出了两个新问题：如何快速识别学生提出的问题属于哪一种类型的问题，以及如何不回答那占90%的停止思考的问题和接近性问题。

针对第一个问题，即如何快速识别学生提出的问题属于哪一种类型的问题，我们发现这根本就不是问题，和我合作的老师很快就学会了如何分辨不同类型的问题。有一个技巧是：在学生刚拿到思考题时，他们提的问题几乎都是不用回答的问题——要么是接近性问题，要么是停止思考的问题。尽管在老师刚开始布置题目的时候，学生通常都会提一些问题，以更好地理解题目。事实上，学生在这个时候提出问题，就是想要偷懒，可能他们懒得弄明白题干的意思。

一旦给学生布置了思考题，你只需要记住你回答之后学生会有怎样的反应，就很容易辨别问题的类型。学生问的问题是会引出更多的问题，还是他们

想偷懒，做更少的功课？学生是想继续思考，还是不想思考？你需要注意的是，如果你只回答持续思考的问题，学生就会变灵活，提问的时候就会有更多的变化，他们会问你一些不那么凸显他们自己意图的问题，有时候他们还会有策略地来问你。

★ 我们觉得这是对的！（老师，你觉得呢？）

★ 这是对的吧！（这个对了吗？）

★ 我觉得我们方向对了！（是吗？）

不要被这些假象所迷惑。有时候学生看起来是想请你做一个回应，但其实他们是在问停止思考的问题，只不过这个问题被伪装得很好而已。你只需要关注他们说的陈述句，这样可以帮助你去辨别学生问问题的意图。学生到底是想让你帮助他们停止思考，还是继续思考呢？如果你实在分不清，就假设他们是想停止思考吧。

事实证明，在回答接近性问题或停止思考的问题之前，如何事先做好准备，才是最困难的事情。学生会想尽各种办法让你帮助他们减小任务量，如何应对这一点尤其关键。我们和8位老师共同列出了10句话，可以帮助你回答学生的接近性问题和停止思考的问题。

> 学生会想尽各种办法让你帮助他们减小任务量，如何应对这一点尤其关键。

1. 这不挺有趣的吗？

2. 你还能发现其他问题吗？

3. 能告诉我你是怎么做出来的吗？

4. 这难道一定是对的吗？

5. 你为什么这样觉得呢？

6. 你确定吗？

7. 这可能吗？

8. 换一种思路再想一想呢？

9. 为什么不试试另一种解法呢？

10. 你是在问我还是在回答我呢？

这10句话其实都是在用问题来回答问题。和我一起合作的部分老师已经能很熟练地运用这10句话了，他们觉得它们很有效果，可以引导学生重新思考接近性问题和停止思考的问题，但能这样做的老师始终还是少数。对大多数老师来说，如果用问题来回答问题，不知不觉中，他们会给学生提供越来越多的信息，反而让学生更不用思考了。我们可以看看下面这段对话。

老师：换一种思路再想一想呢？

学生：什么思路呢？

老师：或许你要考虑一下x是负数的情况。

学生：像这样吗？

老师：对的！

如果老师要用问题来回答问题，必须在回答完学生的问题后马上离开这种方式才有效。老师也可以尝试不回答学生的问题，直接离开。当然，学生可能会生气，这样做可能会有一些负面的效果。但实验两周后，我们发现，不回答学生的问题而直接离开会使学生问接近性问题和停止思考的问题的频率急剧降低。有时候，学生每天提这两种问题不超过30个。除了低年级的学生，其他年级的学生一旦觉察到自己的问题得不到老师的回答，就不会再问了。

如果一个6岁的学生问了一个问题却得不到老师的回答，他会再问一遍，如此反复。如果老师依然不回答，这个6岁的孩子会做一些16岁的孩子绝对不会做的事情。他可能会伸手去抓老师，拉住老师的手或衣服。如果老师走开了，他就会跟着老师。我这里有一些视频，你可以看到不少幼儿园和小学一年级的孩子在教室里跟着老师走，像小鸭子跟着母鸭子那样。老师一停下脚步，这些孩子就会像小鸭子围住母鸭子一样，马上把老师团团围住。

低年级的老师试图用转身离开来回应学生的问题，这样做引发了种种趣事，于是，我们开始研究，在应对不同年级的学生时，如何对这种策略进行一些微调。对学生来说，他们提出问题却得不到回答和他们的问题没被听到的差别是很大的。低年级的学生就是如此，他们会认为自己提出

对学生来说，他们提出问题却得不到回答和他们的问题没被听到的差别是很大的。

的问题没有被老师听见。没有人会喜欢被别人忽视，所以我们修改了转身离开的应对策略。当学生提出了接近性问题或停止思考的问题的时候，老师不会直接转身离开，反而会留下来，和学生面对面，在学生提出问题时微笑应对，听完问题再离开。

这一改变对所有年级的学生都有巨大的影响。学生不再觉得自己被忽视了，他们都知道自己所提出的问题已经被听到了，老师是故意不回答的。不少学生觉得这意味着他们要更多地思考，渐渐地，学生认为，老师的微笑代表了对他们的信任——老师相信他们可以解决问题。当然还有一些学生对此感到沮丧，但是所有的学生都有机会思考更多的问题，不再需要老师来替他们思考了。

学生在解题过程中会依赖老师，但不太会依赖自己的组内同伴，他们是不会向自己的同伴提出接近性问题的，因为他们没必要在小组内表现得像一个学生。不过，学生还是会和组内同伴一起讨论问题的解答思路和答案，但毕竟组内同伴没有老师的权威性，所以学生会提出一些带有试探性的问题，他们从组内同伴那里得到的回答不是肯定的，这就能保证学生不断地思考。

🚶 问题与解答

问题　如果某个学生或某组学生坚持问我停止思考的问题，那我该怎么办？

回答　一般来说，学生往往会问我们"这个对了吗？"这是他们不想思考时会问的最典型的问题。最简单的应对方法就是，你可以对学生说"我不打算回答你这个问题。"再告知其原因，比如，你可以说："我告诉你对错是没有意义的，如果你自己能告诉我这是不是对的，那就证明你真的懂了。"然后，你可以再告诉学生你对他们很有信心。你可以这样说："我相信你能告诉我这个答案到底对不对。"有时候你也可以给一点儿提示。

问题　在教室里走动时，我该如何辨别学生问的是持续思考的问题，还是接近性问题呢？

回答　区分这两类问题的关键是留意学生提问题的时机。如果学生正在忙于做手头的题目，他们提出的问题大都偏向接近性问题，比如，当他们问"我们要找出第三题的所有答案吗？"或"我们这样做是对的吗？"时，你就需要警惕了。如果学生确实卡壳了，需要你的帮助才能继续往下进行，他们提出的问题就会是持续思考的问题。有时候学生希望老师能给一些提示："老师，我们这里遇到了困难，是不是所有可能的答案我们都要验证一下呢？"有时候学生提出的问题是延伸问题："我们只需要考虑一般的情况就可以吗？"

问题 我能和学生介绍这三种类型的问题吗？再和他们说我不会解答他们的接近性问题和停止思考的问题。

回答 其实，我们一开始就尝试和学生讲清楚这项实验，但这会引发两种有趣的现象。第一种是，学生会自己调节问题的类型，提出的接近性问题和停止思考的问题会大量减少，而持续思考的问题会有所增加。第二种是，学生会用这些资讯来引导其他的同学："他不会回答这问题的，这是个停止思考的问题"。

难的是如何解释这项实验。我们发现，如果老师刚开始上课时就向学生解释这项实验的话，后面就会出现一些问题。我们通过和学生的访谈了解到，学生会认为老师在上课前和自己讲这些事，就是要求学生尽力地表现自己，或者他们会认为老师对这项实验进行解释是为了征求他们同意，一些学生会觉得自己是可以拒绝的。当老师尝试两周不回答学生的接近性问题和停止思考的问题，并微笑走开后，这时候老师再对这项实验进行解释，学生的反馈都变得积极了，他们不会认为老师是在征求他们的意见，而是会认为老师在对课堂的规范进行解释而已。学生也很喜欢了解教学设计背后的原因，"老师能告诉我们背后的逻辑，真的太酷了！"

不管老师要在课上尝试何种教学方法，实践前

老师如果在实践前去和学生说明，学生会认为老师在征求他们同意；如果在实践后和学生说明，学生才会认为老师在向他们解释该教学实践背后的逻辑。

后老师都要对学生做出一致的解释。老师如果在实践前去和学生说明，学生会认为老师在征求他们同意；如果在实践后和学生说明，学生才会认为老师在向他们解释该教学实践背后的逻辑。

问题 对学生来说，微笑和转身离开的应对方式一开始的确有点儿伤人，但这种方式有助于避开学生的接近性问题和停止思考的问题，让学生继续思考。不过，这个策略对所有学生都有效吗？

回答 也不一定，这么做的目的其实是不让学生停止思考。这并不会对每一个学生都有效，有些学生就是无法接受你不回答他们的问题，可能是因为这些学生对自己的能力不够自信，或有些心理问题，如强迫症，若所提的问题没有得到老师的解答，他们就无法继续思考。

　　另外，还有一些学生会因为你不回答他们的问题而感到愤怒，毕竟学生在整个学习生涯里都有老师给他们解答问题。所以，你需要更了解课堂的状况，知道什么时候对给学生点个头、眨个眼，说点儿鼓励的话："我相信你可以解决这个问题。"但在开口说话时，你一定要注意，老师的职业习惯就是回答学生的问题，所以，你要尽可能地克制住这种想要回答问题的欲望。

> 你需要更了解课堂的状况，知道什么时候该对学生点个头、眨个眼，说点儿鼓励的话。

　　在幼儿园～小学二年级的班级里，我们采用微笑走开的方式来应对学生提问题，虽然这一做法取得了积极的效果，但还是有一些学生无法接收到老师通过微笑和离开所传递出的信息。遇到这样的情况，老师可以笑一笑，对学生说一些鼓励性的话语后再走开。渐渐地，这些学生就可以接受老师直接微笑走开，甚至不用说什么鼓励的话。

　　为了不回答接近性问题和停止思考的问题，老师要自己了解课堂的状况，才能够在被问到这类问题的时候及时做出最适宜的反应。

问题 家长们对老师不回答问题怎么看呢？

回答 这要看是谁来告诉家长这件事。如果是学生自己告诉家长老师不回答问题了，你应该可以想象到家长会有怎样的反应。通常情况下，学生并不善于解释课堂上的细微变化，家长们还会在孩子说话的基础上加上自己的理解，所以你很快就会接到家长的投诉电话或投诉邮件。但如果家长是从你这里知道的，那么他们就会理解老师不回答问题或只回答某些问题是为了引发学生思考，他们的态度就会平和得多。

问题　这段时间，我已经试着把我的课堂改造成思考型课堂了，我觉得我一天里绝对没有被问200~400个问题。请问"200~400"这个数据是从哪里来的？

回答　这个数据不是从思考型课堂中来的。你一旦开始尝试打造思考型课堂，学生提问题的数量就会大幅减少，有时候你甚至一天都不会被问到1个问题。

问题　你建议我们在学生提出问题后微笑着走开。有没有什么办法可以在学生提问前就能用上，以防止学生问这类问题？

回答　为应对这种情况，我们想了三种策略。第一种策略是巧妙地与学生保持距离，不要太靠近学生。在老师布置第一道思考题的3~4分钟内是学生提问最频繁的时候。在这段时间里，你可以待在教室的中央，尽可能地远离学生，与学生保持距离，以减少学生提接近性问题的机会。

　　第二种策略是不回答个别学生提出的问题，只回答小组提出的问题。如果某个学生向你提问，你可以回答"你的组员得出了什么结论呢？"或"你和你的组员讨论过了吗？"如果整个小组向你提问题，你可以听听他们的问题到底是什么，但你也不需要回答，可以只给他们一个小提示，引导一下他们，你也可以在听完小组的问题之后微笑走开。

　　第三种策略是，当你走近一个小组时，你可以通过向学生提问来引导他们思考。例如，你可以问："你们这里为什么这么做？""谁能给我解释一下这里为什么这么做？""到目前为止，你们都算出了些什么？"当你用问题来引导学生时，其实对话的控制权在你手里。当你对学生微笑，进行鼓励或暗示的时候，你就不是在对学生的问题做出回应，而是在引导学生思考。

总 结

宏观手段

☐ 只回答那些持续思考的问题

微观手段

☐ 当学生向你提出了接近性问题或停止思考的问题时，你可以反问他们

> 这不挺有趣的吗？

> 你还能发现其他问题吗？

> 能告诉我你是怎么做出来的吗？

> 这难道一定是对的吗？

> 你为什么这样觉得呢？

> 你确定吗？

> 换一种思路再想一想呢？

> 为什么不试试另一种解法呢？

> 这可能吗？

> 你是在问我还是在回答我呢？

> 能再给我们一道题吗？

> 我觉得我们得出正确答案了！

> 对吗？

☐ 当学生向你提出接近性问题和停止思考的问题时，你可以微笑着走开

☐ 当你在班里实践这些方法后，再向学生解释这三种类型的问题，告诉学生你会回答哪一类的问题

想一想

1. 在本章中，有哪些是你非常认可的内容？

2. 在本章中，我们了解到，老师回答学生提出的某一类问题会导致学生不思考。老师与学生之间还有哪些互动方式也会导致学生不愿思考呢？

3. 在之前的章节中，我们都是在讨论如何打造有助于学生思考的课堂。在本章中，我们发现，如何回答学生的问题才能不阻碍学生思考。你觉得还有哪些做法是会阻碍学生思考的呢？

4. 当你在实践本章介绍的方法时，你觉得会遇到怎样的困难呢？有什么办法能克服这些困难呢？

试一试

以下这些思考题能够引发学生提出大量的问题。你可以利用这些题目来尝试不回答接近性问题和停止思考的问题。

幼儿园~小学四年级：做冰激凌筒

冰激凌店里有10种不同口味的冰激凌。如果你要做出双球冰激凌，你一共能做出多少种不同口味的双球冰激凌呢？如果店里有11种口味呢？如果有12种口味呢？如果有20种口味呢？如果你要做三球冰激凌呢？一共可以做出多少种不同口味的三球冰激凌？

小学五年级~初二年级：回文题

回文是指单词正着拼反着拼都一样，如：mom，dad，racecar等。数字也有回文的形式，如141、88、1221等。现在我们来看看数字75，75并不属于回文数，我们把它倒过来与之相加：75+57=132。数字132也不是回文数，我们把132倒过来与之相加，132+231=363。数字363是一个回文数，算到这里，我们就停下来，把75称为经过2次倒序相加可以得出回文数的数字。请找出其他所有需经过2次倒序相加才能得出回文数的两位数的数字。

初三年级~高三年级：酒柜题

斯诺特先生很喜欢喝红葡萄酒，每天都要喝一瓶。斯诺特先生对喝酒非常讲究。第一，他只喝自己喜欢的葡萄酒品种。第二，葡萄酒必须存放于适宜的温度下。第三，葡萄酒在阳光下暴露的次数不能超过5次。为了确保自己买到的是喜欢的葡萄酒，斯诺特先生会去他最喜爱的酒商那里买酒，即便这家酒商的所在地离他家很远。为了确保自己家的酒存放在适宜的温度下，且不被阳光直射，斯诺特先生在家放了一大一小两个温控酒柜。斯诺特先生至少要多久去酒店那里买一次酒呢？帕诺特先生和斯诺特先生在同一位酒商处买酒，帕诺特先生喜欢喝某种特定温度下的葡萄酒，但他不会喝在阳光下暴露超过10次的葡萄酒。帕诺特先生至少要多久去酒商那里买一次酒呢？

第六章

提高课堂参与度
——站着口述题目

在第一章中你了解到，在思考型课堂中应布置怎样的思考题才可以引发学生思考，但仅仅了解这些思考题还不够，你还需要了解更多。在第二、三章中，你了解到，先将学生随机分组，再让他们在白板上完成思考题，会起到很好的引发学生思考的效果。在本章中，我们将会了解到以何种方式给学生布置思考题，这同样是十分重要的。

以何种方式给学生布置思考题，这同样是十分重要的。

问　题

老师在网络上都可以找到大量的思考题。但是，我最常被问到的问题还是"哪里能找到好的思考题？"为什么会这样呢？明明到处都是优质思考题，大家为什么还会问我这个问题呢？

这个问题其实掩盖了一个更深层的、更急需解决的问题，即"我在哪里可以找到符合我的教学设计的优质思考题？"或"我在哪里可以找到引发学生思考的优质思考题？"。我们在第一章中已经简单解答过第一个问题了，而且我还会在第九章中进行深入阐述。而第二个问题其实就是本书的主题，但重点不是去哪里找到这些题目，而是我们如何处理这些题目。

困　境

我们可以回想一下第五章中给出的回文题目，这绝对是一个能引发学生思考的优质题目。我们在数百个课堂上使用过这道题目，几乎没有失败过，它总能引发学生进行思考。现在你手上也有这些优质的思考题了，但问题是，你要如何处理这些题目？如何将这些题目布置给你的学生呢？

在我们做过的数以千计的实验和采访中，以何种方式把思考题布置给学生，是老师们考虑得最少的一个问题。我们发现老师们通常会用以下三种方式布置思考题：第一种，直接将思考题投射到投影仪上或写在黑板上；第二种，用讲义的形式分发下去；第三种，从课本或练习册上找一些题目布置给学生。

在这三种方式中，哪种方式最不能引发学生思考呢？这是老师们思考得最少的问题，相比第一种和第二种方法，第三种方法最不能引发学生思考。

特别是对初一以上年级的学生来说，他们已经习惯了去做课本上的思考题，一般是在老师示范如何解答类似题目后，他们才会做题。但是学生不会把课本上的习题当作需要思考的题目，而会将这些题当作可以模仿老师的示范解法而去做的题目。学生有这样不思考的行为，其实是可以理解的，毕竟上课的一般流程就是，在讲解完题目后，老师从课本上找一些思考题布置给学生。当没有可以模仿老师的示范解法而去做的题目时，学生是不会去思考的，他们可能会直接举手问老师该如何做题。此外，老师给学生布置这些思考题时，用投影仪投影或写在黑板上和通过分发讲义的方式布置所产生的效果也不一样，用投影仪投影或写在黑板上最能引发学生思考。

> 学生已经习惯了去做课本上的思考题，一般是在老师示范如何解答类似题目后，他们才会做题。

老师从何种方式布置思考题是非常重要的，何时布置、在哪里布置同样很重要。我们的常规做法是让学生在练习本上做题，这恰恰是最不能引发学生思考的。

思考型课堂

在我们讨论以何种方式布置思考题前，让我们先来看看，老师在不同时间、不同地点布置思考题会有什么不同的结果。

何时布置思考题

我们在早期的研究中发现，在一节课的中段或末尾布置思考题，其引发学生思考的效果会比在刚开始上课时布置的效果要差得多。原因有两个，第一个原因与学生有关。正如上一章所述，学生有偷懒的心理，不想花太多精力去做题。因此，如果刚上课时学生就处于被动接受知识的状态，只是乖乖地听老师讲，认真做笔记的话，那么随着课程往后推

> 如果刚上课时学生就处于被动接受知识的状态，只是乖乖地听老师讲，认真做笔记的话，那么随着课程往后推进，老师就很难再让学生主动思考了。

进，老师就很难再让学生主动思考了。这一点在我们的研究中特别明显，每当老师在一节课的中段或尾声时给学生布置思考题，学生就会抱怨，且往往需要很长时间才能投入到思考中。如果老师在刚开始上课的时候就给学生布置思考题，学生就会带着活力、热情和较强的自主意识去完成思考题。我们如果在不同时间段给学生布置思考题的话，就能看到差异了。在刚开始上课的时候布置和在快下课时布置，学生完成题目的质量会有巨大的差异。

布置思考题的时间段不仅会影响学生的课堂参与度，还会影响老师的讲课方式。在布置思考题之前，上课上得越久，老师越有可能以某种方式隐晦地讲解某道题目。例如，老师会用不同的表达方式、教学策略等，来向学生强调解题中需要用到的知识点。我们曾对老师进行了访谈，他们在访谈过程中才会恍然大悟，甚至会忍不住嘲笑自己。

萨曼莎：哈！我觉得我真的忍不住啊！

斯坦利：我们可真是搞笑啊。

我们想方设法让学生对即将去做的题目做好准备，这是我们教学中难以改变的习惯。即便我们知道这不利于学生思考，我们也很难不这样做。

老师会不由自主地给学生预先讲解，再加上学生从刚上课就一直处于被动听课的状态，因此，思考题的效果难以体现。（见图6-1）。在课堂上，老师越是在课程后半段布置题目，就越无法让学生主动思考。为了防止这种情况

图6-1　学生的思考意愿与老师布置思考题的时间的关系

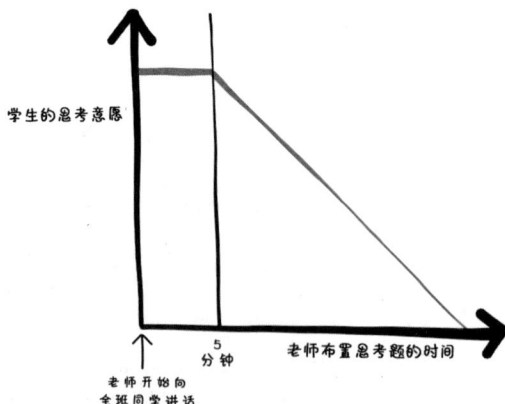

学生的思考意愿

老师布置思考题的时间

5分钟

老师开始向全班同学讲话

出现，老师可以在刚开始上课的3~5分钟内布置题目。比较有趣的是，我们发现，实际开始上课的时间不是铃声响起的时间，而是老师开始向全班同学讲话的时间。

若是一堂复习课，你可能倾向于在刚开始上课的3~5分钟内布置思考题，但若是一堂新课，你可能会觉得刚开始上课时有太多知识需要讲，抽不出3~5分钟来布置思考题。其实不是这样的，现在你只要知道，你进得越久，学生被动听课的时间就越久，他们主动思考的概率就越小。

在何地布置思考题

在与学生交流时，从学生是坐着听讲还是站着听讲，我们就能知道他们是在主动思考还是在被动思考。我们发现，让学生坐着听老师讲会给学生营造一种被动的课堂氛围，他们会觉得他们自己没什么热情和精力。反之，让学生站起来围着老师听讲，他们会变得主动。如果学生坐在座位上完成老师布置的思考题，他们思考的速度会比较慢，也有可能会问更多的接近性问题和停止思考的问题。相反，如果学生站起来，围在老师身边听老师口述题目，学生可能会更快地完成思考题，提出接近性问题和停止思考的问题的概率也会小很多。

从生理学的角度讲，相比起坐着听讲，学生站着听讲意味着他们需要更多地用到核心肌肉，促进血液流动。从心理学的角度讲，学生坐在座位上听讲，会导致老师想要直接去教学生做题，学生也会被动地学习、不愿主动思考。这一点在我们与学生的访谈中得到了证实。我们给学生展示了几张照片，分别是学生坐在座位上听讲、坐在地板上听讲，以及学生站起来围在老师身边听讲。我们问了学生对每张照片的看法，当看到那些不坐在座位上听讲的照片，几乎所有学生都表现得更加兴奋。学生即便坐在实验桌上听讲也比坐在座位上听讲有更多的正面回应。更深入的研究显示，学生表现出积极态度也与他们的课堂参与度有关。

> 学生坐在座位上听讲，会导致老师想要直接去教学生做题，学生也会被动地学习、不愿主动思考。

我们还做了一项更直接的研究，我们分别记下了高中生坐着听讲和站着听讲时看手机的频率，结果是惊人的。学生坐着听讲时，有50%的人每5分钟就要看一次手机，但当学生站着听讲时，一节课下来只有不到10%的人看手机。这可能和我们在第三章谈论到的情况有相似之处，学生看手机较频繁也是因为学生感觉被老师忽视了，这也会影响学生的课堂参与度。课堂参与度较低的学生会不由自主地分心，而课堂参与度较高的学生则不会分心。

综合考虑上述各种因素，在布置题目前，老师可以让学生站起来围着自己，这样效果是最好的。

如何布置思考题

我们在前面曾经提到，从课本或练习册上找题来布置给学生的效果是最差的。在这种情况下，学生提出的接近性问题和停止思考的问题比较多，提出的持续思考的问题比较少。同样，通过分发讲义的方式来布置题目，效果也不太好，因为这种方式更注重题目的完成情况，而非思考过程。在老师常用的三种布置题目的方式中，效果最好的是将思考题投射到投影仪上或写在黑板上，并让学生站起来围着老师，但在黑板上写题的效果又远不如口述题目的效果。

在黑板上写题的效果又远不如口述题目的效果。

口述题目这种方式可能并不符合我们多年来的教学习惯。但在展开说明之前，我还是要解释清楚这里所说的口述是什么意思。老师要口述题目，但题目的细节（比如数量、尺寸、几何图形、代数式等）还是需要老师一边口述，一边写在黑板上。老师口述题目并不在于要让学生把细节都记得一清二楚，而在于要学生自己听出问题问的是什么。同样，口述题目不需要老师一字不落地读出题目，相反，老师要巧妙地叙述，并和学生一起讨论，清楚地传递题目信息。和第五章末尾的回文题目不同的是，这道题目的题干不需要老师读出，老师要让学生站到黑板附近，用类似于下文的方式口述题目。

口述题目不需要老师一字不落地读出题目。

老师： 有同学知道什么是回文吗？

学生： 比如正着读倒着读都可以的单词。

老师： 能给我举几个例子吗？

学生： mom, dad, Hannah, racecar。

老师：很好，有哪位同学能告诉我哪些数字是回文数吗？

学生：1221、25452……

老师：那99算吗？88又算吗？有没有同学能帮我找出一个不是回文数的两位数的数字？

学生：14。

老师：很好，14并不是一个回文数。但我现在要把14和它倒过来的数相加。14+41（老师写板书），和为55，请问55是回文数吗？

学生：是的！

老师：没错，那我算到这里就停止了。那如果我用48来算呢？

学生：48+84=132。（老师写板书）

老师：132是一个回文数吗？

学生：不是。

老师：对，132不是回文数。那如果我用这个数再算一遍呢？132+231=363（老师写板书），363是一个回文数，那我的运算就结束了。

老师：我们用14开始计算时，要倒序一次才能得到一个回文数。而48这个数字，我们要倒序两次才能得出一个回文数。

老师：你们的任务就是要找到所有需要倒序两次能得出回文数的两位数。

当然，你并不一定要一字不落地按照这个流程来上课，你可以创造一个属于自己的教学流程。在这个流程里，你需要明白如下三点。

1. 你可以先给学生介绍一道题题干中的基础信息，再给学生布置这道题目。

2. 在你给学生介绍题干的基础信息时，学生也会持续思考。

3. 如果一个学生迟到了，当他走进教室看到黑板上老师写下的题干基础信息时，他可能仍不太清楚这道题目的具体解题要求。

如果老师没有口述题目，黑板上的内容就是毫无意义的。这就是口述题目和写下题目的不同之处，在口述题目的过程中，黑板上留下的文字是不足以让学生理解题目的具体要求的。但在黑板上写下题干基础信息还是很重要的，它可以减轻学生记忆题干信息的负担，能让学生边看黑板上的提示，边结合老师口头的指示进一步理解题目。

你现在肯定有很多问题想问，我将在本章结尾做出解答。在这里我们来看看，如果老师口述题目学生会怎样思考。以一道叫作税务员的题目为例。

这里有12个信封，编号是1~12，每个信封里钱的数额与该信封的编号一致。若你拿走了其中的一个信封，税务员就要收你所拿信封编号数的因数所对应的信封。且你每拿一次，要保证税务员至少能收走1个信封，直到你不能再拿信封为止。这时，剩下的信封都要归税务员所有。算一算，你最多能拿走多少钱？

这个题目甚至可以给小学四年级的学生去思考。我们比较了布置这道题目的两种方式。第一种，直接以文字形式布置给学生；第二种，让学生站起来围在老师身边，听老师口述题目。

老师： 我这里有12个信封，每个信封里面都有钱。（在黑板上画12个长方形，在长方形里面填上1、2、3等数字）这些都是你们的钱，我只是暂时替你们保管而已。你们可以随意拿走其中任何一个信封，你们只要跟我说一声就可以了。你们想先拿走哪个信封？

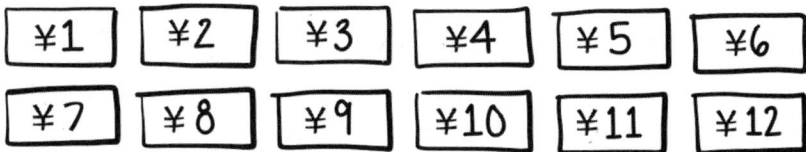

学生： 编号12的信封。

老师： 好，给你！（假装给学生递一个信封，并把黑板上写有数字12的长方形圈起来）现在这个信封就没了。

老师： 对了，（打个响指）我忘了跟你们说了，拿钱是要缴税的，你拿走了12元，税务员就会收走编号分别为1、2、3、4、6的信封里的钱。（一边念数字，一边划掉对应的信封）为什么税务员会收走这些信封呢？

学生： 因为这些信封编号数都是12的因数。

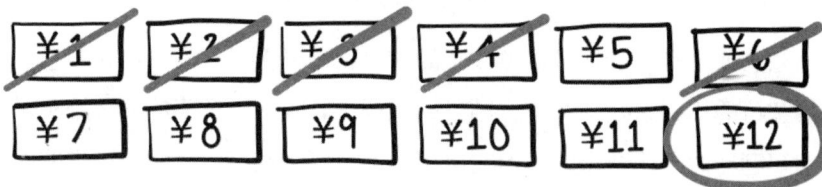

老师： 没错，税务员会收走你所拿信封编号数的因数的对应的信封，那接下来你要拿走哪个信封呢？

学生： 编号11的信封！

老师： 好！（打个响指）我还忘了告诉你们，如果拿走任意一个信封的话，税务员也必须至少拿走一个信封。那现在，你们还能拿走11元吗？

学生： 不行，剩下的数字里已经没有11的因数了。

老师： 对，那现在你们要拿哪个？

学生： 编号10的信封！

老师： 好的，那这个信封给你们（假装把信封递给学生，把写有数字10的长方形圈起来），那现在税务员要拿走哪个信封？

学生： 编号5的信封。（老师划掉对应信封）

老师： 那接下来呢？

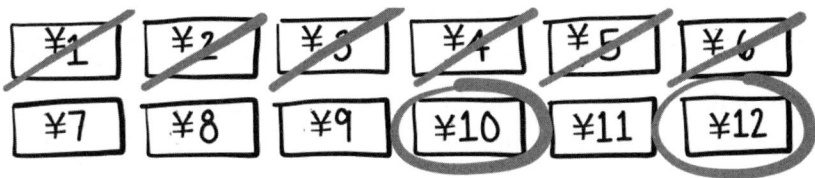

学生： 没有了，其他的我们都拿不走了。

老师： 好，但是我们的税务员不会不管剩下的信封的，所以他会收走剩下的所有信封。（老师划掉编号分别为7、8、9、11的信封）

老师： 现在你们手上一共有22元，这也太少了。你们那么努力，以后赚的钱肯定比22元多，你们可以试一试。（将学生随机分组）

老师在口述题目的过程中讲清楚了税务员题目的所有基本信息，口述方式刚好符合前文提到的口述题目的三个特点。在老师口述题目的过程中，我们还发现了第四个特点：题目中的条件都是在学生做出了选择之后才给出的。在学生选择了第一个信封后，老师才说出税务员会收税的条件；在学生准备拿走一个不含 因数的信封时，老师才说出税务员每次至少要拿走一个信封的条件。

老师可以比较一下采用口头和书面这两种不同的布置形式时，学生的行为有什么不同。在实验的过程中，我们观察到了一个非常明显的差异，当老师口述题目时，几乎每个小组都马上知道要拿的信封编号数应为质数。当老师以书面形式布置这道题目时，即使学生已经解题了10~12分钟，依然没有学生往质数这个方向思考，可见这两种布置题目的方式对学生行为的影响是非常不一样的。

通过研究以书面形式布置题目后的10~12分钟内学生到底做了什么，我们看到了学生普遍存在的一些问题。

1. 学生需要花不少时间来读题，或者是假装读题。当他们终于开始和组内同伴讨论时，他们开口第一句都是"这里说的因数到底是什么意思？"。

2. 学生会讨论题目中的条件"税务员是只拿走一个因数所对应的信封，还是所有因数所对应的信封都要拿走？"。

3. 学生在解题的同时，会一而再、再而三地读题，讨论题干中的条件到底是什么意思。

上面这些问题看上去都不简单，不少学生中途就想要放弃。只有那些没有放弃的学生才会开始讨论题目中涉及的数学知识点，比如，质数、质数的平方、因数的个数等。而那些听老师口述题目的学生，在刚开始解题时，就会讨论这些数学知识点。所以，口述题目能突破文字的界限，帮助学生理解题目，使学生能够迅速开始思考相关知识点。

因此，口述题目省去了学生阅读题干、讨论题干意思、理解题目中的条件等步骤。有趣的是，在一些口述题目的实验中，在与不在黑板上写板书，差异同样也会存在。

用口头和书面这两种方式来布置题目时，我们还会看到另一个很大的不同，即学生向老师提问的数量有明显差别。当老师口述题目时，学生问的问题较少。老师以文字形式布置题目的时候，学生问的问题较多，主要是关于一些理解题意方面的问题，他们不太清楚题干的意思，也不太明确题目中的限制条件。就像我在简介中提到的简的课堂，简在教室里走来走去，回答学生的问题，她所回答的问题几乎全都是学生在不理解题意或题目的限制条件时所提出来的问题。在实验中，我们也看到有的学生问了太多的问题，以至于老师不得不叫停，用口述方式再给学生说一遍题目，以便更快地引导学生思考题目中所涉及的相关知识点。

在不同的年级中，老师口述题目都能引发学生更多的思考，也能让他们迅速思考，转而进行深入思考。

总而言之，研究结果显示，在不同的年级中，老师口述题目都能引发学生更多的思考，也能让他们迅速思考，转而进行深入思考。可以说，无论在何种情况下，口述题目都比用文字形式布置题目有更好的让学生思考的效果。

⸸ 问题与解答

问题 我的教室里没有太大的空间，学生没办法都站在我周围听我口述题目，那我该怎么办呢？

回答 其实我们并不需要太大的空间，学生也不需要全都站到你的周围，学生站在教室后面也是可以的。重要的是，我们要让学生站起来，并尽量靠拢在一起。让学生每天都换一下地方站也是很有效的。

问题 如果学生都站着听我口述题目的话，他们怎么能把板书（题干中的数量、尺寸、几何图形、代数式等）记下来呢？

回答 如果你都写在黑板上了，他们就不用记下来了。你可以把板书写到每个学生都能看到的地方，不管学生是松松垮垮地站在你旁边听，还是在进行小组活动。你可以画一个框框住你写的题目信息，告诉学生，即便他们要用这块黑板，也不要擦掉你写的题目信息。有的老师会在教室里放一块仅供自己使用的小黑板（但不是放在教室的前面）。有的老师会把题目中的细节信息写在一张纸上，把这张纸张贴到学生能看见的地方。

问题 有些学生无法理解口述的题目，我需要给他们文字形式的题目吗？还是在口述的同时，把文字部分投射在投影仪上呢？

回答 研究显示，老师在口述题目的同时给了学生文字形式的题目，和单一以文字形式布置题目效果是一样的。学生一旦拿到了文字形式的题目，就立马被文字吸引住，不再听你口头的讲解。如果学生不太能理解口述的题目，很可能他们也不太擅长解读文字意思。你所说的情况可能是当你对全班进行统一讲解时，很多学生不太能理解，但如果你给他们一对一地讲解，他们可能会表现得相当不错。当一个学生进入到小组后，其他小组成员有很多机会向他解释题目的意思。作为老师，你需要了解学生的学习能力——哪些学生的确需要一对一的讲解，你可以多去帮助这些学生。

问题 如果我班上的大部分学生都听不明白我口述的题目呢？

回答 研究表明，在将学生分组后，若组与组之间的距离较近（第二章），并且学生也有较高的自主性（第八章），那么只要有20%的学生理解了题目意思就够了，知识的流动会让剩下的那部分学生也理解题目意思。

问题 如果有的小组完全理解错了题目，我该怎么办？

回答 作为老师，你在课堂里必须是活跃的。在布置完题目后，你要花时间去观察学生，确保每个小组成员都理解了题目，并能做到有序解题。如果有些小组成员理解错了题意，你要去和这些学生沟通，并帮助他们正确理解题意。与学生沟通时，你可能需要给他们重新讲解题目，或者让他们去了解其他小组的解题思路，这些都能帮到他们。

问题 如果我布置的题目需要学生用到一些他们还没学过的知识点，我要怎么办呢？

回答 最简单的方法就是把所需要的知识点提前告诉学生，但你只能在开始上课后的3~5分钟内告诉学生，我们会在后续章节中详细讨论这方面的内容。现在，请你思考一下，在学生完成第一道题目时，他们需要的最基础的知识是什么，以及他们能从这道题目中学到什么以帮助他们顺利解出下一道难度更高的题目。

问题 如果我已经顺利地口述题目，一个迟到的学生走进了教室，通过看板书，他是不会知道老师究竟布置了什么样的题目的。我觉得这不太对。

回答 我们并不是不想让学生知道题目是什么，我只是希望学生不要无视老师的口头指导。正如第二章中提到的，如果一个学生迟到了，把他安排在已经开始热烈讨论的小组里，让其他小组成员直接和他去解释题目就可以。

问题 怎么才能分辨出哪些题目信息是需要我口述的，哪些题目信息是需要我写下来的呢？

回答 一个比较简单的方法就是，将题目中的叙述部分口述出来，题目中涉及的数量、符号、图形则写下来。当然，你可以把题目中涉及的名称、单位、限制条件（高度、面积等）都写下来。总之，你所写下的板书应该是可以帮助你的学生去理解题目的，让学生将写下的信息与你口述的信息区分开来。例如，你出的题目中涉及两个物体的速度，你就可以写下：鸟的速度＝4 m/s；球的速度＝5 m/s。题目中的限制条件越多，你需要写下来的就越多。如果题目中只有鸟的速度这一个限制条件，你只需要写下4或4 m/s。

问题 我最近正在给学生讲统计图表题。我是把图表画在黑板上呢，还是念出来呢？

回答 统计图表题是一种不太需要学生过多思考和记忆的题目，大多数老师都会给每组学生分发印有统计图表的讲义，然后再口述这些统计图表是用来做什么的。

问题 在我所在的学校里，学生要参加各种笔头的考试。如果我口述题目，怎么能帮助我的学生更好地准备笔头考试呢？

回答 口述题目并不能帮助学生准备笔头的考试，口述题目是为了让学生尽快动脑筋思考。在期末考试前，你可以专门为期末考试做一些准备。例如，定期把思考题打印出来，发给学生，让他们去思考、读题目，给每组学生5~10分钟的时间来思考题中所涉及的相关知识点，然后学生可以在全班一起讨论时提出问题，并汇报小组思考成果。渐渐地，学生在全班一起讨论之前，就能在小组中完成对题意的理解，并能单独完成思考题。即便有些老师本身就很熟悉这种方法，他们也只会在学期末才开始这么做，而不是持续这样做。

问题 我的确会提前给学生演示怎么解题，这样学生就能把题做对。这又何错之有呢？

回答 让学生把题做对本身没有错，每位老师都希望学生能做对题，但问题是，做对题到底有什么意义。长久以来，我们在教学中都默认：学生能够模仿学习就够了，所以在给学生例题的时候，我们才会有意地去教学生怎么做。但是，正如前文所述，模仿并不是学习，而且模仿和思考是相悖的。如果我们把学生可以思考作为成功的标准，那我们就需要考虑如何创造和维护一个促进学生思考的环境，而非引导学生进行模仿学习。

问题　我觉得本章中的方法并不适用于幼儿园或小学低年级，因为我们一直都是用口头的形式布置题目的。

回答　没错，口述题目这种方式对小学低年级的老师来说可能有点儿多余了，但是低年级的老师还是需要考虑何时、何地、如何布置思考题。我们发现，即便是在低年级的教室里，老师在课前布置思考题比在课后布置的效果更好。站着听讲的学生比坐着听讲的提的问题要少。研究显示，老师应在开始上课后的3~5分钟内布置思考题，这一点非常关键。而在低年级，老师可以先让学生站到自己身边，再宣布开始上课，"好啦！我们现在要开始进行一项新活动了！同学们，都站起来。在那边的角落里集合，我会告诉你们接下来要做什么。"

问题　在口述题目的时候，我们需要用讲故事的方式来讲解题目吗？

回答　经检验，如果我们以讲故事的方式来口述题目的话，学生对题目的接受程度都很高：他们提出的问题较少，能更快地投入到解题中去，学生在理解题干时也不太会产生歧义。有相关研究支持这个观点，也有研究是关于如何用讲故事的方法来进行教学的。但要注意，不是所有的题目都能用讲故事的形式传达给学生的，也不是所有的老师都想用讲故事的方法来教学。故事的内在结构是一种叙事结构。前文提到的回文题本身并不适合用讲故事的方式来叙述，但我们依然可以为这道回文题创造出一份叙事脚本，即我们可以在与学生的对话过程中，慢慢地叙述清楚这道题目。

总 结

宏观手段

- ☐ 在你开始上课后的 3~5分钟内布置第一道思考题
- ☐ 布置题目的时候，让学生都站起来围着老师听讲
- ☐ 口述题目

微观手段

- ☐ 在你的教室里找出一个空间，可以让学生舒舒服服地站着听你讲课
- ☐ 尽量别站在教室的正前方来布置题目
- ☐ 如果思考题中需要用到新的知识点，你需要思考学

生完成这道题所需要的基础知识点是哪些，至少需要写下一些信息给学生参考，这样他们才可以做出这个题目

- ☐ 布置题目的时候，在黑板上只需要写下一些不必记忆的内容：数量、尺寸、几何图形、代数式，等等
- ☐ 学生在做思考题时，你可以自己思考一下你写的板书，判断哪些信息有助于迟到的学生理解题干意思

1. 在本章中，有哪些是你非常认可的内容？

2. 想象学生坐着听你讲课的情景。有多少学生是真的在认真听讲？如果有一位老师站在教室的后面，能看到所有学生，你觉得这位老师会看到学生在做什么呢？

3. 那些站得离老师更近的学生，为什么会更加专心地听讲呢？

4. 在你的教学过程中，你口头表达的频率有多高？不仅要算上那些面对全班同学说的话，还要算上你和学生一对一以及对每个小组说的话。

5. 想想你在课堂外与学生进行沟通交流的过程中，有多少是靠口头表达的。在什么样的情况下，只用口头表达是说不清楚的呢？什么样的情况下需要示范、用手指着，或是要通过书写才能帮助你表达清楚呢？你又会如何示范？你需要用手指着什么东西，写下什么内容？这和你现在教学中写给学生的有何不同？

6. 当你口述题目的时候，对你来说最难的是什么呢？

7. 当你在实践本章介绍的方法时，你觉得会遇到怎样的困难呢？有什么办法能克服这些困难呢？

下列题目是适合进行口述的题目。

幼儿园~小学三年级：相邻的数字

老师： 我们来看看，这里一共有多少个小正方形啊？

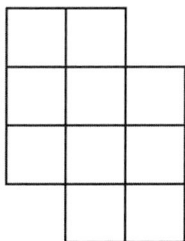

学生： 10个！

老师： 对啦！那现在再来看看这里的数字，一共有多少个？
1、2、3、4、5、6、7、8、9、10。

学生： 10个！

老师： 现在，你们要把这10个数字填进这10个方格里面。但是有一个规则：数列里相邻的两个数字，在方格里不能相邻。

有的学生会把"相邻"理解为"在左右两边"，这样也没关系。当学生填好数字时，你可以打一个响指，说："对了，数列里相邻的两个数字既不能左右相邻、也不能上下相邻。"学生再次填好数字后，你又可以打个响指说，"对了，数列里相邻的两个数字也不能呈角线相邻。"

小学四年级~高三年级：税务员

如本章中所讲解的税务员题目。有小组能顺利拿到最多的钱的时候，你再把信封数量增加到18个、24个、30个。

| 第七章 |

布置有效果的作业
——布置自测题

我们观察过数百个课堂，与上千名老师合作过，每一位老师都会布置家庭作业，而且他们在布置完作业后都会担心作业没有起到应有的效果。在本章中，你会了解到家庭作业在数学课中所扮演的角色、学生是如何投入到作业中的、是否可以通过作业达到教学目的。在阅读本章内容时，你也会了解到传统教学中家庭作业的局限性。在本章结尾，我们还会讲到如何布置让学生思考的家庭作业、如何增强学生的责任感。

问 题

在传统教学中，学生几乎每天都要做家庭作业，但家庭作业并没有起到应有的效果。我采访的所有老师几乎都说过同样的话：那些该做作业的学生总是不做作业，而那些认真做作业的学生其实本就已经掌握了知识点。家庭作业是一个无效的环节，它早就不如人们所想的那样有效了。

如果你问每位老师，作业有什么用呢？几乎所有人的答案都是一样的，作业能让学生巩固当天所学的内容，作业能让学生从自己的错误中学习，作业能让学生明白自己在哪些方面还需要提高，但这些目标其实都很难达到。因为当我问学生为什么要做作业时，他们说是老师让做的。当我问学生老师布置作业的原因是什么，他们说老师希望自己能多多练习。

老师和学生看待作业的观点有巨大的分歧。

老师和学生看待作业的观点有巨大的分歧。到底为什么会有这种分歧，这对一般的数学课堂，或是对思考型课堂又有怎样的影响呢？

困 境

我们打算先观察一下，当学生在按照以往的那种方式做作业时，会出现怎样的情况。在简介中，我介绍过"现在你来试一试"型的题目，学生在做这类题目的过程中曾出现过一些偷懒、假装学习等行为，那学生在做家庭作业的时候，又会出现怎样的行为呢？我们花了不少时间和学生进行交谈，他们的老师布置了很多的家庭作业，让他们回家完成，有些家庭作业是要打分的，有些则不打分。我们发现学生会有如下四种行为，分别是：不做作业、作弊、找人帮忙和自己努力完成作业。这几种行为之间都有着细微的差别。

不做作业

学生不做作业的原因主要有四个。

第一，学生没有时间做作业。有时候学生要出门和朋友玩、玩电子游戏、刷社交平台、看电视，没时间做作业。或者学生要参加体育运动、做志愿者活动、参加家庭聚会、练习乐器、做数学以外科目的作业等，这类看似非娱乐活动也会占据学生的时间，导致他们没时间完成作业。我们在和学生的交谈中得知，他们真的很忙。低年级的学生要参加很多项体育活动，而高年级的学生有很多其他科目的作业要做，每个科目的老师都会布置很多作业。

第二，他们忘了做作业。这一点其实暴露了两个问题：学生觉得作业不重要，以及学生记性差。但通常来说，记性差的学生不会老是记不住作业的，他们可能有时会做作业，有时不做。

第三，他们不会做。学生通常把不会做说成没时间做或忘了做。

第四，他们不想做。如果老师布置的作业不打分，或者分数不算进总成绩的话，即便老师会随机检查作业，学生也甘愿赌一把，觉得这份作业不用算分，那就干脆不做了。

但不仅仅只有初、高中的学生不做作业，甚至在每个年级、每个班里，只要老师布置了家庭作业，都会出现学生不做作业的情况。

作 弊

如果学生不想写作业，他们往往就会作弊。说到作弊，学生可谓是各有花招，且乐此不疲。一般来说，学生不想写作业的话就会去抄其他同学的答案。但这都是老办法，学生在作弊上的"聪明才智"可远不止如此。有一些学生说，他们有一个笔记本，里面全是各种作业的答案，这些都是上一届的学长学姐留下来的，但只有当老师年复一年地布置同样的作业时，这个笔记本才有用。

更"厉害"的是，有几个学生在这个笔记本里偷偷塞了几页整理的数学要点，如果老师布置了作业，他们就可以拿着这个笔记本去应付老师的检查。在这个笔记本里，除了各种数学题的答案之外，还有数学知识点和图表。当老师走下讲台，一排排地去检查学生作业的时候，这些学生就会翻出这几页，假装自己完成了作业。这些学生告诉我们，老师从没发现过这并不是作业。即便老师看出来了，他们也有脱身的方法，他们只要说一句"是吗？"，然后一页一页去翻这个笔记本，直到老师等得不耐烦了，就会走开去检查其他同学的作业。在我们的观察过程中，竟然也发生过两次这样的情况，但我们却根本没有察觉到，还是学生在上完课之后向我们坦白的。

更甚的是，因为一个老师会同时负责几个班的教学工作，学生要学的内容也基本是一样的，所以学生会通过分工合作的方式来进行集体作弊。他们不仅会分工写作业，就连记笔记和考试也会分工合作。

学生作弊的原因也五花八门。有一些学生就是觉得作弊很好玩，他们喜欢这种躲在暗处的感觉，觉得非常兴奋。更多的学生还是因为不会做作业才选择作弊。对这些学生来说，作弊就像一块遮羞布，可以掩盖自己的无能。但最普遍的情况还是，学生觉得作业是要计入总成绩的，作弊能保证自己拿到好的分数。有时候，学生作弊的原因会是上述几种原因的综合。

虽然作弊的现象在小学六年级到高三年级的学生当中最为普遍，但其实，低年级的学生中也存在作弊现象，甚至二年级的学生也会作弊。最常见的作弊方法就是抄其他同学的作业，只不过有些学生不太愿意把作业给别人抄。当我和抄作业的学生聊过之后，我才发现他们其实是因为忘了做作业，但又不想让老师失望和生气，所以才抄作业的。

找人帮忙

从做作业到考试，不少学生习惯找同学、家长、课外辅导老师和学校老师帮忙，这些都是非常普遍的现象。

当被问及为什么要找人帮忙时，几乎所有学生都会说，因为他们不会做。

有一些学生会习惯性地和同学、家长、课外辅导老师和学校老师一起学习，尽管自己并不需要别人的帮助。我们询问了这些经常找别人帮忙的学生，万一老师给他们安排突击测试的话，90%的学生都认为自己会考不及格。其实帮助他们的人只是帮他们完成了家庭作业，却没有帮他们提高学习能力。

我们询问了这些经常找别人帮忙的学生，万一老师给他们安排突击测试的话，90%的学生都认为自己会考不及格。

无论这些学生是否需要别人的帮助，他们每天仍要和成人（家长、课外辅导老师、学校老师）一起完成作业，其实这种情况得具体分析。若小学生、初中生和成人一起完成作业的话，这可以帮助他们在考试中取得好成绩，而且他们会更有信心通过考试。

自己努力完成作业

剩下的一部分学生会自己完成作业。有的人能做完，有的人做不完。但不管怎样，他们都不会以忘了做作业为借口，也不会抄别人的作业或找人帮忙。在这类学生中，大部分都是用模仿老师示范的解法来完成作业的。我在前文提过，有一类学生会通过模仿示范解法来解出"现在你试一试"型的题目，这些努力完成作业的学生就属于这一类。和这些学生交流后，我发现，原来他们以为老师希望他们这么做。

卢卡斯：不然他为什么要让我记笔记啊？

法蒂玛：不是老师自己想让我们这样做的吗？

萨曼莎：老师给我们示范了标准的解法，我们不是就要用这样的方式去完成练习题吗？

模仿学习是大多数学生常用的一种学习方式。如果老师所讲的例题和作业中的题目稍微不一样，学生就容易卡壳。

研究者：你能独自做出所有的题目吗？

斯蒂芬：差不多吧，就最后两道题做不出来，老师没有给我们讲过这样的题目。

在采访这些学生的过程中，我们发现，在所有的学生中，只有不到20%的学生想要尝试另外一种解法。而在这20%的学生中，只有不到一半的学生能成功解出题目。

我们对小学四年级~高三年级的两百多名学生进行了采访。我们发现，在老师给作业打分的情况下，学生主要有以下四种行为：不做作业、作弊、找人帮忙和自己努力完成作业。每种行为占比基本平均分布（见图7-1）。在老师不给作业打分的情况下，几乎没有学生作弊（见图7-2），而不做作业的学生和自己努力完成作业的学生则变多了。在老师给作业打分的情况下，大约有50%的学生不做作业或作弊。在老师不给作业打分的情况下，这个数据会减小到40%。可见，老师不给作业打分，对学生完成作业是有积极影响的。

老师不给作业打分，对学生完成作业是有积极影响的。

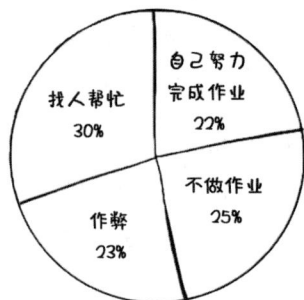

图7-1 当老师给作业打分时，学生行为占比

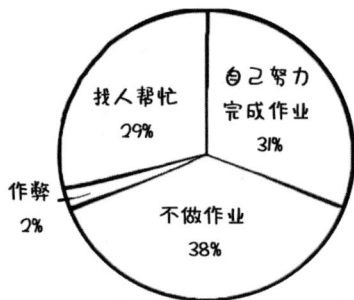

图7-2 当老师不给作业打分时，学生行为占比

当然，根据学生所处的年级不同，数据也会有所不同，找人帮忙完成作业的小学生比中学生多，而忘记做作业或作弊的中学生比小学生多。但学生所在的年级和他们对待作业的态度并不成正比，当分数变得越不重要时，学生对待作业的态度才会有所转变。

这些数据证实了我们的猜想，也可能和你心中所想的一样：布置作业的效果并不好！学生的确做了作业，但做作业的出发点（为了成绩）是错误的，他们也不明白做作业到底是为了谁（为了家长和老师）。而那些看似带着正确的出发点（检验自己是否掌握了所学的内容）完成作业的学生虽然不是为了别人而做作业，但他们是用模仿学习的方式在做作业。现在我们需要重新定义

现在我们需要重新定义学生的家庭作业，将其变成一项思考活动。

学生的家庭作业，将其变成一项思考活动。

思考型课堂

以前美国教育界曾对家庭作业进行过一次改革，将作业称为练习，特别是在小学的课堂里，课上活动和课后作业都被称为练习。这个名称更加强调让学生进行模仿学习，没有解决根本问题：为什么要做作业，作业为谁而做。正如前文中萨曼莎所说，当我们将作业称为练习时，这就会让学生以为他们就是要模仿才对，从而助长了学生模仿学习的行为。在前面的章节中我们说过，模仿是有局限性的，模仿并不利于我们打造思考型课堂。

那么我们如何重新定义作业呢？让我们再来想想，学生为什么要做作业，作业应该为谁而做。如果学生认为做作业是为了取得好成绩，或者作业是为了家长和老师而做的，那么，这就背离了老师让学生做作业的初衷：做作业是为了让学生能从错误中学习，检查自己有没有掌握所学的内容。于是，我们重新定义了作业。我们不再把作业称为练习，而是称为自测题。

> 我们不再把作业称为练习，而是称为自测题。

我们之所以用这个名称，是因为我们想强调两点：作业要为谁而做——学生自己（自），为什么要做作业——检测自己有没有掌握所学的内容（测）。这对学生的影响是立竿见影的，更多的学生会主动做自测题，并且他们做作业的初衷也发生了改变。即便学生想要寻求帮助，他们也是为了弄明白题目，而不是为了完成一份作业。我们发现，当学生谈及作业时，他们不再提到成绩和练习，也很少用模仿的方式来完成作业，更不再认为作业是为家长和老师而做的了。

当然，这不是改个名称就可以一劳永逸的。我们不仅要将作业称为自测题，还需要进行一系列相关的变革：老师不能给作业打分，也不能对作业进行检查；不管是用正面引导还是用负面惩罚的方式，老师都不能强制学生做作业，否则，学生会自然而然地认为作业是为了老师而做的。换句话说，你如果真的想用自测题来检验学生是否掌握了所学的内容，你需要保证学生可以放心

地去完成这些题，即便做错也不用担心，更不用担心被他人评价或打分。

这也需要记下来吗？

这对老师来说可能有点难以接受。在给学生布置了自测题的班级里，有15%~25%的学生会选择不做这些题目，虽然这数据令人忧心，但反过来说，这意味着有75%~85%的学生会主动完成这些题目，而且是带着正确的初衷——检测自己是否掌握了所学的内容。在研究传统家庭作业的过程中，我们对学生是否完成了作业进行调查，结果发现，虽然有75%的学生会完成作业，但其中只有10%的学生是带着正确的初衷完成作业的。如果学生只是为了完成作业而做作业的话，就会助长这些行为：作弊、模仿学习、找人帮忙。

在学生做自测题的过程中，老师可以和学生一起讨论。关键是让他们明白，做自测题是一个可以从错误中学习的机会，没有被评判的风险。在和学生讨论的过程中，老师不能再用"练习"和"作业"这样的字眼，否则会引导学生模仿学习。在布置完自测题后，老师还需要给学生提供参考答案以帮助学生检测自己是否掌握了所学的内容。且老师还应该隔一段时间再公布参考答案，否则有些学生在正要做题的时候看到这些答案，他们会误以为自己已经完全理解了知识点，或者自己有能力独立完成题目，于是他们就不做了。

所以，为了把作业变成一项思考活动，围绕作业的一切都需要改变：改变作业的名称，改变老师与学生讨论时的态度，以开放的心态看待学生只做部分题目的行为。当我们真正能做到这些，自测题就会自然而然地变成一项思考活动。

问题与解答

问题　如果我不检查，大部分学生都不会自觉完成作业的。有什么办法能让他们主动完成作业呢？

回答　假设你班上有一半的学生带着正确的初衷完成了作业。第一，比起那些没带着正确的初衷完成作业的学生数量，这个数据明显要多多了。第二，如果我们去检查学生的作业，虽然完成作业的学生会变多，但带着正确的初衷完成作业的学生会变少。在前文我们说过，老师可以和学生一起讨论做自测题的初衷，也可以告诉学生这是从错误中学习的机会，但最好不要把这些题目称为练习或作业。你能告诉学生做作业的正确初衷，并且他们也能接受，这就足够了。

有一个和我合作过的老师是这样做的：让学生先自由讨论，判断自测题中哪道题目是务必做的。这种讨论对不少学生产生了很大的影响，他们会认真考虑至少要完成哪些题目。

问题　我一般不布置家庭作业，而是给学生一些题目让他们在课上完成，那我还需要把这些作业称为自测题吗？

回答　需要。自测题和课后作业不一样，自测题并不是非要在某时某地完成，也不是非完成不可。之所以告诉学生这叫自测题，是为了让他们知道自测题是为谁而做，以及为什么要做。我们发现，如果你给学生一些题目让他们在课上完成的话，只要你不检查学生是否完成，那么做题的学生就会变多，而且他们也会完成更多的题目。

问题　打造思考型课堂的关键在于合作。那么学生能和组内同伴一起合作完成自测题吗？

回答　自测题就是为了学生而设计的，学生可以有决定权。如果他们想要和组内同伴一起完成，我们也不应该阻止他们，也不要干涉具体的成员构成。其实，如果学生有足够的时间完成自测，40%~70%的学生会自己选择小组成员。有的会按照刚开始随机分配的那样，和随机分到的同学一起完成这些题目。虽然学生是合作解题，但做自测题的初衷——检查自己是否掌握了所学的内容仍然没有改变。紧接着，学生之间会进行非常有趣的讨论，他们会不断相互学习："我明白了；""我还是不明白；""好吧，我觉得我明白了，再给我一道题吧，我想看看我到底是不是懂了。"虽然学生在合作解题，但解题的初衷应该是不变的。

问题　你说过，我们可以给学生提供参考答案，但并不是刚布置完作业就马上给答案。我们应该什么时候给学生答案呢？

回答　我们要懂得区分参考答案和解题思路。$x=7$是一个答案，这个答案并不能告诉我们怎么解出这道题目。而解题思路是指按照什么步骤解题。题目越难，老师就越需要给出解题思路。学生可以先尝试着解题，甚至多次尝试解题之后，老师再给出解题思路。正如前文所述，如果我们在刚布置作业的时候就给了学生解题思路，他们会误以为自己已经掌握了知识点。但是，如果我们隔一天再给学生解题思路，学生将有充分的思考时间，再将经过自己充分思考的解题思路与老师给的进行比较，从而有助于解出更复杂的题目。

问题　有的家长会主动要求增加作业量，我该怎么应对呢？

回答　你要先和家长沟通为什么要布置作业，再和家长解释你现在为什么把作业称为自测题。你要向家长说明这样做是为了让学生不害怕犯错、不用担心被别人评判，从而帮助学生从错误中学习。如果有的家长仍执意要求，你可以告诉他们去哪里可以找到更多的自测题，但这些和你的教学无关。

问题　我教的是低年级，通常不给学生布置家庭作业。现在我要开始布置一些自测题吗？

回答　是的。但你其实早就开始给学生布置自测题了。每一位老师都会给他们的学生布置练习题，无论你将其称为作业还是自测题，你都可以把这些题目当作一种检验的方式，以检验学生是否掌握了所学的内容。

总 结

宏观手段

- [ ] 给学生布置自测题

微观手段

- [ ] 不要给作业打分
- [ ] 不能检查作业
- [ ] 不要问学生有没有做作业
- [ ] 不要把作业称为练习题或作业
- [ ] 可以告诉你的学生"这是进行自我检验的一个好机会"
- [ ] 若要布置自测题，也要给出相应的解题思路

- [ ] 在布置完自测题的一天或几天之后，再给学生提供解题思路
- [ ] 给学生讨论的机会，让他们知道哪些题目是务必做的

想一想

1. 在本章中，有哪些是你非常认可的内容？

2. 在你的班级里，哪些学生会自觉做作业，哪些学生不会做作业？

3. 那些会自觉完成作业的学生为什么做作业？你如何才能让学生自觉完成作业呢？了解他们做作业的原因，以及他们是为谁而做作业的。

4. 对比上一个问题的答案和你自己心中设想的让学生做作业的原因，看看两者是否一致。

5. 将家庭作业称为练习可能会引发学生进行模仿学习。你觉得模仿学习真的是一种有效的学习方法吗？你希望你的学生这样做吗？

6. 事实上，肯定有学生不做你布置的自测题，或只做一部分。你要怎么应对这种情况呢？

7. 当你在实践本章提到的方法时，你觉得会遇到怎样的阻力呢？有什么办法能克服这些困难呢？

☑ 试一试

重新定义你曾经布置的作业或练习题，将其称为自测题。在布置作业之后也把解题思路发给学生，和他们强调一下，这是进行自我检验的一个好机会。不要把作业再收到手里，也不要打分，隔天再把解题思路发给学生，让学生检查自己是否真的理解了所学的内容。

第八章

培养学生的自主性
——让知识流动起来

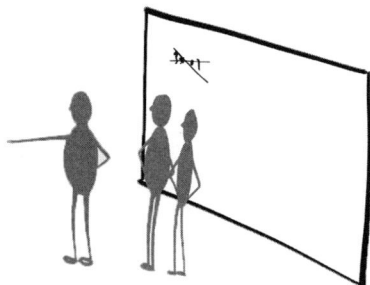

不管你是否决定实践本书所给的教学方法，你现在应该都清楚思考型课堂和传统课堂的差别。在思考型课堂里，学生通常会合作学习，而不是独自学习；学生会站着听课，而不是坐着听课；教室的课桌椅要随机摆放；老师需要口述题目，尽量少回答学生的问题，而且要以不同的方式来布置作业。做出上述这些改变的前提是学生有较强的自主性。在本章中，我们将探讨如何培养学生的自主性。学生若是有了一定的自主性，他们的课堂参与度会发生改变，你的课堂教学也会进展得更加顺利。

做出上述这些改变的前提是学生有较强的自主性。

问 题

从老师的角度来看，思考型课堂和传统课堂的主要区别在于：老师的掌控权变小了。当学生朝正前方整整齐齐地坐着，盯着板书时，老师是教室里的掌控者，所有学生都要记笔记、做题，以及完成作业。教室里的一切都按照老师的指令有条不紊地进行着，所有的学生都在同样的时间做着同样的事情。但在研究过程中，我们发现，学生的小心思却潜藏在这整齐划一的动作背后，与老师的预期大相径庭。总而言之，老师总是会按照某种固定流程来上课，这个固定流程越坚不可摧，学生的学习自主性就会越差。

困 境

学生缺少自主性，换句话说，就是缺少选择权。缺少选择权并不利于学生思考。研究表明，在传统课堂中，由于学生的行为会受到老师的约束，学生的思考行为也会急剧减少。而在思考型课堂中，学生的行为将不会受到约束，因为老师会通过随机分组的方式让学生进行合作学习，老师每次只能关注到某一个小组，这就意味着有8~10个小组需要在没有老师指导的情况下独立完成学习任务，也就是说，他们的行为是不受老师约束的。为了让这些小组更加顺

由于学生的行为会受到老师的约束，学生的思考行为也会急剧减少。

利地完成学习任务，学生需要为自己的学习负起更多的责任，以便调动起他们自身的学习积极性。所以问题来了，学生应在哪些方面有自主性？老师又要如何培养学生的自主性呢？

思考型课堂

我们在早期的研究中发现，每位老师在运用这些教学方法的时候都不太一样。有的老师会用抽牌的方式给学生随机分组，而有的老师会用电脑软件给学生分组。有的老师会让学生用黑板做题，而有的老师会让学生在窗户玻璃上做题，或用教室后面的黑板来做题。有的老师会给学生布置自测题，让学生当堂完成，有的老师会让学生带回家完成……这些都是可行的。思考型课堂这个方案是来自一系列研究成果，为老师们提供了一个改变教学方式的机会，也让学生可以体验到一种全新的数学课。并不是每位老师都能按照本书中所给的方案去开展教学实践，即便真的有老师可以把这本书里的每种方法都运用到课堂上，他也需要找到一种个性化的方式，使这些方法和自己的教学方法融为一体。也就是说，每位老师都可以自己决定是否要实施这本书中所给的教学方法。

我观察到，有些课堂的确发生了很大的转变，学生举手的频率变高了，这让我很惊喜。在一些课堂里，学生一做完题，或者一遇到问题，他们马上就会举手问老师。但在有些课堂里，我发现学生很少举手却进步很大。若老师给学生提供大量不必要的帮助，他们的进步也会有限。至于为什么课堂里会发生这么大的转变，其实在探讨老师如何不回答学生的问题时，课堂就已经开始改变了。

在学生不常举手的班级里，小组与小组之间的互动其实是非常多的，既有被动的（看其他小组的答案），也有主动的（和其他小组互相讨论）。不仅如此，我还观察到，通常学生在做题卡壳，或解出某道题的时候，小组之间就会有很多互动。例如，他们会先与其他组核对答案，检查一下本组是否做对，或者观察其他小组的进度，看看别人是否已经开始做下一道题目了。如果他们发现别的小组和自己小组的答案不一样，他们会

> 小组与小组之间的互动其实是非常多的，既有被动的（看其他小组的答案），也有主动的（和其他小组互相讨论）。

重新审视自己的解题思路，或者与其他小组一起讨论。

从这些主动或被动的互动中，我们可以看出，知识在小组之间的流动非常自然，这也会让老师的教学轻松很多。

从这些主动或被动的互动中，我们可以看出，知识在小组之间的流动非常自然，这也会让老师的教学轻松很多。学生更加能够掌控自己的学习进度，对自己的学习负责，这样老师就有更多的时间关注那些真正需要帮助的同学。

但这并不代表学生在教室里就能随心所欲，让学生具备自主性是为了让知识在教室里流动的。如果有的小组凑在一起谈论和学习不相关的事情，或是有学生在玩手机，老师就需要制止这些行为。如果学生做题卡壳了，他们要自己主动去问其他小组，以便解决难题。如果学生想继续做下一题，他们要自己主动向其他小组获取题目。

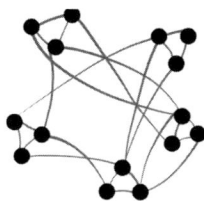

在学生经常举手的班级里，他们的自主性如何呢？这些班级的老师说他们允许学生有一定的自主性，允许学生进行自由讨论，也常常会肯定学生，但收效甚微。相较之下，我又观察了其他班级，在那些班级里，学生不会经常举手请求老师的帮助，他们有一定的自主性，这种自主性会促使他们和其他人进行互动，不断推动自己的学习更进一步。这些老师不会直接回答学生的问题，也不会直接向学生提供帮助，或直接告诉学生下一道题是什么，他们会引导学生去观察其他小组，从而获取对自己有用的提示，这些班级的老师都是这样做的。

老师：你们做得怎样啦？

小组：我们卡壳了，进展不下去了。

老师：你们可以看看旁边那个组（指向其他小组）是怎么排列这些数字的，这可能会对你们有帮助。

老师：你们怎么都站着不动啦？

小组：我们做完了，还有下一题吗？

老师：你们可以问问旁边的小组啊（指向旁边的小组），他们好像开始做其他的题目了。

在学生经常举手的班级里，不太会出现上述类型的互动。老师通常会主动向举手的同学提供帮助，给他们提示所需要的信息，或是直接告诉他们下一道题。因而，比起学生不常举手的班级的学生，这些经常举手的班级里的学生自主性较差。

引导学生关注其他小组的方法是我们实验的基础。如果学生做题卡壳，或需要下一道题目的时候，我们就会建议老师把学生的注意力引导到其他小组身上。此时，老师不再是教室里唯一的知识来

老师不再是教室里唯一的知识来源，老师要尽量去协调，让知识流动到每个小组里。

源，老师要尽量去协调，让知识流动到每个小组里。结果表明，老师减少对学生的帮助对建立思考型课堂来说非常有效。学生有了一定的自主性，这种自主性有助于学生对自己的学习负责。在开展了两周实验后，课堂有了很大的改善，学生渐渐有了一定的自主性。再两周后，课堂已经能按照我们设想的那样运作了：举手的学生变少了，组与组之间的互动变多了。

当小组还没卡壳或还没解出题目之前，我们就需要尝试着让教室里的知识先流动起来。最好是在某小组发现自己的答案和其他小组的不一样时，老师再引导该小组的学生关注其他小组，从而让知识流动起来。事实证明，我们可以让小组之间互相交流，这是一个让学生深入思考的有效办法，但不用明确指出谁做对了、谁做错了，有时候可能是两组都对，或两组都错。

老师： 所以，（指向第四组）这组得出的答案是45，（指向第五组）而这组给出的答案是51。我可以告诉你们，其中一组的答案是错的，但你们应该能从两组的解题过程中找到一些共同点。你们可以先讨论你们都觉得对的部分，再讨论你们觉得不对的部分。

如果两个小组得出的答案相同，但解题过程不一样，你也可以这样应对。

老师： 我看到你们得出的答案是一样的，但你们的解题过程完全不一样，你们知道他们那组(指向第七、八组)为什么那样做吗？

老师可以有目的地让小组之间进行主动或被动的互动，进而让教室里的知识流动起来，模糊小组之间的界限，增强学生的自主性，让学生能够更深入地思考。

学生有了自主性，他们的想法和行为就会发生相应的改变。一方面，各个

小组不至于把自己的答案藏起来，也不会再说"他们偷看我们的答案！"之类的话。另一方面，学生即便是四处张望，也不会觉得这种行为是在偷看别人的答案。而且，每个学生都能获得成就感，因为自己的答案能被别人参考。

第一组：老师叫我们过来看看你们组是怎么做的。

第二组：可能要我们分享各自的解题思路吧。

在研究的初期，自主性并不是重点。但我们在实验过程中发现，自主性是非常需要我们关注的。

在思考型课堂里，学生需要独立思考，也需要合作思考。合作思考不需要局限于一个小组之内，可以是整个班级一起合作。老师需要培养学生的自主性，还要帮助学生打破组与组之间的隔阂，让知识流动起来。这不仅仅能让学生对自己的学习负责，还能培养出21世纪人才必备的技能，帮助学生在进入社会之前学会如何与他人合作。

> 老师需要培养学生的自主性，还要帮助学生打破组与组之间的隔阂，让知识流动起来。

🚶 问题与解答

问题 你的意思是说我不能再回答学生的任何问题了吗？

回答 并不是。你需要先培养学生的自主性。看看学生是不是可以找准时机从其他小组中获得需要的信息。如果你自己要去帮助他们，那你一定要注意，千万不要说"其他小组能做到，怎么你们做不到"之类的话。

问题 如果我培养了学生的自主性，难道不会有学生利用这种自主性直接抄其他小组的答案吗？

回答 在第二章和第三章的"问题与解答"部分，我也回答了同样的问题，很少有学生会直接抄袭别人的答案。在我们观察的数百间教室里，我们并没有发现哪一个小组会一字不漏地抄袭其他小组的答案。如果一个小组想要去看其他小组的答案，他们大多是出于找一些提示的需求，可能是找一个符号、一种排列方式，或是找点灵感。一旦这个小组获得了提示，他们就会自己去解题。或者这个小组只是在找一种认同感，只有确认了自己的答案和别人的是一样的，他们才会继续思考。有的学生会参考其他小组的解法，从而拓展自己的解题思路。总之，若你看到学生在教室里东张西望，你完全不必过度担心。

问题　我希望小组之间不进行互动也可以独立完成学习任务，这样可行吗？

回答　有两种情况。第一种情况是，当你给学生布置了一些自测题，以检验他们是否真正理解了所学的内容，这时小组之间是可以不互动、独立解题的。第二种情况将在第十四章中讲到，我们将会讨论小组考试的有关内容。在这两种情况下，小组间并不需要进行互动。除此之外，你还可以给每个小组布置不一样的题目，只不过这会加重你的负担，但也许能达到你的目的。

问题　如果有两个小组用了同样的解法，或得出了同一个答案，那我安排他们一起讨论，有助于他们互相学习吗？

回答　可以的。每个小组思考问题的方式都不同，解题方式也不太一样。当你安排两个小组一起讨论时，这两个小组先要协商到底要用哪种解题方式。如果我们安排有相同思路的小组在一起讨论，他们经过协商后也会加深对题目的理解。

问题　小组之间进行互动，有的是为了促进知识的流动，有的是为了社交，我该如何分辨呢？

回答　非常简单，你去听他们讨论的内容就好了，或者你也可以重点观察两个明显的线索。第一，如果一组的某位成员和另一组里的某位成员在说话，他们很有可能在聊与课堂无关的话题。第二，如果两个小组的成员全都走到了黑板以外的地方，那么他们很有可能也在聊与课堂无关的话题。但也有例外，可能上述两种情况都符合，结果你发现他们非常投入地在讨论数学题。你需要注意的是，当两个小组刚开始互动的时候，他们很可能会从一些与题目无关的话题开始聊，或开点玩笑，这是我们可以接受的正常社交行为。但如果这个过程持续太久，你就需要出手制止了："好啦，既然大家都互相了解了，我们是不是要开始做题啦？"

问题　如果一个组正在帮助另外一个组，我怎么知道他们是在帮助对方，还是在抄对方的答案呢？

回答　这个其实并不重要。你只需要告诉那些主动提供帮助的小组，让他们思考到底要如何提供帮助才能让另一组最大限度地思考。但一定要注意，你先要让知识在教室里流动起来，再开始和他们讨论如何提供帮助。

问题　如果小组在互相帮助的过程中给出了错误的思路或想法，这该怎么办？

回答　这种情况很有可能发生。但在思考型课堂中，大家会形成一种合作的氛围，提供帮助的小组也会想要自我纠错。毕竟越多人帮忙看，犯错的概率就会越小。同时，我们也要保证在相互合作的过程中尽量让正确的知识流动起来。你可以随时关注学生的讨论进度，如果你看到学生给出了错误的思路或想法，你是可以告诉他们的。

总 结

宏观手段

☐ 让知识流动起来

你们可以看看那个小组是怎么排列这些数字的，这可能会对你们有帮助。

微观手段

☐ 让学生看看其他小组的解题思路，引导他们被动地互动

☐ 让学生和其他小组进行交流，引导他们主动地互动

☐ 不要直接给学生提供帮助

☐ 不要说这样的话：其他小组能做到，怎么你们做不到

想一想

1．在本章中，有哪些是你非常认可的内容？

2．你在有目的地培养学生的自主性吗？他们利用了这种自主性和其他小组自由互动吗？

3．除了本章中所提到的方法以外，你觉得还有什么方法能培养学生的自主性呢？

4．本章重点讲了如何培养学生的自主性，从而培养学生独立学习的能力。你还有其他培养学生独立学习能力的方法吗？

5．你如何看待借助知识的流动来完成任务和独立完成任务这两者呢？

6．如果课堂上流动的是错误的知识，你会怎么做呢？

7．当你在实践本章介绍的方法时，你觉得你会遇到怎样的困难呢？有什么办法能克服这些困难呢？

试一试

下文所列举的思考题有多种不同的解法，你可以利用这些题目来培养学生的自主性，促进知识流动。

幼儿园~小学四年级：五格拼板

请将五个相同的正方体拼接成不同的形状。在保证五个正方体都能接触到桌面的条件下，你能想到多少种拼法？

小学五年级~初二年级：1分钱、1角钱、5角钱

只用1分钱、1角钱和5角钱来凑成1元钱，你能想到多少种组合方法呢？

初三年级~高三年级：生日蛋糕

你想在蛋糕上插四支蜡烛。如果要保证任意两支蜡烛之间的间距大小都不超过两种情况，你可以想到多少种插蜡烛的方法？

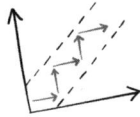

| 第九章 |

设置有梯度的任务
——让学生进入心流状态

1. $(x+2)(x+3) = x^2 +5x$

2. $(\quad)(\quad) = x^2 +7x +$

3. $(\quad)(\quad) = x^2 +7x +12$

4. $(\quad)(\quad) = x^2 +14x +24$

5. $(\quad)(\quad) = x^2 +10x -24$

6. $(\quad)(\quad) = x^2 +4x -12$

7. $(\quad)(\quad) = x^2 -x -12$

8. $(\quad)(\quad) = x^2 -2x -24$

9. $(\quad)(\quad) = x^2 -6x -16$

10. $(\quad)(\quad) = x^2 -0x -16$

11. $(\quad)(\quad) = x^2 -25$

12. $(\quad)(\quad) = x^2 -49$

13. $(\quad)(\quad) = x^2 -10x +24$

14. $(\quad)(\quad) = x^2 -13x +12$

在第一章中，我们说到，课内题也可以是思考题。在前面的章节里，除了第七章，在每一章中，我都向你介绍了一些课外题，供你在课上使用。而在本章中，我们会重新回到第一章的研究方向上，共同探讨如何把课内题变成思考型课堂的重点内容。读完本章，你将会了解到如何设计和安排课内题，从而引发学生思考。此外，你也会了解到如何对学生进行提示和知识拓展，进而帮助学生更深入地思考，在短时间内向学生传授大量的知识。

问 题

自公立教育普及以来，在数学课上，老师通常都会布置让所有学生能同时完成的任务。学生会在同一时间写同样的笔记，在同一时间做同样的练习题，在同一时间收到同样的提示、被问到同样的拓展问题。从老师的角度来看，这是一个很高效的方法，这种方法能让老师同时向20～30名学生传授大量的知识。

> 自公立教育普及以来，在数学课上，老师通常都会布置让所有学生能同时完成的任务。

就向大量学生传授大量知识来说，我们知道，每个学生的能力不尽相同，让他们所有人在同一时间接收、处理同样的信息不太可能。每个学生的学习方式不同，学习进度不同，想法也不同，这是近几十年差异化教学的基础。这告诉我们，教学需要建立在差异化的基础上。差异化教学能够满足每个学生的需求，照顾到每个学生不同的学习进度。

> 每个学生的学习方式不同，学习进度不同，想法也不同，这是近几十年差异化教学的基础。

困 境

从学习者的角度来看，每个学生都需要老师因材施教。但从老师的角度来看，同时照顾到20~30个学生是不可能的。另外，老师要在有限的时间内给这些学生传授大量的知识，那就几乎不可能为每个学生都提供差异化的教学。但并不是说这完全不可能，我也见过不少老师能有效地进行差异化教学，他们为每个学生都设计了独特的学习要点，他们的学生也可以从中受益良多。而在思考型课堂中，学生需要花大量的时间进行小组讨论和集体思考，那么在这种环境中，又如何实现差异化教学呢？

思考型课堂

就像我们在第一章中所说，思考与学生的课堂参与度是紧密相关的。学生如果开始思考了，就必然可以高度参与到学习之中。如果学生真的参与到学习中去，就说明他们已经在思考了。虽然思考是一种看不见摸不着的过程，但我们可以很容易观察到一个人是否参与到学习中去。因此，学生的课堂参与度就成为了我们的一种观察工具，借此，我们可以观察到学生是否在思考。不仅如此，学生的参与度还是一种教学工具，可以帮助我们建立思考型课堂。

> 学生如果开始思考了，就必然可以高度参与到学习之中。如果学生真的参与到学习中去，就说明他们已经在思考了。

为了更好地了解思考与参与度的关系，我们来看看芝加哥大学的匈牙利裔心理学家米哈里·契克森米哈赖在20世纪70年代的研究成果。当时，米哈里·契克森米哈赖深入研究了一种被称为"最优体验"的心理状态。

人若处于最优体验的状态下，会全神贯注于一项活动，以至于其他的任何事情都变得不再重要。这种状态是让人愉悦的，只要能投入这项活动，即便要付出巨大的代价，人们也会持续去做。

其实，我们很熟悉这种心理，最优体验指的就是高度专注的心理状态。我们若处在最优体验中，就会变得高度专注，甚至会忘了时间的流逝，我们根本不会分心，只会沉浸在活动的乐趣之中。作为老师，我们也曾在学生身上观察到过这种难得的状态，即便下课铃声响起，这些学生依旧不愿意离开教室。

为了更好地理解这种罕见却强大的心理状态，契克森米哈赖研究了最有可能拥有这种体验的人——音乐家、运动员、数学家，他也收集到足够多的案例，开始深入研究这种心理状态。

契克森米哈赖在研究中发现，当人们处于最优体验的状态中，他们不会分心，不会觉察到周围环境中的那些干扰。一旦有了这种最优体验，他们的行动就会随着他们的意志而变化。他们不担心会失败，只是一股脑地去做，也不是为了什么目的，这项活动本身就是他们的目的。

上述这些特征是处于最优体验状态的人所具备的内在心理特征，观察者无法用肉眼观察到。契克森米哈赖还发现，人们一旦处于最优体验的状态中，还会有如下的外在特征：每一步都有明确的目标；收到及时的反馈；行动者的能力和任务难度之间达到一种平衡。这和前面提到的内在特征是不一样的，这些特征是外在的，是可以被观察到的，也是可以人为创造的。

其中的一种外在特征是行动者的能力和任务难度之间会达到一种平衡，这是契克森米哈赖研究最优体验的重点。我们观察到，如果学生的能力和任务难度之间失去平衡的话，会出现如下情况。如果某道题对学生来说太难，远超出他们的能力范围，他们可能会有挫败感；反之，如果学生的能力很强，解答这道题完全不在话下，他们就可能会觉得这题目很简单、很没劲。如果这两者能达到平衡，就会出现契克森米哈赖所谓的心流状态（见图9-1）。心流，就是

图9-1　任务难度与能力达到平衡的图示

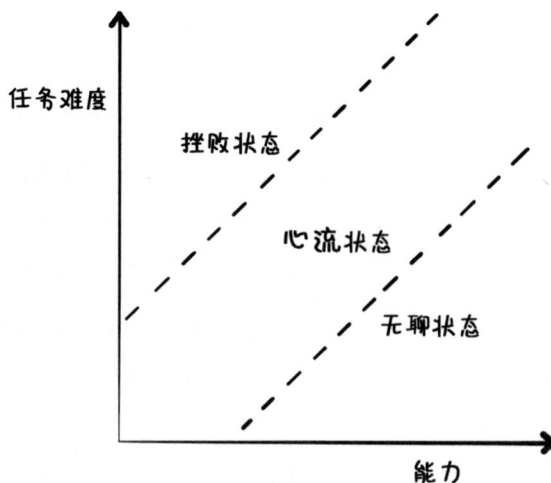

契克森米哈赖用来概括最优体验和上述特征的术语。

提高任务难度，使学生保持心流状态

从本质上来说，心流就是一个人投入到某种活动中，进行深入思考的状态。所以，为了建立思考型课堂，就需要让学生能沉浸于心流状态。要做到这点，我们先要了解学生的心流状态。

为了建立思考型课堂，就需要让学生能沉浸于心流状态。

如果要用图表来表示心流状态，很多人都会认为这个图表应该是由固定的点组成的一幅静态图，但心流状态图不是由一堆固定的点所组成的，而是动态的。如果学生习得了某种技能，进行了练习，他们的能力也会相应地提高（见图9-2）。为了让学生一直保持在心流状态中，我们就要不断地增加任务难度，学生的能力就会不断地提高。老师可以给学生一些有挑战性或难度很高的题目。

图9-2 任务难度与能力之间的动态平衡

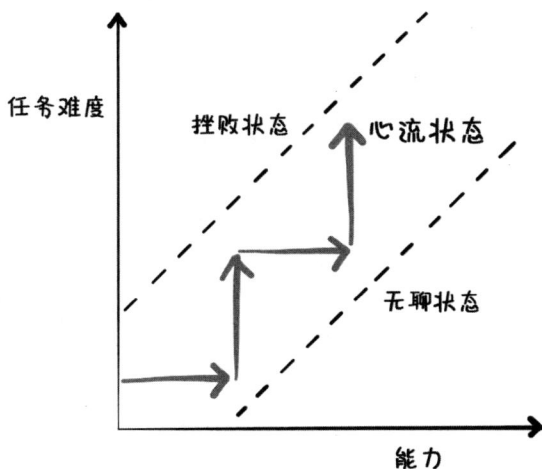

这听上去并不复杂，也是我们在教学中已经运用过的教学手段。但如何把握时机是最关键的。如果在学生能力还没有得到提升的时候，我们就贸然增加了难度，学生就会渐渐地陷入挫败状态中（见图9-3）。同样，我们如果

增加任务难度的时机很重要。

迟迟不增加任务难度，则会让学生陷入无聊的状态（见图9-4）。所以，增加任务难度的时机很重要。

图9-3　任务难度过高

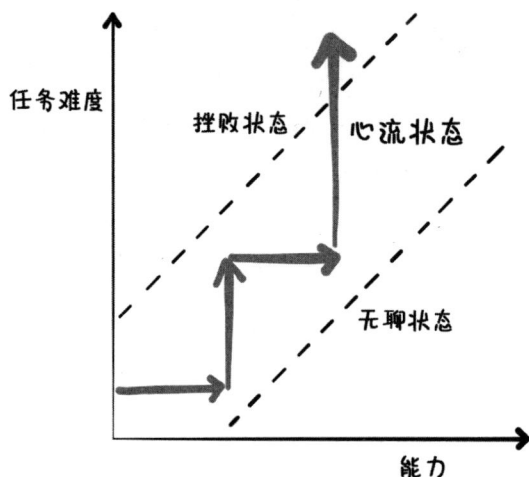

图9-4　迟迟不增加任务难度

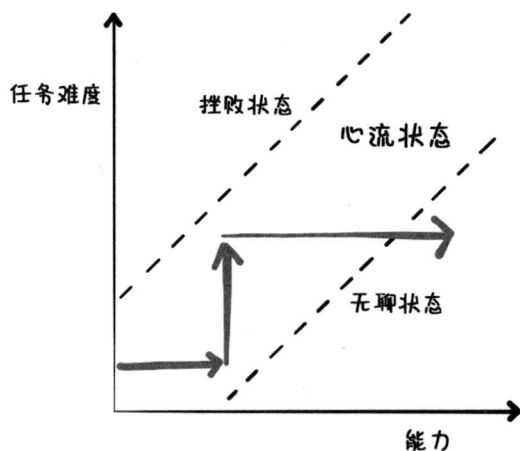

如果想让学生保持在心流状态，我们就不能同时给所有的学生增加一样的难度。我们需要看准时机，给学生增加相应的难度。如果每个学生都坐在自己的座位上独立完成任务，我们几乎就不太可能关注到所有学生的进度。但是，在思考型课堂中，我们能通过以下两点更容易地找准时机，给学生增加难度。

第一，由于学生会被随机分配到小组里进行合作学习，因此我们不用对20~30个独立的个体进行观察，只需对7~10个小组进行观察。第二，学生们站在白板前做题，我们就可以更方便地观察到每个组的进度，更容易找到合适的时机增加难度。

从契克森米哈赖的研究中，我们发现，除了保持任务难度和能力之间的动态平衡之外，还有两个外在的因素可以促使学生保持心流状态：每一步都有明确的目标，以及收到及时的反馈。当我们把这三点结合在一起，我们就能够明白为什么分配豆豆软糖（第四章）、税务员（第六章）和生日蛋糕（第八章）这几道题目会产生那么好的学习效果。这些题目都有明确的目标，而且这些题目也可以让我们立刻对学生的表现进行反馈。事实上，分配豆豆软糖和生日蛋糕这两道题目本身就能给学生提供反馈，告诉学生到底行不行得通。学生一旦完成了这些题目，我们还可以继续增加难度，让学生继续挑战。

这些原则也可应用到第一章的思考题中。我们来看看下面这些例子吧。

下面这道题可以用于高中阶段的学生。

老师：我们先来复习一下，我们要怎么合并（$x+2$）（$x+3$）呢？

学生：x^2+5x+6。

老师：很好，那如果我合并出的答案是x^2+7x+6，等号前的式子是怎样的呢？

$$(x+2)(x+3) = x^2 + 5x + 6$$
$$(\quad x \quad) = x^2 + 7x + 6$$

这道题是有明确的目标的，即需要学生推导出前面的两个因式是什么，当两个因式相乘，即可得出相应的二次三项式。学生也可以一个个去搭配数字，检验自己的答案到底对不对，所以这道题本身也能为学生提供及时的反馈。这个流程里唯一缺少的就是难度的递增，下面这一整套难度递增的题（见下页）正好可以给你参考。

这一整套题目是根据变易理论的两个主要原则设计的。第一个原则：整体不变，对系数进行细微地调整。所以，在调整题目前，大致的思路要保持不变，我们可以从第4题到第5题的过渡中观察到这一点。在第三项系数变成负数

$$1.\ (x+2)(x+3) = x^2 + 5x + 6$$
$$2.\ (\quad)(\quad) = x^2 + 7x + 6$$
$$3.\ (\quad)(\quad) = x^2 + 7x + 12$$
$$4.\ (\quad)(\quad) = x^2 + 14x + 24$$
$$5.\ (\quad)(\quad) = x^2 + 10x - 24$$
$$6.\ (\quad)(\quad) = x^2 + 4x - 12$$
$$7.\ (\quad)(\quad) = x^2 - x - 12$$
$$8.\ (\quad)(\quad) = x^2 - 2x - 24$$
$$9.\ (\quad)(\quad) = x^2 - 6x - 16$$
$$10.\ (\quad)(\quad) = x^2 - 0x - 16$$
$$11.\ (\quad)(\quad) = x^2 - 25$$
$$12.\ (\quad)(\quad) = x^2 - 49$$
$$13.\ (\quad)(\quad) = x^2 - 10x + 24$$
$$14.\ (\quad)(\quad) = x^2 - 13x + 12$$

之前，前面4道题中的第三项系数都是正数。第二个原则：每次只能进行一处调整。虽然第14题和第1题差别比较大，但我们在设计题目的时候，每次都只是改变了其中的一个条件：我们改变了第二项的系数；我们把第三项系数变为负数；我们把第二项系数变为负数，如此类推。尽管这些题是受到变易理论的启发而设计的，但它其实很像数字题。

当我们让初三的学生做这一系列题目（或和这系列题目相似的题）时，学生大概要40~60分钟的时间才能完成。也就是说，我们能在一节课的时间内学完整个因式分解的相关内容。这听上去有点不可能，当学生不思考的时候，我们教什么都很难。但一旦学生开始思考，几乎任何事情都是可能的。学生开始了思考，就说明他们在学习和理解，也就意味着我们的教学成功了。

一旦你的学生习惯了思考（独立思考或集体思考），你就可以设计一系列难度递增的题目，在不同时间布置给不同的学生，从而在一节课的时间内传授大量的知识。

于是，你就可以弥补那些布置课外题所花费的时间了。但你要明白，这不是你在打造思考型课堂的第一天就能做到的事情。一旦你的学生习惯了思考（独立思考或集体思考），你就可以设计一系列难度递增的题目，在不同时间布置给不同的学生，从而在一节课的时间内传授大量的知识。

我们可以再来看看另一种授课方式以及相应的题目。以下是初中阶段要学的代数方程的解法。

老师： 我们来玩个游戏吧，我会在心里默念一个数字，来猜猜老师心里想的是什么数字。为了让你们快点猜到，我会给你们一个提示。

老师： 好了，我想好了。我给你们一个提示，你们如果在我的数字上加3，就会得到12。如果你们猜到了这个数字，请伸出你们的大拇指。

学生： （学生都竖起大拇指）

老师： （当看到大部分学生都竖起大拇指，请一个学生来回答问题)我心里想的数字是多少？

学生： 9。

老师： 很好！那现在我又想了另一个数字，我继续给你们一个提示，如果我把这个数字翻倍再加3得到15。如果你们猜到了我的数字，请伸出你们的大拇指。

学生： （学生们竖起大拇指）

老师： （当看到大部分学生都竖起大拇指，请一个学生来回答问题）我心里想的数字是多少？

学生： 6。

老师： 很好，在开始做下一题之前，我们先试着把我刚才说的写下来。（老师写板书：□ × 2+3 = 15）

老师： 在我出下一题之前，我想告诉你们三条规则。

1. 你们可以使用计算器。

2. 如果你们要使用计算器来计算的话，你们要在黑板上写下你们在计算器上按下了哪些键。

3. 你要把得出的答案输入到计算器里进行检查。

老师： 下一题是□+3.014 = 7.22（老师随机分组，并让学生开始计算）。

1. □+3.014 = 7.22

2. □−15.1=7.88

3. □ × 4.25=24.8

4. □ ÷ 1.356=4.02

5. □ × 2.5+3.67=18.3

6. ……

如果按照这样的流程来上课,我们在一节课的时间内就能讲解完所有的代数方程的内容。

这一系列题目也是按照变易理论的两个主要原则来设计的:整体不变,对系数进行细微地调整;每次只能进行一处调整。如果按照这样的流程来上课,我们在一节课的时间内就能讲解完所有的代数方程的内容。我甚至还把这个授课流程以及相关的题目应用到一个五年级的课堂中:在35分钟之内,所有的小组都已经完成了基础题,开始尝试着运算一些比较复杂的题目了,例如,□÷15.2-8.27=3.01。我们在数百个课堂里都成功地复制了这一授课流程,以至于一节课的时间内我们可以讲授大量的内容。我不能保证每个小组都能理解得很深入,但我能肯定的是,每个小组都能学会解代数方程,并且对二次项的系数大于1的二次三项式进行因式分解。那些能够比较快地解出那些题目的小组则会拿到一些越来越难的题目。这样可以保证在其他小组奋力解题的同时,这些进度比较快的学生也会一直保持在心流状态中。

这个系列的题目名称为:不普通的面包师,现在,我们将其应用在小学高年级的分数教学中。假设面包师每天都用不同的方法来切蛋糕(见图9-5),每一次切出来的单块蛋糕是整个蛋糕的几分之几呢?

对于简单的数列问题,我们可以给学生设计如右则的题目,让学生从数列中寻找规律,写下该数列的后面三个数字。

2,4,6,_,_,_
1,3,5,_,_,_
13,15,17,_,_,_
15,18,21,_,_,_
49,52,55,_,_,_
44,51,58,_,_,_
56,71,86,_,_,_
6,35,64,_,_,_

每个系列的题目都有一个共同点,从一道题目到下一道题目,难度是一点点增加的。我们若是一点点地增加知识点的难度,就能让学生持续保持在心流状态中,他们不

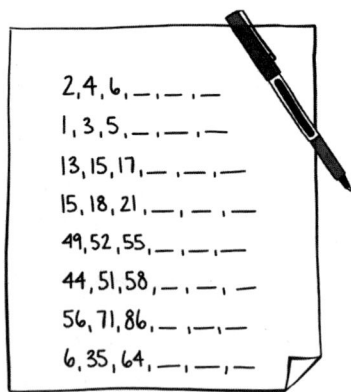

每个系列的题目都有一个共同点,从一道题目到下一道题目,难度是一点点增加的。

会因为知识点难度跨度太大而感到挫败。我把这一系列题目称之为小跨度题目(见图9-6)。这种类型的题目和我们之前提到过的那些刚好相反,如税务员题(第六章)、冰激凌筒题(第五章)和酒柜题

（第五章）。我们把前面的那些题称为大跨度题目，在这类题目中，题与题之间的难度跨度要大很多（见图9-2）。

图9-5　不普通的面包师切蛋糕

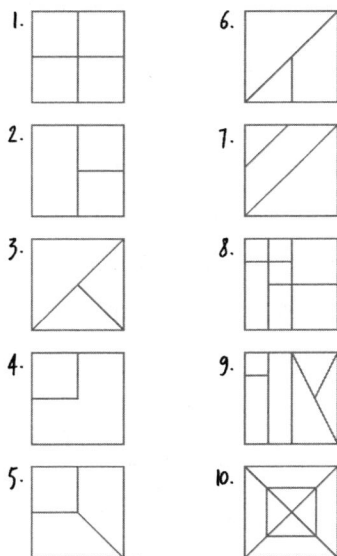

图9-6　小跨度题目

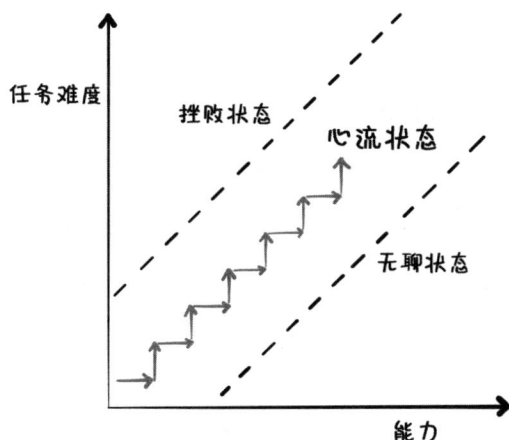

正如前文所说，小跨度题目之间的难度跨度要小很多，学生即便做不出某道题目也不会觉得沮丧。但由于小组成员很快就能完成每道题，你需要想办法避免他们太快就感觉到无聊（见图9-4）。对之前的一系列代数方程的题目，小跨度题目之间的难度跨度要小很多，学生即便做不出某道题目也不会觉得沮丧。

有的小组每3~4分钟就会完成一道小题。如果你将学生划分为10个小组，你几乎不可能及时和每一个小组进行沟通。除非你让知识在教室里流动起来（第八章），不然学生很快就会感到无聊和厌烦。如果知识在教室里流动起来了，学生会具备较强的自主性，主动地询问旁边的小组，从而获取下一道要做的题目。他们会主动增加难度，让自己持续保持在心流状态中。你可以定一个规则，规定所有小组都要把正在解答的题目列在白板的顶部，便于其他同学观察到他们的进度。

当老师要给小学五年级的学生讲解数列题时，老师可以只将每道题透露给一两个小组，剩下的小组需要从别的小组打探题目。如果学生已经准备好进入心流状态，他们就能够从其他小组那里获得题目。这样一来，老师就可以花更多的时间去关注那些真正遇到了困难的小组，他们可能已经很努力了，但还是解不出题目。他们的能力和任务难度之间还是有一定的差距，甚至他们可能马上就要开始有挫败感了（见图9-3）。我们要对此进行干预，给这些学生一些提示。

✒ 给学生提示，使其保持心流状态

老师给学生的提示可以分为两种：一种提示有助于降低任务的难度，一种提示能帮助学生提升能力（见图9-7）。通常来说，第一种提示是老师马上就能给到学生的，老师可以给出一部分答案，帮学生把任务变得更容易一些。第二种提示能帮助学生提升能力，这会花费老师更长的时间，可能需要老师告诉学生某种特定的解题方法或解题思路。这两种

老师给学生的提示可以分为两种：一种提示有助于降低任务的难度，一种提示能帮助学生提升能力。

提示不仅花费的时间不同，还有一个最大的区别在于：第一种提示，即老师帮助学生降低任务难度的提示，只能解决学生当下的问题，尤其是当学生解不开题目的时候，这种方法才奏效。而第二种提示，即老师帮助学生提升能力的提

示，会给学生带来持续的帮助，帮助学生应对之后的解题任务。

图9-7　两种形式的提示

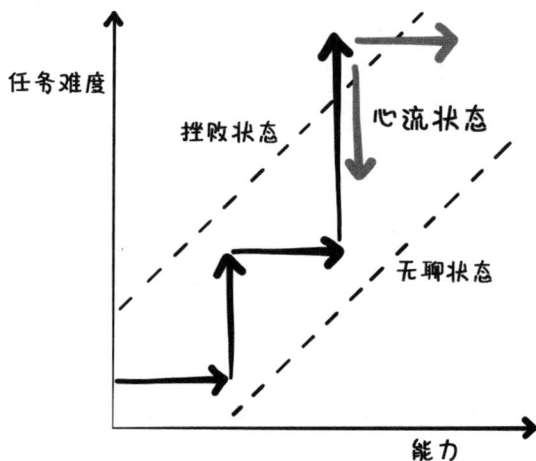

图9-8　提高任务难度

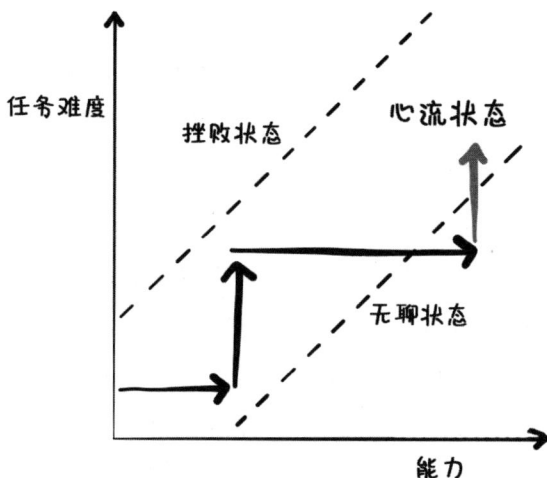

　　例如，我们来看一下因式分解的题目，其中有一道题目是$6x^2+13x+5$。如果有的学生解不出来，我们可以提示他们，第一项是由$2x$和$3x$相乘得出的，或者我们可以直接写下（$2x+$　）（$3x+$　）。这就是降低任务难度的提示。这时，你也可以问问学生第三项（数字5）是怎么得出来的，如果学生能说出这是两个括号中后面那两个数字的乘积，这时，你就可以微笑着走开。或者你可以提示学生，让他们继续沿着这个思路去想，得出这个算式中的各个首项的系数。这样提示学生花费的时间更长，但这可以让学生活用已知的知识，这就是第二类提示——帮助学生提升能力的提示。

显然，对学生来说，助其提升能力的提示会对学生产生更持久、更积极的影响。但是，学生因为解不出题目所产生的挫败感是一种强烈的消极情绪，需要马上缓解，而应对这种挫败感最好的方法就是降低题目的难度。当然，有时候题目的难度太低，学生能力远超于此，感受不到挑战性，他们就会渐渐陷入无聊的状态中。在这种情况下，老师必定要提高题目的难度（见图9-8）。这其实和通过提高任务难度来维持学生的心流状态是一样的道理（见前一节内容）。

转变任务参与方式，使学生保持心流状态

还有另一种方法可以让学生在能力与任务难度之间达到平衡。与其让学生换一道题来做，不如让学生换一种方式参与到解题中去（见图9-9）。当学生

> 与其让学生换一道题来做，不如让学生换一种方式参与到解题中去。

在解决一道难题的时候，他们参与这道题的方式就是做题，这是最简单的参与方式。但如果我对已经做完题目的小组说"你们做错了"，然后转头就离开，或者我问他们是否愿意为自己的答案赌上100元，然后再离开，学生的参与方式就会改变，学生就从做题转变为检查答案了。其实，让学生检查自己的答案更有挑战性，这需要学生对自己的答案进行确认。如果学生告诉我答案确认了，我就可以让他们解释一下他们的答案。解释答案比纯检查更有难度，这需要学生向一个没有参与过他们思考过程的人去阐述，学生可能无法马上就完美地解释清楚自己的思路。老师可以提示学生用能够理解的方式解释。当某组学生已经能够很好地解释自己思路的时候，我可能就会把他们带到其他小组中，请他们去教这些小组。教与解释答案又是不一样的，教就更有难度了。如果这个小组能把其他小组也教会了，我可能就会让他们试着为其他小组出一道新题。出题是最有难度的，这不仅需要了解其他小组当前的学习进度，还需要预见下一项任务中的教学需要和能力需要。

研究显示，学生以不同的方式参与到题目中——做题、检查、解释、教授、

创造——不仅仅要克服递增的难度，而且要通过不同的方式再参与到题目中去。研究结果也让我们明白为什么学生不太会解释自己的思路了：因为我们总是让学生刚做完题目就解释。但其实在刚做完题目的时候，学生首先需要去检查自己做得对不对，这样他们才可以进行到下一步：解释自己的思路。

图9-9　采用不同的参与方式

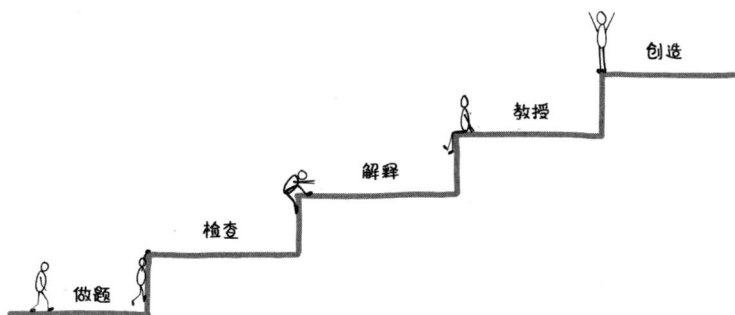

我们需要明白，建立思考型课堂的目的并不仅仅是给学生一些合适的思考题，而是为了培养高度参与的学生，让他们愿意参与到任意的思考活动中去。我们运用了这些方法：布置思考题（第一章），频繁地进行透明化的随机分组（第二章），运用白板（第三章），课桌椅随意摆放（第四章），只回答持续思考的问题（第五章），站着口述题目（第六章），布置自测题（第七章），让知识流动起来（第八章）。最终，我们达成了我们的目标。而就课内题而言，课内题本身对学生的吸引力不大，老师需要让学生明确解题的目标，给予及时的反馈，

> 建立思考型课堂的目的并不仅仅是给学生一些合适的思考题，而是为了培养高度参与的学生，让他们愿意参与到任意的思考活动中去。

对学生进行提示和知识拓展，让各个小组在能力和任务难度之间一直保持平衡，同时保持较高的课堂参与度。如果我们能做到这些，课内题就会变得有吸引力，老师就能在短时间内向学生传授大量的知识。

问题与解答

问题　这章给的方法让授课变得如此高效，我每天都要这么做吗？

回答　也不一定吧。我建议你不要刚开学就这么做，你需要一步步来，先给学生一些趣味题，渐渐在课堂内形成一种思考的氛围。每当你打算教一些新知时，你可以使用一些课外题来引导学生。总之，我们如果想要学生思考，就要让他们保持高参与度。要想让学生保持高参与度，就要让学生沉浸在心流状态中。在本章中，我们介绍的这种方法可以很好地实现这一点。

问题　在本章给出的例题中，第一题都非常简单。这难道不会让学生陷入无聊的状态吗？

回答　如果学生只是等你走过来给他们布置难度更高的题目，那等着等着他们就会觉得无聊了。但他们如果可以从其他小组那里打探到更难的题目，就不会陷入无聊的状态中。如果老师布置的第一道题都非常简单，就能保证每个小组刚开始就可以进入学习状态，并开始解题。

问题　大多数课程内容都是从已经学过的知识点中延伸出来的，但也有很多全新的内容。在讲授的过程中，全新的内容往往会花费更多时间，而老师也要一步步带着学生去解题。在思考型课堂中，我们该怎么应对这种情况呢？

回答　对于因式分解来说，我们并不需要长篇大论地给学生讲解该怎么做。我们在备课的时候总是会做非常充分的准备，希望可以带着学生一步步解答出那些最难的题目。但如果学生沉浸在心流状态中，我们就只需要备好第一道题，让学生可以解答第一道题目就足够了，学生可以在解题的过程中学习到一些方法和思路，这有助于他们去完成下一道题目。

　　当学生在完成一系列题目的时候，你还是在教室里的，可以随时帮助他们。通常来说，刚开始上课时，你会介绍和导入一些知识，这可以起到很好的提示作用，有助于学生深入学习，沉浸在心流状态中。

问题　如果不考虑知识流动的话，我难道不能把所有的题目都一起给到学生吗，这样不是更好吗？

回答　我们一开始也觉得可以这样。但经过反复实验后我们发现，学生的心态发生了很大的变化：刚开始学生希望从题目中学习，后来转变为仅为完成这些题，他们不再享受沉浸式解题的状态，也不要求组里每个人都弄懂题目。所有的题目摆在学生面前，让学生看到了终点，他们就会只希望尽快到达终点就好。所以，在这种情况下，小组里学习能力最强的学生通常都会直接拿过笔，一个人完成所有的题目。

　　如果我们让解出题目的学生先回到自己的座位上，也会发生上述情况。如果学生知道自己总共要完成多少道题，那就意味着这个任务是有终点的，那小组之间就会存在竞争。那些不能完成所有题目的小组，当看到其他小组的同学都回到位置上坐下了，而他们自己还站着，就会感到焦虑。

问题　为了让学生保持心流状态，老师需要给他们及时的反馈。你在本章中所给的因式分解等例子可能不太一样，这些例子本身就带有反馈的属性。那如果有些题目本身并不带有反馈的性质，我该怎么办呢？

回答　有些题目本身就会给学生反馈，但这并不是唯一的、最优质的反馈，最优质的反馈应该是学生从本小组或别的小组获得的。当几个学生一起思考同一道题的时候，他们能够互相提供彼此所需要的反馈。除此之外，老师也可以给学生提供反馈。然而，老师要注意的是，给学生反馈和回答停止思考的问题之间有着微妙的差别。正如第五章中提到的，要想避免回答停止思考的问题，那你就要带着问题与小组讨论："你为什么会这么做呢？""你能告诉我这里你是怎么做的吗？"

问题　本章对心流状态解释得非常清楚。但每个小组大都是由三个人组成的，这三个人都是独一无二的个体。我们怎么能保证他们每个人都进入心流状态呢？

回答　每个学生都是独一无二的，所以他们的确会有不同的心理状态。但一个小组不仅仅是三个人的简单相加，而是三个人在一起互动合作，进而能够达到某种统一的状态。以解因式分解题为例，因式分解对学生来说是一个全新的知识点。而每个小组里的学生能力是不同的，他们在小组中共同合作、集体思考，互相补充彼此的想法，共同前进。

当然了，这种理想的情况不一定每次都能发生，组里的某个成员可能也会落后于其他人，有时候组里头可能还有两个人都搞不懂题目，而另一个学生已经弄明白了，准备好要继续前进了。遇到这种情况，你只要把笔交给较为落后的学生，并对已经弄明白的学生说清楚，整个小组只有整个小组所有人都弄明白，才能继续去完成下一道题。你可以仔细询问小组里的每个成员，确保每个人都弄明白了。

如果组里有一个学生进度远远超过了其他学生，并且想通过讲解的方式来教其他人，你就可以和这个学生私下交流，告诉他多种参与这道题的方式，教授只是其中一种；同时也告诉他，你很希望他能够去教别人。又或者，组里有一个学生进度远远落后于其他学生，你可以和这个学生一起提前做一些准备，确保开始做题的时候，这个学生也能融入整个小组。

问题　如果班里有一个小组，尽管得出了某道题的答案，但花了很长时间才做出来，我还要继续给他们布置下一道题吗？

回答　不用了。如果一个小组解某一道题不太顺利，那么解下一道题也不会太顺利。学生完成了一道题并不意味着他们的能力已经迅速提升了。你可以再让他们去多多练习相同难度的题目，这能在很大程度上帮助他们提升自己的能力，在此基础上你再去提高一些难度。这意味着你所准备的一系列题目的难度要循序渐进，而且你还需要准备一系列难度相当的题目留作备用。

问题　有些小组偶尔会做一些对他们来说过于简单或过于复杂的题目，但这些学生依旧能保持在心流状态中，这是为什么呢？

回答　因为前文给出的图9-1是不完整的。在研究过程中，我发现这个图中还应该有另外两个因素：耐心和毅力。在学生从心流状态转入挫败和无聊状态的过程中，这两个因素起到了缓冲的作用（见图9-10），学生会不时地陷入到这两种状态中，然后又立刻恢复到心流状态，当他们从其他小组中得到了提示或思路的时候，他们也会主动地回到心流状态。

图9-10 耐心和毅力

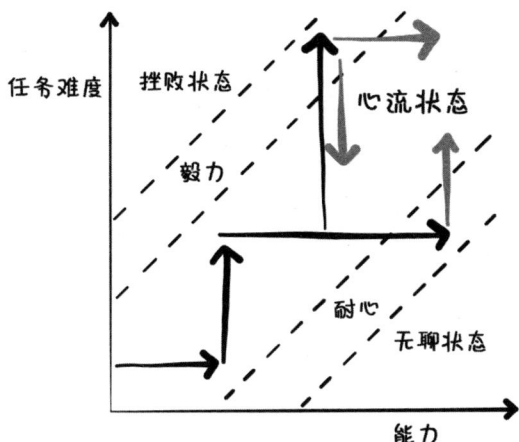

问题 我觉得我的学生没有什么耐心和毅力，有什么办法可以解决这个问题吗？

回答 学生只有反复进入心流状态，他们的耐心和毅力才会渐渐地培养起来。这就是在刚开始上课的时候，我们要布置趣味题的原因。

问题 你说过，我们需要准备好一系列难度逐步递增的题目；但你也说，我们要让学生主动地从其他小组获得下一道题。如果学生从其他组挑到一些比较难的题目呢？这不会干扰他们的心流状态吗？

回答 在初期，你要保证学生是按难易程度来完成题目的。当学生的耐心和毅力逐步增加，做题的顺序就变得不那么重要了。学生会更加有方法、有能力应对较难的题，处理好任务难度和自己能力之间不平衡的状况。

问题 我去哪里可以找到难度逐渐递增的题目，或是难度相当的备用题目呢？

回答 其实课本中的大多数练习题都是按照这种思路来设计的，但课本中的

练习题并不能激发学生思考。要设计出难度递增的一系列题目，其实
并不难。一些熟悉自己课程内容的老师（见图9-11），完全可以不费
吹灰之力就设计出这样一系列题目。但是，老师在上课前一定要尽可
能多准备一些题目，学生做不完所有题目总比他们早早就完成了所有
题目然后干等着要好（我们已经见过太多次这样的情况发生）。

图9-11 可以让学生进入心流状态的一系列函数题目

$$y = e^{g(x)} \longrightarrow y' = e^{g(x)} \cdot g'(x)$$
$$y = \ln g(x) \longrightarrow y' = \frac{1}{g(x)} \cdot g'(x)$$
$$y = b^{g(x)} \longrightarrow y' = b^{g(x)} \cdot g'(x) \cdot \ln b$$
$$y = \log_b g(x) \longrightarrow y' = \frac{1}{g(x) \cdot \ln b} \cdot g'(x)$$
$$y = \sin[g(x)] \longrightarrow y' = \cos[g(x)] \cdot g'(x)$$
$$y = \cos[g(x)] \longrightarrow y' = -\sin[g(x)] \cdot g'(x)$$
$$y = \tan[g(x)] \longrightarrow y' = \sec^2[g(x)] \cdot g'(x)$$
$$y = \cot[g(x)] \longrightarrow y' = -\csc^2[g(x)] \cdot g'(x)$$
$$y = \sec[g(x)] \longrightarrow y' = \sec[g(x)]\tan[g(x)] \cdot g'(x)$$
$$y = \csc[g(x)] \longrightarrow y' = -\csc[g(x)]\cot[g(x)] \cdot g'(x)$$

问题 在本章一开始你就讲到了差异化教学。我们通常认为，差异化就是根
据每个学生的特质，为他们安排不同的学习任务和活动。让学生进入
心流状态，是不是也是差异化教学的一种方式呢？

回答 是的。在思考型课堂中，差异化更多地表现为每个小组的学习进
度、节奏都不同。在这种情况下，老师扮演着非常重要的角色，因
为老师要决定何时给小组一些提示和拓展问题，或另一道难度相当
的备用题目。这就和传统的差异化教学有所不同，
这种差异化教学是基于整个小组当下的表现，而传
统的差异化教学是基于老师对一个学生的预期、期
望或是偏见。

在这种情况下，老师扮演着非常重要的角色，因为老师要决定何时给小组一些提示和拓展问题，或另一道难度相当的备用题目。

总 结

宏观手段

☐ 对学生进行提示和知识拓展，让学生始终保持在心流状态中

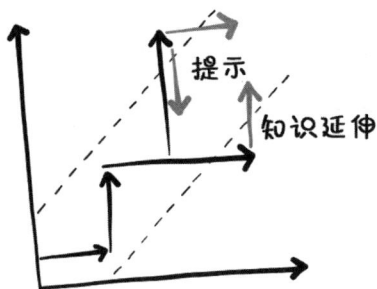

微观手段

☐ 要求小组对每个成员的学习进度负责

☐ 让学生把他们正在做的题目写到黑板的上半部分

☐ 先布置难度低的题目，再布置难度高的题目，保证每个小组都能顺利进入心流状态

☐ 设计难度递增的一系列题目的时候，每次只改变其中的一个条件

☐ 设计题目的时候，也要设计一些难度相当的备用题

想一想

1. 在本章中，有哪些是你非常认可的内容？

2. 针对你已经教过的知识点，再去设计一些难度循序渐进的题目。

3. 针对接下来你要教的知识点，也设计出一套难度循序渐进的题目。

4. 想一想，看看有没有某个知识点对学生来说是全新的。如果要保证学生能做出第一道题目，你至少要教给学生哪些知识点？学生能从第一道题目中学到什么？

5. 你觉得你已经培养出学生的自主性了吗？他们能够自主地保持心流状态吗？如果他们还没有这种自主性，请你重读第八章，再思考一下如何才能帮助他们培养自主性。

6. 在思考型课堂中，你是否看到过有些学生毅力很强，而且非常有耐心？他们在刚开学的时候也是这样吗？

7. 当你在实践本章介绍的方法时，你觉得会遇到怎样的困难呢？有什么办法能克服这些困难呢？

试一试

下面这一系列有趣的课外题能让学生进入心流状态。

幼儿园~小学三年级：得数是……

在数字1~10中，每个数字你只能用1次，且加（＋）和减（－）分别至少用2次。现在你需要写出5个算式，令它们最后的得数分别为17、17、8、1、2。你可以参考下面这个过程进行导入。

老师：今天我们要来写算式。在1~10中选出两个数字来进行运算(指向数列1、2、3、4、5、6、7、8、9、10)，并用其中一种运算方式(指向运算符号＋、＋、－、－)。有同学能给我列出一个算式吗？

学生：8+1。

老师：很好，我们得出了9(写下8+1=9)。我忘了告诉你们，这样8、1，以及其中的一个加法符号就不能再用了(划掉8、1和+)。还有同学能再给我列一个算式吗？

学生：10-1。

……

老师：好，那我们现在已经把所有的运算符号都用过了一遍，但我们还剩下两个数字没用（指向3和2），所以你们可以再用加法或减法进行一次运算。

学生：3-2。

老师：好(写下3-2=1)。现在我们已经有5个算式和5个得数了(分别指向5个算式和5个得数)，同时，我们也满足了上面提到的两个条件：1到10的数字里每个只用了一次，加法或减法用了至少两次。如果我们满足了这样的条件，最终我们会得到5个得数。那如果我们已知最终的得数(擦掉算式，只留下得数)，我们能思考一下原先的算式是什么吗？(擦掉原先的得数)已知得数是这些（写下17、17、8、1、2），求原本的算式（老师随机分组）。

接下来的一系列题目的得数是这样的。

13、9、13、1、13

13、1、9、1、17

15、1、1、1、19

2、2、7、7、75

2、2、2、3、8

3、3、3、3、19

小学四年级~高三年级：得数是……

在数字1~10中，每个数字你只能用一次，且加（+）减（-）乘（×）除（÷）分别至少用1次。现在你需要写出5个算式，令它们的最终得数分别为5、8、13、24、20。下面是这一系列题目中的得数。

17、2、21、3、2

10、14、1、20、16

3、3、3、3、24

2、2、2、2、9

2、3、7、7、7

1、2、3、4、5

在讲解这个题目的时候，你可根据上述步骤来进行讲解。

| 第十章 |

分层巩固知识点
——底层巩固

巩固知识点是每节课非常重要的部分。在巩固知识点的过程中，老师会把课堂中的知识点都串联起来，帮助学生把新学的知识具象化。但是，在打造思考型课堂的过程中，老师要如何巩固知识点呢？毕竟比起把零散的知识点都整合起来，更重要的是让学生都保持心流状态，这样学生就会具备自主性，用不同的方式去解决问题。在这一章中，我们将会了解到，在思考型课堂中，老师要如何巩固知识点，这要求老师不仅要把学生发散的思维整合到一起，还要让学生持续思考。

问 题

在研究过程中，我走访了40间教室，发现很多老师都会对知识点进行巩固。通常在学生完成了"现在你试一试"型的题目之后，老师就开始巩固知识点了。有时老师会让学生分享他们的解题思路，但通常老师的做法都是一边讲一边写下解题思路。

通常在学生完成了"现在你试一试"型题目之后，老师就会给学生进行巩固，讲解一下这道题的解题思路，艾伦·舍恩菲尔德将这种巩固方式称为"核心巩固"。"核心巩固"指的是：不管学生如何思考、解题思路是怎样的，老师都会给学生直接讲解最优解法。老师之所以会这样做，是因为他们觉得这样可以帮助学生，能让学生更好地去解决下一道题目，即使学生还没掌握这个知识点，他们也能直接套用老师讲的方法，顺利解出下一道题。老师之所以这么做，主要是为了让所有学生可以迅速解题。

困 境

问题在于，"核心巩固"起不到太好的效果。只有那些快要算出答案的学生可能会受益，对大部分还没有头绪的学生来说，这种巩固方式需要他们的认知有一步大跨越，但往往学生并没有具备解出下一道题所需的能力，他们甚至都没法解出手头的这道题。如果老师只通过告诉学生解题方法就能帮助学生学到知识的话，那如今我们的教学就不会有任何困难了。如果这样教真的有效的话，那所有学生都能取得好成绩了，但事实并非如此。老师无法通过告诉学生解题方法，就教会学生学好数学。

如果老师只通过告诉学生解题方法就能帮助学生学到知识的话，那如今我们的教学就不会有任何困难了。

我观察到，不论是对那些已经解出题目的学生，还是对那些没有解出题目的学生来说，"核心巩固"都意味着他们不用动脑思考。对那些还没解出题目的学生来说，他们听完老师的讲解之后就只是下意识地记在笔记本上而已，并不会认真思考。在第十一章中，我会更详细地讲解有关记笔记的内容。当老师在教学生解题时，学生会误以为是自己在学习，误以为自己记了笔记就是学到了知识。如果此时你正在阅读这本书，并在尝试着打造思考型课堂，你可能听到学生问你"老师，你什么时候才会给我们上课啊？"但其实学生真正想问的是："老师，你什么时候才会像以前那样直接告诉我们解题思路？这样我们才好记在笔记本上啊。"

当老师在教学生解题时，学生会误以为是自己在学习，误以为自己记了笔记就是学到了知识。

思考型课堂

如果"核心巩固"这种方式没有用，那"底层巩固"会有用吗？"底层巩固"又指的是什么呢？这就是我们刚开始实验的时候思考的问题。"核心巩固"指的是：老师会讲解一套希望学生直接使用的解题方法，但学生能力还达不到，无法应用这种方法。"底层巩固"指的是：老师会讲解一套所有学生都容易理解的方法。也就是说，老师在讲解时要保证学生在听的过程中也能保持心流状态。

以第四章中的课外题——切割金链子为例。老师可以和学生先讨论一下，如果一次切两个链扣，可不可以用来支付当天的房费和切链扣的费用。每个小组会基于这个问题进行讨论。但我们知道，只切两个链扣是不够的。从这里开始，老师就可以和学生讨论，如果每次切三个链扣，两个用来支付房费，一个用来支付切链扣的费用，是否可行。在老师的提示下，每个小组都会知道这个解题思路，接下来老师就可以和学生讨论能不能用金链子换零钱，这就是所谓的"底层巩固"——老师基于学生能理解的方式一步步引导学生，给学生进行讲解。在和学生讨论的过程中，老师若是这样讲解，有一天我们欠酒店两个链扣，我们用四个链扣来支付，酒店还能找给我们两个链扣。这就是所谓的"核心巩固"——老师直接给出一套希望学生去用的方法，但学生还无法马上理解。

就拿第九章中的题目——因式分解来举例，老师若要采用"底层巩固"的方式来给学生进行讲解的话，就可以先讲大家容易理解的内容：当所有系数都是正数，且二次项的系数为1的情况。接下来，老师再和学生讨论当最后一项系数为负数的情况，如此类推。对第九章中的另一道题目——不普通的面包师，老师若采用"底层巩固"的方式来讲的话，可以带着学生复习前两种切法（见图10-1），引导学生关注切出来的蛋糕块占整个蛋糕的几分之几，再强调一下蛋糕有几块，以及所切蛋糕的相对大小。然后，你可以跳到第四种、第五种切法，和学生讨论如何将第四块蛋糕再切一刀后将剩下蛋糕平分开来。

图10-1　不普通的面包师切蛋糕

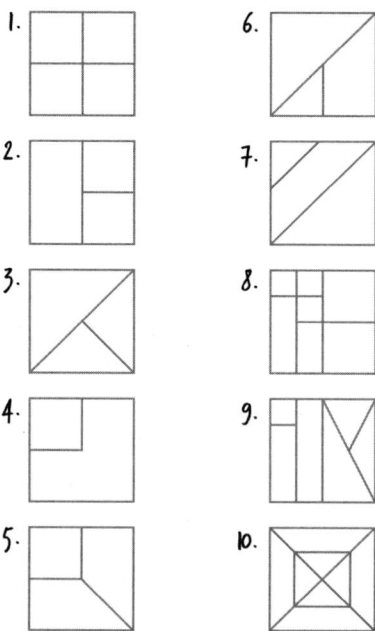

如果我们采用这种"底层巩固"法去巩固知识点，学生一开始就会很专

心，因为他们的想法得到了重视，思路得到了拓展。这样一来，就能有更多的学生开始思考，学习效果也会变得更好。

你可以运用以下这三种方法来进行"底层巩固"。

方法1. 口头讲解，不做任何记录。

方法2. 边口头讲解，边写板书。

方法3. 基于学生所写的解题步骤来进行讲解。

如果老师要给全班同学统一讲解整体的思路，可以选用第一种方法。例如，对于税务员（第六章）这道题，全班会统一讨论该如何选择第一个和第二个信封，这时我们可以选用方法1来进行讲解。方法2适用于涉及很多细节的题目，例如，两位数的加法。这两种方法都是以学生为中心，主要是由学生提供解题的想法，老师只是通过提出问题来引导学生细化他们的想法。这两种方法的区别在于，方法2需要老师记录一些要点，而方法1只需要老师和学生一起口头讨论而已。方法3最能保证学生的参与度，它和方法2比较类似，但不同的是，老师不会写板书，而是基于学生所写的解题步骤来给他们讲解。

在实践这些方法的过程中，我们发现了一些改进的方向，可以促进学生思考，提高学生的参与度。例如，老师可以让学生站起来围着老师听讲，这可以显著提高学生的参与度。因为平时老师在巩固知识点的时候，有的学生会看手机，尤其是当他们坐着听讲的时候，几乎50%的学生都会看手机。当学生站着听讲的时候，只有一个学生在看手机，而且只看了30秒。事实证明，当老师在布置题目或巩固知识点的时候，学生若站着听讲的话会有更高的参与度。

另一个影响学生参与度的因素是学生理解不同难度的知识点时所花费的时间。老师如果采用"核心巩固"的方式往往会花很长时间才能让学生掌握那些知识点。当老师用"底层巩固"的方式去巩固知识点时，老师则会花很多时间巩固最基础的知识，随着知识点难度的提升，老师用来巩固的时间会逐步减少，讲到最难的知识点时，几乎就是水到渠成。在采用这种"底层巩固"的方式来讲解时，老师能让学生保持在心流状态，因而讲解的时间会大大缩短（见图10-2）。

图10-2　随着知识点难度提升，老师进行讲解用时的变化

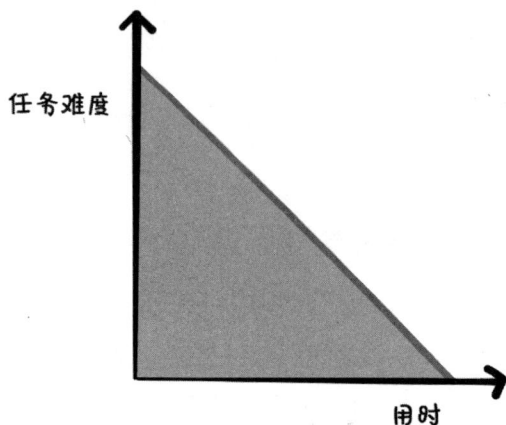

在巩固知识点的过程中，如果大部分学生都能够理解老师所讲的内容，他们就会保持较高的课堂参与度。下列题目是根据两位数的加法所设计的一系列难度递增的题目。

1.　10+10=

2.　11+10=

3.　14+10=

4.　14+20=

5.　17+20=

6.　33+20=

7.　24+50=

8.　24+51=

9.　24+52=

10.　24+57=

在解答前三道题的过程中，老师需要花大量的时间讲解一个数加10所涉及的基础知识，并让每个学生都参与讨论。随着题目难度的升级，老师讲解的时间会越来越短。在讲解难度最高的题目时，老师可以按照如下方式来讲解。

老师： 在两位数的加法中，无论个位上的数字是几，以10进位总是没错的。当个位数相加的和超过了10，我们就要算一下，总共有几个10。

前文提到，老师若用方法3——基于学生所写的解题步骤来进行讲解，是最能保证学生参与度的。我们将这种方法称为"画廊漫步"。与前两种方法不同，"画廊漫步"这种方法并不要求老师把讨论的内容写下来，只需要学生走到黑板前去听老师讲就可以了。当然了，这种方法也有改进的空间。我们观察到，在全班一起讨论的过程中，如果让某个学生向自己组内的同学讲述解题方法的话，组内的同学几乎是不怎么听的，这确实让人难以置信。除非有惩罚性措施，否则，几乎没有几个学生会听别的同学在讲什么的。

对此，我们想到的改进方法是：在学生讨论的时候，老师可以要求每组学生讨论其他小组的思路或想法。

老师： 有其他小组的同学来可以解释一下这组是怎么得出这一步的吗（老师指着黑板）？

老师： 大家互相交流一下，看看你们能不能弄明白。

通过这种方法，学生可以把自己的思路和其他小组的思路进行整合，再与小组成员进行讨论，从而有助于深入思考。于是，学生就从被动接受别人的解题思路转变为主动思考了，不再认为知识是绝对的、确定的、准确的，而是认为知识是相对的、可讨论的、可变化的。

除此之外，老师还可以对要讲的内容进行挑选和排序，这也有助于促进学生思考，提高其课堂参与度。"画廊漫步"并不是随机地"漫步"，而要基于学生的心流状态，进行有侧重的引导。在巩固知识点之前，老师要仔细地想一想，要对白板上的哪些内容进行讲解，再根据学生在解题时遇到的比较集中的问题进行答疑解惑，这样老师就能够让学生不断地进入心流状态，并带着学生攻克一个个难关。这一改进也让我们明白为什么让学生自己来讲解解题思路是无效的，因为学生会按照自己的想法来讲解，这会扭曲老师整体的教学设计。

在巩固知识点的时候，我们让学生动起来。如果可以让学生在教室里走动起来，学生的课堂参与度也会相应地提高。总而言之，"画廊漫步"需要学生真的"漫步"起来，走得越多越好。

"画廊漫步"这种方法能激发学生思考，提高学生的课堂参与度，老师可以常常使用这种巩固方法。这并不代表方法1和方法2没有效果，只是这两种方法应该在"画廊漫步"不适用的情况下使用。

问题与解答

问题　你说过，在进行讲解时，需要让学生把每道题、每种解题思路都写在白板上，但他们也可以随时擦除他们写下的内容，我怎么确保我所需要的内容会被学生留下来呢？

回答　因为你需要提前准备巩固知识点时需要讲解的内容，所以你要时刻留意学生写在白板上的内容，思考哪些内容是你想让他们保留下来的。如果你看到有学生写下了你想要保留的内容，你可以用红笔圈出来，让学生别擦掉它。虽然在给学生进行讲解的时候，你不一定会用到你圈出来的内容，但这可以增加你选择的余地。

问题　与其不让学生擦掉写在白板上的内容，倒不如让学生把它拍下来，这不是更方便吗？

回答　拍照的确是个很好的方法。如果让学生拍下来的话，这也意味着你在讲解的时候要用投影仪来投影照片，学生只能坐在座位上边看投影边听你讲。不管你要用哪种方法保留学生写下的内容，你需要注意的是，一旦学生坐到座位上，他们就很难主动思考，课堂参与度也会大打折扣。所以，最好还是让学生都站着听。

问题　如果我想讲的内容学生并没有写在白板上，那我该怎么办呢？

回答　如果出现这样的情况，你可以这样做：要么和学生一起讨论，要么演示给他们看。除此之外，还有一个更有效的方法：你可以在学生处于心流状态的时候，给一两个小组一些提示，引导他们写下你想要讲解的内容。这意味着，在给学生布置了题目后，你就要开始准备讲解的内容，关注学生的思考过程，引导学生写出你认为重要的步骤和要点。

问题　如果某个小组想到了一个非常好的解题思路，但他们写下来的步骤不太完整或不太连贯，那我可以引用他们写的内容来进行讲解吗？

回答　在这种情况下，你有两种做法。第一，请这个小组把他们的思路再整理一下。第二，在这个小组写下的步骤的基础上做一些标记，用红笔添加一些记号，但是不要随意擦除学生的思考成果，因为这是对他们的一种贬低，只有在得到学生允许的情况下，我们才可以这么做。

问题　如果要用"画廊漫步"这种方法来巩固的话，要做的准备也太多了，我怎么能一下子记住那么多东西呢？

回答　一开始或许你会觉得很难做到，但试过这个方法的老师都表示，一旦开始使用这个方法，就很容易上手了。在你进行讲解之前，你可以在各个小组间"漫步"，用红笔标记他们所写的内容，把标出来的内容进行简单地排序，便于之后进行讲解，或者你也可以把你想讲的内容直接圈出来。

问题　在这章中，我们重点关注学生的解题思路，但我们是不是也要注意一下学生的情绪呢？万一我引用的是学生的反例呢？这会不会影响他们的情绪呢？

回答　我们的确要关注学生的情绪。我在前文提到过，不建议让学生讲解自己小组的解题思路，这是给他们提供匿名保护。在进行讲解前，老师可以让学生把所有的白板都拉到教室中间或比较空旷的地方，再让学生展开讨论，你可以这样说："谁能重新讲讲我们刚才的题目要求？"这样有助于切断学生和自己的劳动成果之间的联系，学生就不会再那么关注自己的解题步骤了，匿名性也更强了。在讲解的过程中，老师也会更关注解题思路本身，而非学生心里怎么想的。

问题　如果我看不懂某个小组的解题思路，那我还要把他们所写的内容纳入我的讲解过程中吗？

回答 我们和学生一起讨论他们的思考成果，主要是为了运用学生的解题思路来引导全班进行思考，你看不懂某个小组的思路并不碍事。但如果你真的想弄明白，你也可以去问个清楚。毕竟你还要和各小组进行互动，给他们一些提示和拓展问题的，特别是那些你看不懂他们在做什么的小组。你在为讲解做准备的同时也需要让学生保持在心流状态中。

问题 我要从每个小组的白板上都选取一些解题步骤来进行讲解吗？

回答 不需要，这样会出现大量重复的内容，也会浪费很多时间。如果你每天都坚持挑选一些符合整体教学设计的解题步骤来讲，总有一天，每个小组的解题步骤都会被选中。

问题 你建议老师所讲的内容不要超出学生所能理解的范围，那我们也无法通过讲解提高学生的理解水平吗？

回答 不一定，因为学生理解水平的提高幅度是有限的。研究证明，如果我们先巩固最基础的内容，再去巩固那些越高阶越深入的知识点，这样有助于提高学生的理解水平。如果一开始老师就讲解很难的内容，学生可能会没那么容易理解，因为这种讲解方式是自上而下的，而"底层巩固"是自下而上的，老师会引导学生从理解简单的知识过渡到理解较为深入的、复杂的知识。

问题 如果方法3"画廊漫步"是最有效的巩固方法，那方法1和方法2在什么情况下更适用呢？

回答 对于方法1（口头讲解，不做任何记录），当老师要给学生讲解整体的思路时，这种方法较为适用。对于方法2（边口头讲解，边写板书），当老师要讲解涉及很多细节和要点的题目时，这种方法更为适用；但这种方法需谨慎使用，因为当老师边讲边写时，学生很有可能陷入被动听课的状态，而不是主动思考。

总 结

宏观手段

- [ ] 底层巩固

#1

A. l×w
= 7×10
= 7×2
= 140

6×10
= 60×2
= 120

6×7
= 42×2
= 84

140
+ 120
+ 84

344

#2

SA 2(lw + wh + lh)
= 2(7·6 + 6·10 + 7·10)
= 2(42 + 60 + 70)
= 2(172)
= 344 cm²

7cm
6cm
10cm

微观手段

- [ ] 用红笔圈出学生的解题步骤
- [ ] 给学生一些提示, 引导学生把不完整的解题步骤补充完整
- [ ] 在学生周围进行 "画廊漫步" 时, 筛选学生所写的解题步骤并排序
- [ ] 让学生都站起来听讲
- [ ] 让学生都走动起来
- [ ] 巩固知识点的时候, 多花点时间来讲基础的知识点
- [ ] 不要让学生讲解自己小组的解题思路

想一想

1. 在本章中，有哪些是你非常认可的内容？

2. 在巩固知识点的时候，老师需要按照知识点的难度层层递进地进行讲解。这种"底层巩固"的方式刚开始会花较多时间，然后速度会越来越快，你对此有何看法呢？

3. 在"问题与解答"的部分，我们提到，拍照是一个很好的方法。但在展示照片时，不要让学生坐着听讲。那到底要如何展示这些照片才能不妨碍学生思考呢？

4. 既要让学生保持心流状态，也要准备讲解的内容，老师同时做到这两点是极其困难的。有什么是你可以提前准备好的呢？

5. 在第六章中，我们提到，在开始上课后的5分钟内，老师就要给学生布置思考题，老师在这段时间内是不讲课的。但在这章中，临近课堂的尾声，老师是需要讲课的。你觉得在课程末尾才开始讲课合适吗？

6. 当你在实践本章介绍的方法时，你觉得会遇到怎样的困难呢？有什么办法能克服这些困难呢？

试一试

下列思考题都有多个答案、多种解题思路。你可以借助这些题目来实践"底层巩固"。

幼儿园~小学五年级：农夫约翰

有个农夫养了一些鸡和一些猪。有一天，他数了一下，发现所有的动物一共有22只脚。那他到底养了多少头猪和多少只鸡呢？你还有其他的解法吗？你能列出所有的解法吗？

小学六年级~初三年级：涂色立方体

我们把一个由27块1×1×1的小立方体组成的3×3×3的大立方体浸入油漆桶里。油漆干透后，把这个3×3×3的大立方体拆成27块1×1×1的独立的小立方体。其中有多少块小立方体三面都有油漆，多少块小立方体两面、一面、零面有油漆呢？如果是一个4×4×4的立方体呢？如果是一个5×5×5的立方体呢？如果是一个10×10×10的立方体呢？如果是一个n×n×n的立方体呢？

高一年级~高三年级："井"字游戏

在"井"字游戏里，只要3个✘连成一线即为胜利。一共有8种连法，3种从上到下连线，3种从左到右连线，2种对角连线。在一个3×3×3的立体空间里玩"井"字游戏时，依然是3个✘连成一线即为胜利，那现在有多少种连法？

如果在一个4×4×4的立体空间里玩"井"字游戏，需要4个✘连成一线才能获胜，那有多少种连法呢？如果在一个5×5×5的立体空间里玩"井"字游戏，需要5个✘连成一线才能获胜，那有多少种连法呢？如果在一个n×n×n的立体空间里玩井字游戏，需要n个✘连成一线才算获胜，那又有多少种连法呢？

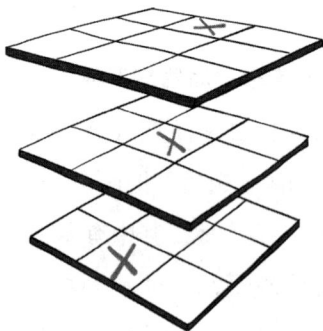

| 第十一章 |

记有用的笔记
——让学生记有意义的笔记

让学生记笔记是世界上最悠久的教学方法之一。在研究初期，我观察了40个课堂，其中有23个高中课堂和17个小学课堂。在这些课堂里，有一半以上的学生在做笔记。在这一章中，我会先把研究的结果告诉你，即老师要从思考的角度来引导学生记笔记。此外，我还会介绍，如何把记笔记变成一项思考型活动（针对小学三年级~高三年级）。

问　题

在那40个课堂里，我最常看到的情况是，学生记的都是"我写什么你写什么"型的笔记，即老师在黑板上写，学生就把老师写的一字不漏地抄下来，包括每个字、每个符号。通常，学生会记下对某个定义的解释、例题讲解的部分，以及老师的一些口头讲解的部分。有时候，学生会记填空型的笔记，老师会给学生发一份几乎写满知识点、需要填空的讲义，学生再把黑板上的重点信息填到讲义的空白处。

记笔记这项活动占据了整节课时长的一半以上，可见其重要性。至于为什么要让学生记笔记，我对老师进行了采访，这些老师给出的两个最常见的理由是：让学生留下一些记录，方便学生日后回顾；这是学生的一种学习方式。通常高中老师会认为记笔记是为了留个记录，但其实每个年级的老师都很鼓励学生记笔记。如果记笔记是一种学习方式，而思考是学习的前提，那么，记笔记也是一种思考方式。

困　境

为了了解学生在记笔记的时候是否会思考，我们对10个班（小学六年级~高三年级）的学生进行了观察，看看学生在记"我写什么你写什么"型的笔记时会有怎样的学生行为。同时，我们也对3个班（初三年级~高二年级）的学生进行了观察，发现这些学生记的是填空型笔记。此外，我们还给这13个班级的学生分别发放了一份调查问卷，并对这些学生进行了访谈。

在前10个班级里，学生记的都是"我写什么你写什么"型的笔记。但有14%的学生根本就没有记笔记，这些学生表示，一边听老师讲一边记笔记太难了，还不如听听就好了。有的学生则说他们根本就不会去复习这些笔记，还有的学生找其他的借口，比如"我忘了带笔记本"或"我忘了带笔"之类的理由，我们把这些理由都当作学生不想记笔记的借口。

我们观察到，在那些不记笔记的学生中，有超过一半的人没有跟上老师上课的进度，为什么会这样呢？首先，我要说清楚什么是活笔记，什么是死

> 在那些不记笔记的学生中，有超过一半的人没有跟上老师上课的进度。

笔记。活笔记指的是老师边上课边记录下来的内容。老师可能会举例子，一步步演示，并进行详尽地补充说明。从时间上来看，活笔记是按照时间顺序来记录的，是一种线性的记录，但从空间上来看，它是非线性的。也就是说，老师并不会严格地按照从上到下，从左到右这样的空间顺序写板书。相对于活笔记来说，死笔记既不会按照时间顺序，也不会按照空间顺序来记录，通常是老师将最终的成果直接呈现在学生面前。

就活笔记而言，举个例子，当老师教学生画函数图象的时候，老师会按照时间顺序来记录：首先老师要写出一段函数关系式，再制作一个数值表（或许是以x为变量生成的数值表）。接下来，老师要计算并记下每个x所对应的y值，再根据数值表中数值的范围，画出一个合适的x y数轴。最后，老师会给数轴标好数值，根据数值表中的数值，绘制曲线。在这个过程中，老师要边演示边讲解。

上述教学过程是按照时间顺序来推进的，是线性的，但从空间上看，老师并不是按照从左到右、从上到下的顺序来记录的，因而是非线性的。老师或许会在黑板的左上角写一段函数关系式；在函数的下方创建数值表，列出x值，再在黑板的右下方进行函数计算，算完再回到数值表，填写对应的y值；这时，老师或许会移到黑板的中间，开始画y轴。在授课过程中，老师会不停地在黑板前走来走去。当老师讲完有关函数的知识后，黑板上最终会呈现一幅静态图（见图11-1），这就是所谓的"死笔记"，它的时间顺序和空间顺序都不明显。

图11-1 老师记录的"死笔记"

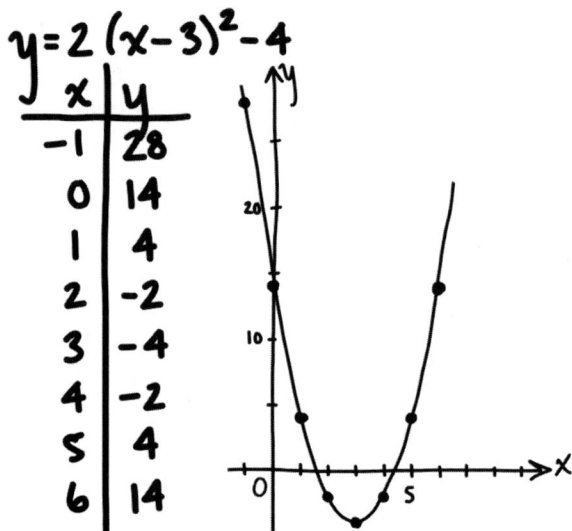

$$y=2(x-3)^2-4$$

x	y
-1	28
0	14
1	4
2	-2
3	-4
4	-2
5	4
6	14

在这种情况下，老师会代替学生思考，且超过一半的学生因为跟不上老师讲课的进度，只是在抄写"死笔记"，没有对黑板上的内容进行理解和消化。学生只是把这幅静态图抄了下来，由于这幅静态图的时间顺序和空间顺序都不明确，他们不得不一边看黑板一边看自己的笔记，反复地低头抬头，努力地理解每个要点，如数值表、数轴、x和y的值在表中所对应的点等。学生不仅需要边看边写，还要跟上老师上课的进度，这对学生而言是很费劲的，结果学生越来越跟不上老师的进度，以至于他们都不再听讲，也不再努力地理解抄下来的笔记。

学生需要边看边写，还要跟上老师上课的进度，这对学生而言是很费劲的，结果学生越来越跟不上老师的进度，以至于最后他们都不再听讲，也不再去努力地理解他们所抄下来的笔记。

这种情况真实地发生在每个班里。刚开始，学生会时而抄一抄黑板上的死笔记，时而望向老师以及老师写的活笔记，再看看自己的笔记本，如此循环往复。渐渐地，学生就不再看老师和活笔记了，也不再按照时间顺序和空间顺序去理解老师讲的内容了，只是不停地抄死笔记。

166

研究者：我发现你今天记笔记的速度跟不上啊。

菲利普：是的，我老是这样。

研究者：如果你都跟不上了，你怎么知道要按照什么顺序来记笔记呢？

菲利普：其实我只是把黑板上的东西抄下来而已。

研究者：那你要从黑板的哪里开始抄呢？

菲利普：我一般会从黑板的左上方开始抄，我也不管要按照什么顺序去抄。有时候我会先把最大的字或图抄下来，然后再补充一些小细节。

一旦发生这种情况，学生就不会再听老师讲课了。

研究者：如果记笔记的速度你跟不上，那你还会去听老师在讲什么吗？

斯蒂芬妮：大概……有时候会吧。

研究者：但我发现你并没有在听啊。

斯蒂芬妮：后来我就没有听了，我已经放弃了。但刚开始的时候我还是努力认真听讲的。

这可能就是有些学生宁愿听讲也不愿意记笔记的原因，对这些学生来说，听课和记笔记只能二选一，要么就认真听讲，要么就抄死笔记。

研究者：能再和我们说一下吗？你为什么认为听课和记笔记只能二选一呢？为什么不能同时进行呢？

阿兰娜：短时间内我可以同时进行，但如果我跟不上老师讲课的进度了，我就会赶紧乱抄一通，完全听不进去老师在讲什么了，最后我连自己记了些什么都看不懂。

研究者：大概是因为你没有在听老师讲课吧？

阿兰娜：大概是吧，其实我连自己写的是什么都不知道了，我像具僵尸一样地抄着黑板上的内容。这也是我决定只听老师讲，不记笔记的原因，反正我还是可以借同学的笔记来抄。

我们观察到学生几乎都和阿兰娜一样，要么就是在抄死笔记，要么就是只听不记。而这些学生共有的问题就是：他们都会心不在焉地记死笔记。我们发现，当他们跟不上老师讲课进度的时候，他们就会陷入一种萎靡不振的状

> 这些学生共有的问题就是：他们都会心不在焉地记死笔记。

态，开始变得心不在焉。

为了解决上述问题，填空型笔记似乎是一个好的替代方案。我们去问老师为什么让学生记填空型笔记，有三位老师都说，这样能确保学生有更多的时间听讲，而非抄笔记。但当我们观察这些学生的课堂表现时，我们又发现了另外的问题：虽然学生不用花太多时间抄笔记，也能跟上老师的进度，但仍然有很少有学生（35%）会如老师期望的那般认真听讲，他们只会去听关键的知识点或例题中的关键步骤。许多学生根本没有听讲，他们只是把同桌填的内容抄在自己的笔记本上。这些学生只想知道怎么填这些空，并不太想了解这些都是什么意思。

因此，即便是跟得上教学进度的学生也不会更加投入地听课。在我们采访过的学生里，超过1/3的人认为自己在认真记笔记，但他们也承认自己在记笔记的时候并没有思考。

研究者：笔记不多吗？真的吗？

萨曼莎：对。

研究者：那你在记笔记的时候都在想些什么呢？

萨曼莎：就只是在抄啊。我还挺喜欢这样的，这很轻松又不用我想太多。

死笔记和填空型笔记都不利于打造思考型课堂。

记填空型笔记的学生，不同于那些记死笔记的学生，他们记得更快，但并没有起到很好的效果。死笔记和填空型笔记都不利于打造思考型课堂，这就引出了下一个问题，既然学生在记笔记的时候都没有思考，那记笔记的价值在哪里？记的笔记到底有什么用？

为了解答这个问题，我们对13个班级里的学生进行了问卷调查，这些学生只需要回答一个问题：你是否经常使用你的笔记？这项调查的结果是令人失望的，只有18%的学生（平均每个班里甚至不超过5个）表示他们会经常看自己的笔记。

研究者：那我就直说吧。我看你记笔记花了35分钟，但你却说你不常用到这些笔记，为什么？

那哈尔： 笔记就和课本上的内容差不多。如果我做作业的时候要查找一些知识点，我去翻课本就好啦。

研究者： 那你为什么还记笔记呢？

那哈尔： 上课不就是要记笔记的吗？

研究者： 你能详细说一下，为什么你做作业的时候不翻笔记吗？

史蒂文： 我通常会在课余时间完成作业，那时候我还记得老师课上讲了什么。

研究者： 那你为什么还要记笔记呢？

史蒂文： 我也不知道，大概这就是学生该做的吧。

可见，记笔记并不是一项思考活动，学生几乎都不怎么使用他们的笔记。那我们要如何把记笔记变成一项有价值的思考活动呢？

思考型课堂

为了将记笔记变成一项思考活动，我采访了一类学生，尽管不被要求记笔记，他们还是会主动记笔记。我也采访了另一类学生，尽管其他同学都在记笔记的，他们还是不记笔记。这些都是为什么呢？我发现了3个主要原因。

1. 如果学生对要记的内容不感兴趣或是认为这些内容不重要，他们就不会记笔记。

2. 如果学生知道在其他地方（如幻灯片、课外资料或课本上）也能找到这些内容，他们就不会记笔记。

3. 如果学生觉得自己能记住老师所讲的内容，他们就不会记笔记。

这就意味着，在没有被要求记笔记的时候，学生往往会记下他们觉得重要的内容，或在其他资料中找不到的内容，又或是他们觉得之后可能会忘记的内容。为了以后能想起这些要点而记笔记，这是有意识地记笔记（与心不在焉地记笔记相比），以及记有意义的笔记（与无意义的笔记相比）的本质，也是我们变革记笔记方式的重点。我们可以要求学生记下他们觉得可能会忘记的知识点，这是一个好方

> 为了以后能想起这些要点而记笔记，这是有意识地记笔记（与心不在焉地记笔记相比），以及记有意义的笔记（与无意义的笔记相比）的本质。

法，有助于将记笔记变成一项思考活动。通过这种方式来记笔记，学生的笔记也会变得有意义，但并不是所有学生都能马上适应这种方式。

接下来，我们和48个班级（小学四年级~高三年级）里的11位老师合作，和他们一起实践了这种可以促进学生思考的记笔记的方法。老师们都如往常一样管理课堂：把学生随机分组，让他们在白板上做题，且所有的教室都是随意布置的。唯一和以前不同的是，在下课前，老师们会要求学生坐下来记笔记，以便学生之后能想起这些要点，并叮嘱学生："你们要考虑清楚，记哪些内容才能让你们三周后一翻开笔记本就能记起今天所学的内容。"此外，我还要求老师们为记笔记这项活动留出至少10分钟的时间。

老师叮嘱学生："你们要考虑清楚，记哪些内容才能让你们三周后一翻开笔记本就能记起今天所学的内容。"

我们在四年级~六年级的班级里实践了这种方法，效果非常好，学生用极具个性的方式记了笔记。有的学生画了不少图，有的则引用了解题实例，有的会写一些总结性的话。虽然有的学生觉得这很难，但这样的学生还是占少数。这种方法在高中的课堂上也取得了很不错的效果。但比起低年级的学生，高年级的学生觉得记笔记更难。老师可以给这些学生一些帮助，例如，让学生记一些例题，并在例题旁加上一些自己的注解，这对学生来说是很有帮助的。老师也可以向学生展示一些不同类型的笔记，并让他们讨论哪些笔记有用、哪些笔记没用，这有助于让学生明白，哪些是有意义的笔记，以及如何保证笔记的质量。如果老师要求学生用所记的笔记来应对三周后的提问，这种做法效果是最好的。因为学生在三周后就会忘记大部分内容，老师若此时向学生提问，会给学生提供一些相对及时的反馈，学生就会发现到底笔记上的哪些内容是有用的。老师在三周后向学生提问，这在很大程度上影响了学生记笔记的方式。

此外，初一和初二年级的学生也觉得记笔记很难。绝大多数学生完全不知道自己要记什么，以及为什么要记。有的学生会把自己能记住的东西都写下来，有的则会因为有太多东西要记而不知所措。对有些学生来说，老师建议他们记例题是有帮助的，但这也会让那些什么都想记的学生更加苦恼。三周后对这些学生进行提问也没有什么成效。我们对这些学生进行了访谈，发现了其中的一些问题。

研究者：我看到你好像没有记多少东西啊。

帕特里克：嗯……

研究者：为什么不记呢？是遇到了什么问题吗？

帕特里克：我也不知道。在其他课堂上，我们只要把老师写在黑板上的东西抄下来就好了。我觉得那样更好。

研究者：为什么呢？

帕特里克：我也不知道。大概是因为我不用想太多吧。我也不用去想要写些什么，这真的太难了。

我们发现，在读初二之前，学生会渐渐养成无意识地记笔记的习惯，这导致他们无法选择要记些什么。而较低年级的学生还没有养成这样的习惯，所以他们很乐意记下自己想记的东西。其实，这些低年级的学生也能从无意识地记笔记中受益，只是他们并不觉得记笔记是一种无需动脑的活动，还没有接受这种先入为主的观念。

> 在读初二之前，学生会渐渐养成无意识地记笔记的习惯，这导致他们无法选择要记些什么。

相比之下，高中阶段的学生已经习惯了无意识地记笔记，但他们自己明白记笔记是一项有意义的活动。初一、初二的学生可能还尚未意识到这层含义，他们只觉得记笔记是老师要求的，笔记并不是为了自己而记的。

初一、初二的学生需要一种可以用来整理笔记的工具，于是我们想到了图表。早在几十年前，人文学科的课堂上就开始运用图表来整理要点，在一

> 初一、初二的学生需要一种可以用来整理笔记的工具，于是我们想到了图表。

群率先使用图表的老师的推动下，很多课堂里也开始用这种方式来记笔记。

图表有很多种形式，我们整理出了四种图表：第一种图表有固定的单元格；第二种图表可以由学生自己划分单元格；第三种图表由老师指定要记的主题；第四种图表预先划定了单元格的用途。第一种图表（类型1）可以让学生在固定的单元格里记笔记（见图11-2）。学生想记什么笔记都可以，但一定要全部都写在单元格内。这有助于学生重点关注到底要记哪些内容，从而让自己之后能想起来这些知识点。正如前文所述，有的学生会通过画图来记笔记，有的会记例题，有的则会记一些总结性的话。

图11-2 类型1：有固定单元格的图表

第二种图表（类型2）和第一种图表（类型1）一样，都有单元格，但不同的是，在第二种图表中，学生可以自己调整单元格的大小，以便记下不同类型的笔记（见图11-3）。类型1图表的单元格大小是固定的，但类型2图表中的单元格大小是不固定的，学生可以自己根据记笔记的侧重点调整单元格的大小。

图11-3 类型2：学生自己划分单元格的图表

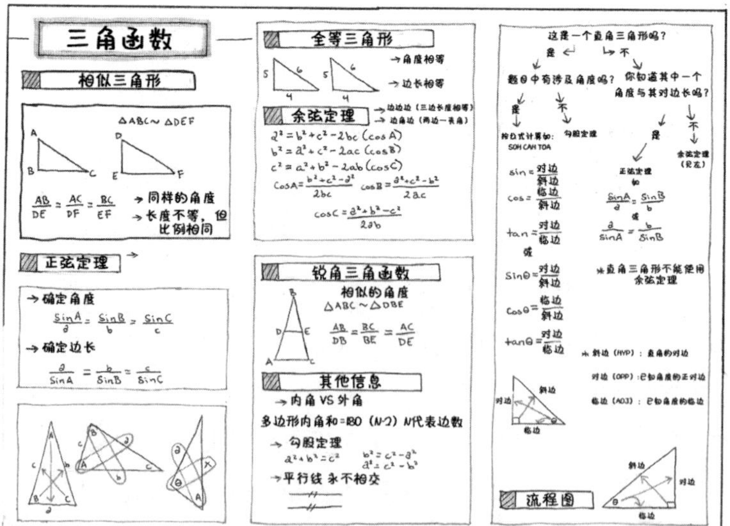

类型3中的图表（见图11-4）将类型2中的单元格划分得更为规范化。与类型2的不同的是，类型3的图表里主要是由老师决定学生应该记哪些重点知识点，再把这些知识点分门别类，划分成一个个主题，让学生依据这些主题来记笔记。学生可以在单元格里写下他们想写的内容，只不过单元格的主题是老师预先指定好的。

这三类图表的共同点是：这些图表都很简洁，学生只需要用一两张纸就可以记下一整个单元的知识点。而且，这些图表上都标好了要记哪些内容，对那些无从下笔的学生来说，是一种很好的提示。

这三类图表的另外一个不那么明显的共同点是：这些图表都会引导学生写下例题。研究显示，很少有学生会主动写下例题。解题实例是笔记中很重要的一部分，学生可以通过例题实现所谓的"从特殊推导出一般"的过程。即使学生之后忘记了这些知识点，他们看到例题时也能得到提示，这些例题不仅可以提醒学生该怎么做，也能提醒他们为什么而

> 即使学生之后忘记了这些知识点，他们看到例题时也能得到提示，这些例题不仅可以提醒学生该怎么做，也能提醒他们为什么而做。

图11-4　类型3：老师划定主题的图表

主题1：数据管理

散点图	最佳拟合线
收集、整理和分析数据	描述数据的趋势和关系

主题2：线性关系的特点

线性	非线性	一阶差分
最佳拟合直线/曲线	变化率	初始值
正变分	部分变分	创建数值表和方程式

做。如果学生不光能写下例题，还能够在例题旁加一些自己的注解，这会更好地提示学生。为了明确这一点，在类型3（见图11-4）的图表中，老师可以在单元格中加一个主题：例题。

除了上述三类图表外，还有第四种图表（类型4）。这种图表对定义、思路、步骤和例题进行了明确的划分（见图11-5）。这类图表可以由老师或学生来创建。有些老师会让学生每节课都创建一个新的表格，而有的老师会让学生每一单元做一个表格，在快下课时，再让学生把笔记写进表格里。单元格的主题不需要提前定好，可以根据老师讲课的内容进行改变。但需要注意的是，表格中必须留出一块区域用来写例题。

图11-5　类型4：明确划分用途的图表

定义	思路
步骤	例题

暂且不论学生是否要使用图表来记笔记，如果他们要在笔记中写出有意义且有用的例题，他们需要具备下列三种能力。

如果他们要在笔记中写出有意义且有用的例题，他们需要具备下列三种能力。

创造力：写出完整的例题解析。

注解力：在写解析的过程中，用精简的语言进行阐释或写旁注。

选择力：挑选合适的题目，据此写出例题解析。

在这三者中，创造力是最容易实现的。如果老师给了学生一道具体的题目，学生很容易就可以写出完整解析。然而，学生比较欠缺的是注解力，很少有学生会自主地在例子旁添加一些注释，但老师可以引导学生做到这一点，例如，老师可以要求学生先试着进行阐释（但不一定要正确）。

在这三项能力中，最难实现的是选择力。作为老师，我们明白，一份优质的完整解析非常具有代表性，可以代表大部分的题目。在这道代表性很强的题目中，学生若是选用了不恰当的数字会容易混淆，例如，$2^2=4$，这个式子就比较模糊，学生会疑惑这个指数2是一个乘数呢？还是乘以2的次数呢？

老师们可以提供很多题目让学生自行选择，这样学生的选择力是可以逐步提高的。例如，我们可以给学生一系列题目，让学生从中选择一到两个题目当作例题。老师可以将这一系列题目直接写进类型3、类型4图表中，或是列在黑板上，让学生自己选择。老师也可以让学生留意一下刚做完的那些课内题，可能有一两道题是很好的例题。老师要尽量帮学生把可选择的题目缩小到一定范围里，这有助于学生做出恰当的选择。

在我们观察的5个班级（小学五年级~高二年级）里，我们发现，这些老师会运用上述图表，帮助学生选择有代表性的例题，也会引导学生在例题旁写些注解。我们观察到，有75%以上的学生会做笔记，但每个班记笔记的情况略有差别，在某些班级中，有50%的学生会偶尔翻看自己之前的笔记。有时候，当老师安排学生用白板解题时，他们也会参考所记的笔记。这些学生会以深思熟虑的方式有意识地记笔记，在以后的学习过程中，他们会慢慢发现记笔记的更多意义和用途。

> 这些学生会以深思熟虑的方式有意识地记笔记，在以后的学习过程中，他们会慢慢发现记笔记的更多意义和用途。

记笔记可以促进各个小组巩固自己的学习成果，但这种巩固方式和第十章中由老师主导的巩固方式不一样。记笔记这种巩固方式更多的是由学生主导的，有助于学生将集体认知过渡到个人认知，我们将在第十五章中对此进行进一步讨论。

问题与解答

问题 当学生在记"我写什么你写什么"型笔记和填空型笔记时，他们的出发点是错误的，而且他们之后也不会翻看这些笔记。如果我让学生去记有意义的笔记，怎么能保证不会发生同样的情况呢？

回答　最关键的其实是你给学生传达了怎样的信息。你要反复和学生说笔记是为自己做的，也是给自己看的，但千万不要夸大其词。如果这是你第一次和学生提起有意义的笔记，你可以这样说：记笔记是为了让你们之后记起今天所学的知识。日后你每一次都可以和学生这样说。你需要反复说，以改变学生当前的认知：笔记是老师让我写的，我是为老师而记笔记的。如果有学生想知道自己的笔记做得好不好，你也不要马上给出评判。你可以反问他："这些笔记你在几周后能用得上吗？"

我们需要反复说，以改变学生当前的认知：笔记是老师让我写的，我是为老师而记笔记的。

问题　对不同年级的学生来说，记笔记有多重要？

回答　如前文所述，学生记笔记有两个目的：一是留下记录；二是把学到的知识点具象化，并巩固学习成果。尽管高年级的学生记笔记只是为了留下记录，但研究发现，记笔记与低年级（低至小学三年级）的学生也是息息相关的，它是一种巩固知识点的方式。

问题　带学生巩固完基础的知识点之后，我再要求他们记有意义的笔记，这样记笔记会比较容易吗？

回答　当然！记有意义的笔记是延伸思考过程的一种方式，如果你给学生巩固完知识点之后，紧接着就要求学生记笔记，那当然记笔记会变得更容易。在给学生巩固知识点的时候，你可以边解说边在黑板上标记圆圈，或者对讲过的知识点进行编号，这会引起学生的注意，他们就会把你标记的内容加进自己的笔记中。

问题　我的学生会用手机拍下黑板上的内容，这也是在记笔记吗？

回答　我们一开始也思考过这个问题，但拍照真的不算是记笔记。用手机拍几张照片对学生来说并没有多大用处。照片只是一种记录方式，学生拍照时并不会思考，若是学生能把照片中的内容具象化，内化为自己的笔记，这才是在学习与思考。你可以鼓励学生把自己或他人的成果拍下来，但你还需要让他们把这些照片上的内容内化为自己的笔记。

问题　怎样能让学生去做有意义的笔记呢？你还有什么建议吗？

回答　你可以先给学生巩固知识点，再介绍这种记笔记的方式——记有意义的笔记。接下来，你可以让学生回到自己的小组里，要求小组一起写笔记，这可以帮助他们之后回忆起这些知识点。组内成员一起记笔记也是一种很好的巩固方式，有助于把所学的知识具象化。你也可以引导学生关注那些可能会对他们有用的笔记。在大家都记完笔记后，你还可以让他们去看一看其他组的笔记，给他们三张便条——如果发现对自己有用的笔记，可以把便条贴在上面。你还可以问学生一些问题，比如，为什么有的笔记旁贴满了便条呢？为什么大家会认为该笔记是有意义的笔记呢？根据学生的回答列一张清单，在下次上课的时候，你可以把这张清单贴出来，以便加深学生的印象。久而久之，学生就可以自己写出有意义的笔记了。

问题　这些笔记是学生自己写给自己看的，那我可以检查他们的笔记吗？我想确认他们把该记的都记上了。

回答　尽量别检查。肯定会有15%~30%的学生什么都不记，你可能无法改变他们。如果你想改变他们，你就会干扰到其他正在记笔记的学生。这些笔记就是学生自己记给自己看的，作为老师，我们主要是给学生提供记笔记的机会和方法，让学生自主地去做对学习有利的事情。如果有的学生不想抓住这个机会，那也是学生自己的选择。如果我们试图通过检查学生的笔记强迫他们来记笔记，那可能又会出现类似的问题，比如，学生会无意识地抄写板书；学生做笔记是为了应付老师，他们并不会翻看笔记，也不会思考。本来他们在认真地为自己记有意义的笔记，但因为你的检查，这些笔记就变成了为老师而记的。检查笔记和自测题都会出现这种情况。无论如何，你都要和学生强调：笔记是记给自己看的。

问题　如果我不检查学生的笔记，学生想记什么就记什么的话，我怎么知道他们记下的内容是不是正确的呢？

回答　你也不用知道。如果学生记的是"你写什么我写什么"型笔记或填空型笔记，你也没办法判断他们记得对不对。你只需要相信他们，相信他们会写对的。

问题　如果说告诉学生记笔记是为了避免之后会遗忘所学的知识，我怎么知道这些笔记以后真的对学生有用呢？

回答　如果学生按照这种方式记笔记的话，三周后，你可以给他们布置一些题目，要求学生参考他们的笔记来完成。学生既可以和组内成员一起完成这些题目，也可以独立完成。这样学生不仅能用上自己的笔记，还可以收到组内成员对笔记的反馈，他们会更加清楚还需要在笔记里记下哪些细节或要点。

问题　图表是只给初一、初二的学生用的吗？

回答　不是的，只是因为初一、初二的学生比较具有代表性，他们总会认为记笔记是一种下意识、无意义的活动。如果我们只和这些学生说"笔记是你们自己记给自己看的"，这还不足以推翻他们那种根深蒂固的认知。我们发现，对小学三年级～高三年级的学生而言，任何形式的图表都可以帮助他们记好笔记。

问题　当学生升入下一个年级，我需不需要去掉图表中列出的那些主题呢？

回答　考虑到学生的年级有所不同，你是需要这样做的。对于高三的学生而言，在学年结束的时候，他们应该学会在没有给出任何主题的情况下记有意义的笔记。至于针对其他年级的学生，你可以按照你的想法来做。一旦学生能理解笔记是他们记给自己看的，你就不用限制特定的主题了。你可以在新的学期刚开始的时候给学生一系列题目去选择，让他们根据其中的一个题目，写出完整的解析。但你要记住，我们的目标是让学生逐步学会筛选例题，并写出优质的例题解析。

问题　我们能不能干脆不记笔记，把解析放在网上，让学生自己看，这样可以吗？

回答　我们的确也试过这种方式。这样做的好处是：我们在课堂上可以腾出更多的时间让学生思考、合作、讨论和解题。但这样做的坏处是：学生如果不做笔记，他们就无法巩固所学的知识了。

总　结

宏观手段

☐ 让学生记有意义的笔记

微观手段

☐ 强调有意义的笔记是学生自己记给自己看的

☐ 告诉学生记笔记是为了避免之后遗忘所学的知识

☐ 让学生借助图表记笔记

☐ 让学生和组内成员一起记笔记

☐ 强调记完整的例题解析的重要性

☐ 提供一些题目让学生自行选择

创造力 + 注解力 + 选择力 = 记下有用且有意义的例题解析

☐ 在学生记完笔记的三周后，给他们布置一些题目，要求他们参考笔记来完成这些题目

1. 在本章中，有哪些是你非常认可的内容？

2. 你觉得记有意义的笔记对哪些学生而言比较容易呢？对哪些学生而言比较困难呢？哪些学生需要你的帮助呢？

3. 你认为图表型笔记对你的学生来说有用吗？

4. 如果你检查学生的笔记，学生记笔记的出发点就不对了，你怎么看待这种情况呢？

5. 想一想，如果是你在记"你写什么我写什么"型笔记或填空型笔记，你的注意力会很集中吗？

6. 当你在实践本章介绍的方法时，你觉得会遇到怎样的困难呢？有什么办法能克服这些困难呢？

试一试

给学生布置下列题目有助于他们记有意义的笔记，为了解答下列题目，学生需要写出很多解题步骤，尝试多种不同的解题思路。

幼儿园~小学五年级：圆点图案

在下列圆点图案中，一共有25个点。请找出多种方法来圈画这25个点，并用算式表达出来。

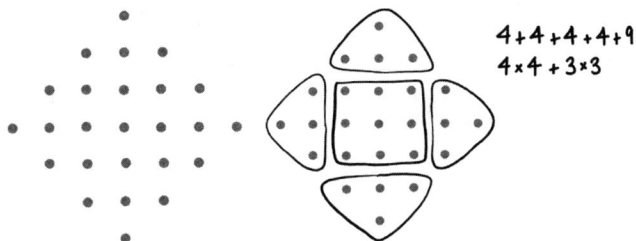

$4+4+4+4+9$
$4\times4+3\times3$

小学六年级~初三年级：1001美分（1美分≈0.07元）

桌上从左到右一共有1001美分硬币一字排开。从硬币列的一端开始，把每两枚中的第二枚硬币换成5美分的硬币，再回到硬币列的开端，把每三枚中的第三枚硬币换成10美分的硬币。最后，再回到硬币列的开端，把每四枚中的第四枚硬币换成25美分的硬币。请问现在桌上一共有多少钱？

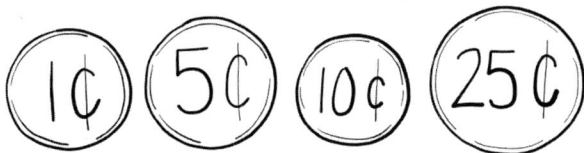

高一年级~高三年级：劫匪

一个劫匪在被警察追赶的时候掉进了一个正方形的游泳池。当警察追到泳池的角落边时，劫匪已经游到泳池的正中央了。警察跑的速度比劫匪游的速度快，但劫匪跑的速度比警察跑的速度快。请问，劫匪要往哪个方向（直线）游走才最有可能拉开与警察之间的距离？

第十二章

评价核心素养
——评价你重视的能力

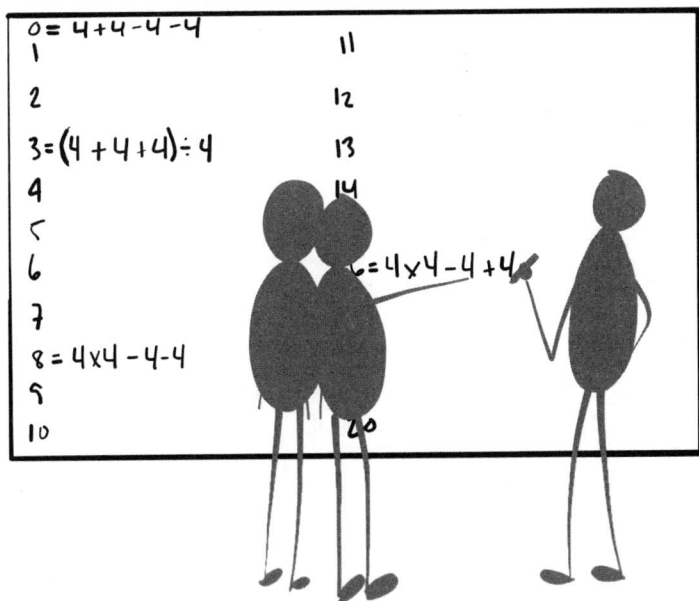

在第八章中，我们探讨过，培养学生的自主性有助于促进知识流动，从而有利于打造思考型课堂。在本章中，你将了解，老师应如何利用评价系统来帮助学生进步。在本章结束时，你将能和学生一起创建一个评分标准，并用这个评分标准让学生更有耐心，更愿意挑战自我，增强学生的自主性。

问 题

请思考一下：在思考型课堂中，学生具备哪些能力才算成功？在你所想到的能力中，选出三种你认为最有价值的能力。

在过去的几年里，我向50多个教学背景不同的老师提出了同样的问题。我将他们随机划分为三人小组，让每个小组一起讨论，在黑板上写下他们认为最有价值的能力，他们常常会列出10~20种不同的能力，例如，好奇心、批判性思维、耐心等，再从中选出他们认为最有价值的三种能力，将其汇总到一个表格里。尽管这些老师所教的年级各不相同，所教的科目也不相同，但他们最后总会选出三种同样的能力。

★耐心

★挑战自我

★合作

每当我问老师：学生具备什么样的能力才能在数学学习中取得成功？每次我都会收到同样的回答：以上那三种能力。不管是在思考型课堂，还是在常规的数学课上，数以百计的老师都会认为这些能力对学生而言是最有价值的。但除了这三种能力以外，老师们还选择了一些其他的能力，比如好奇心、主动性、责任感、勇气、上进心、自我效能等。但综合来看，耐心、挑战自我和合作这三种能力是老师们选得最多的。

后来，我又问了老师一个问题：你认为老师是应该被动地等待学生具备这些能力，还是主动地培养学生的这些能力呢？你可以思考一下这个问题。大家的答案总是一样的：我们的职责是培养学生的这些能力。事实上，各国的教育部门也将培养这些能力列为课程目标之一。

困　境

　　到底要不要培养学生的这些能力呢？答案是：要。你可能早已在用这些方式，如让学生进行小组合作、分组讨论等来培养学生这些方面的能力了。在阅读此书的过程中，如果你已经在实践本书里的一些方法，那你肯定也已经开始在做这件事了。

　　我们真正需要思考的问题是：如何评价我们的学生？可能你所在的学校并没有要求你这样做，你也不想评价学生的这些能力，那这就有问题了。如果这些能力很重要，那老师就需要对此做出评价，如何评价就成为了问题的关键。评价学生是一把双刃剑。老师在评价学生的时候，学生其实也在评价老师，老师如何评价学生也能让学生知道老师重视什么。所以，如果老师重视耐心这项能力的话，老师就需要建立一个专门评价耐心的评分标准；如果老师重视合作的话，老师也需要建立一个专门评价合作的评分标准。如果老师平时只评价学生的解题能力和技巧，却不怎么对上述三种能力进行评价的话，学生就不会认为老师很重视这三种能力。老师需要时刻评价学生的这三种能力，让学生知道老师很重视这些能力。

> 老师需要时刻评价学生的这三种能力，让学生知道老师很重视这些能力。

　　但这并不意味着你现在就不用评价学生的解题能力了，你也需要肯定学生个人的成果，同时评价你所重视的能力。如果你已经在实践前文每章介绍的方法，那你可能会有一些紧张感，觉得既要培养学生的这些能力，又要对其进行评价。尽管你心里会这么想，但你可能并不知道要怎么办，而怎么办往往才是最重要的。

思考型课堂

　　这种紧张感会促使我们去评价那些我们重视的能力：耐心、愿意挑战自

为了评价这些能力,传统的评分标准是
行不通的,我们需要借助一些其他的
工具和标准。

我和合作的能力。为了评价这些能力,传统的评分
标准是行不通的,我们需要借助一些其他的工具和
标准。我的想法是:来看看运用现有的评分标准是
否可行。

✏️ 评分标准

你可能曾经使用过类似于表12-1中的评分标准。起初在设计的时候,这个
评分标准并没有考虑到老师所重视的能力,但它被广泛运用在教学中,是老师
和学生都比较熟悉的评分标准。因此,这成为我研究的起点。研究评分标准就
和研究自测题(第七章)、学生笔记(第十一章)一样,需要深入研究当前的
方法到底有没有效果,实验证明,现行的评分标准效果并不好。

我观察了一些课堂,这些课堂里运用的是表12-1的评分标准。研究发现,
学生几乎都不会看评分标准上的评语。75%的学生只用不到10秒钟的时间来看
评语,其他的学生看评语的时间也不会超过一分钟。不管老师花多少时间给学
生写评语,也不管老师如何强调评语的重要性,大多数学生都是不看评语的。
虽然老师已经给了学生反馈,但学生不接受这些反馈。所以,这份评分标准并
没有真正影响学生的行为,而老师需要的是能影响学生行为的评分标准。

于是,我开始设计、修改和检验各种评分标准,就是为了找到一种能引发
学生思考的评分标准,从而评价学生的耐心、挑战自我和合作的能力。为此,
我们研究出了一个和表12-1非常不一样的评分标准(见表12-2)。

这个新的评分标准与之前表12-1中的评分标准有五个明显的不同之处。

◎关注点

之前的评分标准是基于学生的解题成果去评价学生的能力,而新的评分标
准则是基于学生的表现去评价学生的能力。也就是

新的评分标准是一种观察性的评分标
准,老师会在学生思考时对学生进行
评价,而不是在学生思考完毕之后才
进行评价。

说,新的评分标准是一种观察性的评分标准,老师
会在学生思考时对学生进行评价,而不是在学生思
考完毕之后才进行评价。事实证明,这种观察性的

表12-1　四栏式评分标准

方面	未达到预期	达到最低预期	完全达到预期	超出预期
概况	在不给学生提供帮助的情况下，学生无法满足基本要求，无法对知识进行拓展和延伸	能满足大部分的基本要求，但无法满足全部的要求。在给学生提供帮助的情况下，学生可对知识进行拓展	能满足全部的基本要求。如有明确要求，学生可独自进行拓展学习	高效率完成任务且正确率高。学生可以帮助其他同学进行拓展学习
概念与应用 • 数学概念 • 知识点以及方法 • 规律、关系	• 无法弄懂数学概念或步骤 • 无法运用相关的知识点或方法，出现较大的错漏 • 无法发现其中的规律和关系	• 能弄懂数学概念或步骤 • 能正确运用大部分相关的知识点或方法，会有小纰漏 • 在提供帮助的情况下，能发现其中的规律和关系	• 能弄懂数学概念或步骤 • 能正确运用相关的知识点或方法，效率可能不高，会出现纰漏 • 能发现并运用相应的规律和关系	• 能弄懂数学概念或步骤，甚至可以给出不同解法 • 高效且准确地运用相关的知识点或方法 • 能独自发现并运用相应的规律和关系
策略与方法 • 解题步骤 • 估算、验证	• 解题步骤混乱且无效 • 答案与解题步骤通常都是不对的	• 能大致听懂老师的讲解 • 经提醒，会对答案进行验证，估算大体是对的	• 解题步骤有逻辑，但效率不高 • 能相对准确、有逻辑地验证自己的答案	• 高效完成任务，可能会找到更便捷的方法 • 能有逻辑地验证自己的答案
准确率 • 记录 • 计算	• 在记录和计算的过程中常常出现错误	• 在记录和计算的过程中有一些错误，但答案大体是接近的	• 记录和计算大体正确，可能会有一些小错误	• 记录和计算都是准确的，学生可能会直接口算
表达与交流 • 展示成果 • 结构化 • 图表展示 • 阐述解题步骤与结果	• 思路总是混乱的，常遗漏关键信息 • 常常遗漏重要图表，或出现错误 • 阐述解题步骤的时候没有逻辑、不完整	• 思路大部分是清晰的，可能会遗漏一些信息 • 能画出所需的图表，但会有一些错误或缺漏 • 不完整或不精准地阐述解题步骤	• 思路清晰明了 • 合理运用所需图表，可能会有一些小错误或瑕疵 • 能用自己的语言有逻辑地阐述解题步骤与结果	• 思路清晰且明确，非常有逻辑 • 能准确且高效地运用所需图表 • 清晰且有逻辑地阐述解题步骤，可能会引用图像帮助阐述

评分标准也能让老师更直接地观察学生的行为，再相应地改变学生的行为。

表12-2 评价合作能力的评分标准

• 拒绝接受他人的想法 • 不尊重他人 • 不愿融入 • 不愿与他人分享笔记 • 消极被动	• 能接受他人的想法 • 尊重他人 • 积极融入 • 主动与他人分享笔记 • 积极主动

◎表格的列数

大部分常用的评分标准都至少有4列，有的甚至会有5、6列。但问题是，如果仅对每一列的评语稍作调整，老师是很难表达清楚每条评语之间的区别的，而老师却以为自己可以表达清楚，但即便如此，学生也无法分辨出这些细微的差别。

> 但问题是，如果仅对每一列的评语稍作调整，老师是很难表达清楚每条评语之间的区别的，而老师却以为自己可以表达清楚。

研究者：看到老师的评语后，你知道怎么改进了吗？

沈：我不知道。

研究者：为什么不知道呢？

沈：有时候我觉得我做对了题目啊，但老师总会觉得我有些小失误。

沈同学的最后一句话指的是表12-1中关于准确率的那一条，但老师写的评语表述得并不清楚。当老师将学生的成果归为第一列，老师会很容易写出评语，因为这一列通常用于描述最差的学生成果。而第四列通常用于描述最优秀的学生成果，老师也是很容易说清楚的。第二列和第三列的评语则很相近，不容易区分。最后，老师就只能用一些这样的表达："大部分正确"、"一些错误"、"主要或通常"、"有时或偶尔"等。即便老师自认为表达得够清楚了，但对学生来说，他们还是辨不出这些细微的差别。老师能辨别学生当前的水平，但学生却不知道到底该怎么做才能让自己提高。

总之，这些评语太繁杂、太细微，对学生来说没有起到作用，老师应该写一些更直接、更易于学生消化的评语。

讽刺的是，表12-1中的评分标准太过复杂，老师也无法分辨其中的区别。我试过把这个评分标准打乱，老师也无法把它还原。可以看出，每一级之间的差别太细微了，老师和学生都难以区分。于是，我们开始尝试使用三栏式的评分标准，上述的那些问题就迎刃而解了。评分标准变得更好用了，学生也更容易理解了，他们会花更多时间去看评语，也能从这些评语中得到启发。

对小学二年级～高三年级的学生来说，这种三栏式的评分标准是非常有效的。但对幼儿园～小学一年级的学生来说，他们还无法理解三栏式的评分标准。这个年龄段的学生还没法区分细微的差别，他们看待世界的方式是二元的：好和坏、高和低、热和冷、湿和干、大和小等。所以，针对这个年龄段的学生，评分标准可以只有两栏，而且可以提供图形进行辅助（见表12-3）。

表12-3 幼儿园～小学一年级评价合作能力的评分标准

◎表头

不仅如此，我把每张表的表头换成了一个向右的箭头。在和学生访谈的过程中，我们发现，学生往往会顺着表头看到自己当前所处的位置，往往不太能关注到自己未来的成长空间。更深入的调查显示，学生对表头的看法受到他们自己思维方式（成长型思维和定式思维）的影响。具备成长型思维的学生会从表头中看到自己的成长空间，具备定式思维的学生则只会关注自己当前的水平，即便老师努力引导他们去关注成长空间，他们还是很难做到。因此，我将表头的文字用箭头来代替，那些具备定式思维的学生也会从中看到自己的成长空间。

> 学生往往会顺着表头看到自己当前所处的位置，往往不太能关注到自己未来的成长空间。

◎精简语言

同时，我们彻底去掉了三栏式评分标准的中间那一栏。原来的三栏式评分标准的中间那一栏也是有内容的，学生会把每一栏的内容都当作相对独立的评价标准。当老师要求学生进行自评时，他们往往都会把自己的表现归为三列中的某一列（见表12-4）。之前采用四栏式评分标准时，他们也是这样做的。但现在，我们去掉了中间那一栏的内容，学生自评的方式就完全改变了。他们不再把每一栏都看作相对独立的评价标准，而是会认为第一列到第三列之间是连续的。

> 学生不再把每一栏都看作相对独立的评价标准，而是会认为第一列到第三列之间是连续的。

表12-4　在三栏式评分标准中，学生对自己的合作能力进行标注

·拒绝接受他人的想法	·能接受他人的部分想法	·能接受他人的想法
·不尊重他人	·待人冷漠	·尊重他人
·不愿融入	·参与感不强	·积极融入
·不愿与他人分享笔记	·如有要求，愿意与他人分享笔记	·主动与他人分享笔记
·消极被动	·不关心小组的进度	·积极主动

表12-5　在两栏式评分标准中，学生对自己的合作能力进行标注

· 拒绝接受他人的想法		· 能接受他人的想法
· 不尊重他人		· 尊重他人
· 不愿融入		· 积极融入
· 不愿与他人分享笔记		· 主动与他人分享笔记
· 消极被动		· 积极主动

○ 减少待评估的能力项

你可能也发现了，在新的评分标准中，不仅评价的内容在减少，需要评价的能力也在减少。若采用四栏式的评分标准，老师需要同时评价3~5项能力。若采用表12-2和表12-3的评分标准，老师只需要评价一项能力。因为这个新的评分标准是为了学生而创建的，所以对学生来说，评价的指标需要更直接、更容易理解。

创建评分标准

我们最初所使用的那些评分标准大多是由老师、教育机构或教育部所创建的，而表12-2和表12-3中的评分标准则是由被评价者——学生创建的，但学生自己创建评分标准也并不是什么新鲜事。

老师邀请学生一起来创建评分标准，这种做法在很早以前就有了。如果学生对评价方式和评价内容有发言权，他们会产生一种主人翁意识。在共同创建评分标准的过程中，他们会用一些特有的表达方式，但由于学生是标准制定者之一，他们完全清楚这些表达方式的含义。重

> 在共同创建评分标准的过程中，他们会用一些特有的表达方式，但由于学生是标准制定者之一，他们完全清楚这些表达方式的含义。

要的是，老师需要和学生一同经历创建评分标准的过程，这种方式也是非常有效的。

老师和学生共同创建评分标准是一种非常精简且高效的方式，这样一下课老师就能知道学生欠缺了哪种能力。

老师：你们小组今天提供了不少有趣的思路呢。但我看到你们有些人还是很快

就放弃了，可见你们还是不够坚持啊。我想问问，你们觉得有耐心的学生会怎么做呢？（老师在黑板上画一个T形图表，并在图表的右上方写上"有耐心"）

学生：遇到困难也不放弃。（老师在"有耐心"的下方写上学生的回答）

学生：在遇到困难时，会看看周围。

老师：看周围做什么呢？

学生：找提示，当遇到困难时，有耐心的学生会看看周围找找提示。（老师在黑板上记下）

学生：找老师求助。（老师在黑板上记下）

老师：那没有耐心的学生会是怎样的呢？（老师在图表的左上方写上"没有耐心"）

学生：马上就放弃。

老师：马上？

学生：对，直接就放弃了。

老师：什么时候放弃才是没有耐心的表现呢？

学生：遇到困难的时候。（老师在黑板上记下）

这个过程有趣的地方在于，即便学生疏于观察，他们也总是能提出一系列明确的评价标准。我们做了数百次的尝试，情况都是如此。学生在现实中可能并不一定是按照这些标准去做的，但他们也知道该怎么做。

表12-6　和学生共同创建关于耐心的T形评分标准

没有耐心	有耐心
遇到困难就放弃	遇到困难也不放弃 观察周围寻找提示 找老师求助

老师可以根据列出来的评价指标，课下再去创建类似于表12-2或表12-3中的评分标准。老师并不一定要采纳学生的所有建议，也不一定要按照讨论的顺序来列出这个评分标准，但老师需要去提炼学生说的内容。正如上述的提问流程所示，老师并不是听到什么就写什么，而是在听完之后，再根据他们所说

的进行修改和提炼。老师需要让学生看到，他们所说的话促成了新的评分标准的形成。在下一次上课时，如果老师能将新的评分标准和上次讨论时所拟的评分标准进行对比，那学生的印象就会更加深刻了。如果老师还能把这个T形评分标准留在黑板上，效果就更好了。

从本质上来说，T形评分标准也是由一系列连续的评价指标组成的。因此，用语言清楚地区分T形评分标准的好坏两级也是很重要的。正如你在表12.2和表12.3中看到的，右侧的指标与左侧的指标相配对，例如拒绝接受他人的想法对应的是能接受他人的想法。当学生在为评分标准提供想法的时候，他们可能不会考虑到这一点。所以，你可能要建议他们想一想与好处相对应的坏处是什么。这并不是说每条标准都必然有其反面，而是最终的评分标准必须以二分法为基础。

🖊 运用评分标准

展示、运用评分标准和创建评分标准一样重要。对小学四年级～高三年级的学生来说，老师可以用下述方式去展示评分标准。

老师： 昨天，你们帮我画了一个T形图表。放学后，我根据这个T形图表制定了一个评分标准。（老师把评分标准投影出来）现在你们也看到了，我在每一张白板上都贴上了这个评分标准。我会观察你们分组学习的表现，并选三个小组，用这个评分标准对其进行评估。

为什么只选三个小组进行评估呢？答案非常简单，你只有这些时间。你要记住，你是一名老师，你还有很多事情要做，你还需要让学生维持在心流状态中，你还要为巩固知识点做准备。整个课堂的节奏还是需要你来掌控的。

对于低年级（幼儿园～小学三年级）的学生来说，你可以用下述方式来介绍评分标准。

老师： 昨天，你们帮我画了一个T形图表。放学后，我根据这个T形图表制定了一个评分标准。（老师把评分标准投影出来）我们一起来看看，有没有什么不懂的地方。现在你们可以看到，我在每一张白板上都贴上了这个评分标准。我希望你们都能像评分标准上列的这样，好好表现。（老师指向图表右侧那一栏）

在你向学生展示新的评分标准的那天，学生会有不小的改变，这并不是因为出现了一个新的评分标准，而是因为这个评分标准是由学生与你共同创建的，学生很清楚自己该怎么表现。你选三个小组进行评价，是为了表明你的确是按照这个评分标准去做的，评价的也是你重视的能力。

当分组学习快要结束的时候，你可以给每个小组一支荧光笔，让他们评价一下自己的表现。当学生完成了自我评价，再把你对这三个小组的评价结果告诉他们。尽管和学生共同创建、展示和运用评分标准的时长不会超过15分钟，但学生的转变却是巨大的。学生一旦发现自己的哪种行为是值得期待的，他们就会明白这样做是有价值的，学生的自我价值感也会得到提升，你的思考型课堂也会得到进一步巩固。

> 学生一旦发现自己的哪种行为是值得期待的，他们就会明白这样做是有价值的，学生的自我价值感也会得到提升。

问题与解答

问题　我们要把每个小组的表现都记录下来吗？如果我们不记录的话，学生怎么会知道我们很重视呢？

回答　这是个好问题。这的确也是我们在思考的问题。我们会根据学生所处年级的不同采取不同的方法，以此激励学生采取某些行为。在研究过程中，我们了解到，如果学生看到老师愿意花时间来评价某件事，他们就会明白老师对这件事情很重视。学生也知道，时间是有限的，也是有价值的。如果你愿意花时间来关注学生的能力，如耐心、挑战自我、合作等，你可以记录学生在这些方面的表现，但你不需要让学生知道你要如何评价。雷斯和其他研究者发现，如果你在评价表上写上分数或字母评级，学生就会忽略评价表上的其他反馈。你应该将分数和字母评级写在成绩单上，而不是写在评价表上。

> 如果学生看到老师愿意花时间来评价某件事，他们就会明白老师对这件事情很重视。

问题　如果学生认为，我们只要为某事投入了时间，那这件事就是有价值的，那我们为什么还需要专门告诉他们我们要用这个评分标准来评价三个小组呢？

回答　选三个小组这个说法只是个幌子，我们主要是
为了让学生了解评价的意义。小学四年级～高
三年级的学生已经习惯了老师用分数来评价
他们了，他们不知道还有其他的评价方式。

当你要求他们用这些标准进行自评时，
他们才会明白评价的意义，才能理解
你为什么会花时间来做这件事。

虽然这种情况在高中更为普遍，但四年级学生也会有这种情况。当你
告诉学生要选三个小组进行评价时，他们总会下意识地以为你要给这
些小组进行打分。当你要求他们用这些标准进行自评时，他们才会明
白评价的意义，才能理解你为什么会花时间来做这件事。因此，当你
这样评价三个小组两到三次后，你就可以不用再说你要评价三个小组
了之类的话了。

问题　我们应该多久和学生一起创建一次评分标准，多久使用一次评分标
准呢？

回答　每当你想改善学生的某种行为时，你就可以和学生一起针对这种行为
创建评分标准了。一旦创建了评分标准，你就要马上使用它，并连续
使用，以显示你对该标准的重视。一段时间后，你就可以偶尔使用一
次，或在你觉得需要的时候，再拿出来使用。例如，当你发现某个小
组很容易半途而废，你就可以拿出关于耐心的评分标准，贴在这个小
组的白板上，这就很好地暗示了这个小组，让他们知道你在关注他们
的某些行为。有时候，你甚至可以看到学生自己拿出一份以前的评分
标准给组内成员或给整个小组，因为这个学生意识到他们的行为不符
合要求。

问题　新的评分标准一次只能评价一种能力，那在评价这项能力时，总共需要
多少项评价指标呢？在表12-2和表12-3中，各有5项评价指标，而在表
12-6中，评价指标只有3项。所以，我应该列多少项评价指标呢？

回答　最多可以列5项评价指标。评价指标一旦超过5项，就会变得多余，评
价就会失去焦点。如果你列了很多项指标，那你要从中选择一些最贴

近学生、最好理解的指标。

问题 幼儿园～小学一年级的学生真的不能把这些指标看作连续的整体吗？他们真的只能把自己的行为一一对应到某一栏的某一项指标上吗？

回答 也不一定。从发展心理学的角度来看，处于该年龄段的学生的辨别能力才刚刚开始萌芽，而辨别能力的发展在很大程度上取决于他们的成长经历，或是取决于他们有多大可能会接触到双栏式的评分标准。我们也曾观察到，在学年结束时，有一些一年级的学生就能够将表12.3中的评分标准视为一个整体来使用了。

问题 你说过，和学生共同创建的这个评分标准主要是用来评价学生当前的表现的。我能用这个评分标准来评价学生的学习成果吗？

回答 那你可能要创建一个不一样的评分标准。经研究，无论学生的观察能力、耐心、合作的能力有多差，他们总是清楚自己应该如何表现才是对的。但如果你要评价学生的学习成果，情况就不太一样了。例如，你要让学生告诉你什么才算是好的范例，你可以给出三种范例，分别是好的、中等的和差的范例。你可以要求学生区分这些范例：哪些是好的，哪些是差的，再让学生讨论，如同把差的范例变成好的范例。接着，你再要求学生和你一起创建T形图表，这时他们就不会像之前一样没有想法，而是会提供一些可以参考的内容。在给学生提供范例的时候，尽量把好的范例和中等的范例写得更接近一些，以提高学生的辨别能力。

问题 如果我们要评价学生是否掌握了所学的知识，那我们要如何运用这些评分标准呢？

回答 这方面就无能为力了。在本章中，我们讨论的是：为了彰显我们对某些能力的重视而创建相应的评分标准，如耐心、合作的能力、挑战自我等。但这并不代表评分标准不能用来评估学生是否理解了所学的知识，只不过这不是本章的重点。在第十三章中，我们会探讨如何用评分标准评估学生是否掌握了所学的内容。在第十四章中，我们会探讨如何根据学生对所学内容的掌握程度进行打分，同时促使学生思考、提升课堂参与度。

问题　你用"评价"一词来形容这个评分标准，难道这不应该是一种"评估"吗？

回答　在有关评估和评价的相关文献中，评价常常被定义为形成性的，而评估则被定义为总结性的。在接下来的两章中，你会了解到这种二分法的矛盾。所有的评估和评价都应该是形成性的（只有其中的一些是总结性的）。我并不认为区分评估和评价有多么重要，评估和评价都是为了促进学生学习的。综上所述，我并不认为应该明确区分评估和评价，我会不断交替地使用这两个词。在这一章中，我用了评价一词，是因为本章主要衡量的是学生的能力和品质。

总 结

宏观手段

- ☐ 评价你所重视的能力

我会选取三个小组用这个评分标准对其进行评价。

微观手段

- ☐ 和学生一起构建T形评分标准
- ☐ 把T形图表转化成两栏式或三栏式的评分标准
  - ☐ 每次只评价一项能力
  - ☐ 用箭头来代替表头文字
  - ☐ 精简评价的语言
  - ☐ 保留学生的想法
  - ☐ 评价指标不多于5项
- ☐ 在创建评价学生学习成果的评分标准时，先给学生一些范例

想一想

1．在本章中，有哪些是你非常认可的内容？

2．如果你曾用过多于三栏的评分标准，你可以看看里面的哪些用语含糊不清，并且学生也无法识别每条评语之间的区别。如果把这些评价指标都打乱，你能重新整理好吗？

3．思考一下，你希望用这个评分标准帮助学生提高哪些能力呢？你希望和你的学生一起针对哪项能力创建评分标准呢？

4．如果你想要改善学生的某种行为，而学生也发现这种行为不太好，这时你和他们一起创建评分标准是最容易的。你可以构想一下，要创设怎样的情境才可以突出你想解决的问题。例如，如果你想让学生变得更有耐心，你就可以给学生布置一些他们必须花很多时间和精力才能做出的题目，并在他们快要放弃的情况下来创建有关耐心的评分标准。

5．我说过，你可以创建用于评价学生的学习成果的评分标准。在创建评分标准前，你会给学生提供什么样的范例呢？你希望用该评分标准帮助学生改进哪些方面呢？

6．试想一下，当你在实践本章介绍的方法时，你会遇到怎样的困难呢？有什么办法能克服这些困难呢？

要解答出下列这些题目，学生需要很有耐心，且能持续思考。你可以先给他们布置这些题目，并在他们快要放弃时和他们一起创建用于评价学生耐心的评分标准。

幼儿园~小学三年级：有多少个7？

如果我要从1写到100，我一共要写多少次7？要是从1写到1000，我一共要写多少次7？

$$1,2,3,4,5,6,7,8,\cdots\cdots 97,98,99,100$$

小学四年级~初三年级：乡村小路

有一条乡村小路是沿着湖来建的，总长27英里（1英里＝1.60934千米）。湖边有6座小屋，其中有2座小屋（沿着公路）相距1英里。有2座小屋相距2英里，2座小屋相距3英里，2座小屋相距4英里……2座小屋相距25英里，2座小屋相距26英里。这些小屋分别在道路的哪些位置呢？还有其他的可能性吗？

高一年级~高三年级：海盗钻石

一个9人的海盗团要解散了，他们要把所有的金子都瓜分完毕，但还有一块巨大的钻石无法平分。为了决定谁能得到钻石，船长让所有海盗（包括船长自己）围成一个圈，船长指定一个人走出圆圈，拿走属于他的黄金并离开。离开的海盗左侧第二个海盗走出圆圈，拿走属于他的黄金并离开（离开的海盗左侧的那个海盗要留在圈子里，但留下的人左边的那个人也要离开圈子），如此循环往复，直到剩下最后一个人。如果船长想把这块钻石据为己有，他应该指定谁？如果有10个海盗，船长要指定谁呢？有11个海盗呢？有n个海盗呢？

| 第十三章 |

进行形成性评价
——帮助学生了解自己学会了什么、
没学会什么

在有关评价和评估的研究中，研究者总会试图区分什么是评估、什么是评价。评价一般都是形成性的，而评估则是总结性的。但我认为这样区分并没有什么用，在现实中的课堂里，评价与评估都应该是形成性的，只有一些是总结性的。所以在本书中，我会交叉使用评价和评估这两个词。

形成性评价： 在教学过程中为了解学生的学习情况，及时发现教学中的问题而进行的评价。

总结性评估： 在教学活动告一段落后，为了解教学活动的最终效果而进行的评估，如期末考试。

在上一章中，我们探讨了如何评价学生的能力，以及如何让学生明白评价的价值，从而影响学生在课堂上的行为。在本章和下一章中，我们会对学生的学习情况进行评价，了解如何与学生沟通才能影响学生的行为。在第十四章中，我们会重点关注学生是否掌握了所学的内容，对此进行总结性评价；而在本章中，我们会重点关注形成性评价。在本章末尾，你会了解到，老师应如何与学生沟通，从而启发学生思考，提升学生的学习能力，并且帮助学生掌握所学的内容。

问　题

不管是形成性评价还是总结性评估，从根本上来说，两者都是师生用于沟通和交流信息的。在20世纪大部分时间里，这些信息几乎都是单向流动的，主要是老师从学生处获取某些信息用于教学和考核。至于如何获取这些信息，不外乎有两种方法：一种是正式的，老师会通过期末考试、随堂考试、作业、PPT展示、演讲、作品集等来获取信息；另一种是非正式的，老师会通过观察学生表现、与学生谈话等方式来收集信息。通常来说，老师如果要对学生进行考核的话，一般会通过比较正式的方式来获取信息，如果是出于教学目的的话，既可能通过正式的方式，也可能通过非正式的方式来获取信息。

在20世纪大部分时间里，这些信息几乎都是单向流动的，主要是老师从学生处获取某些信息用于教学和考核。

在过去的20年里，越来越多人注意到，这些信息也会反向流动，学生也会从老师处获取一些反馈信息。而获取信息的方式也可能是正式的或非正式的。

在过去的20年里，越来越多人注意到，这些信息也会反向流动。

例如，当一个学生完成了单元考试或随堂测验，老师会进行打分，从而了解学生是否掌握了所学的内容，这也能告诉老师以后要在哪些方面进行提高，进行更有针对性的教学。当学生拿到自己的成绩，他也能知道自己在哪些方面还需要努力。同样地，如果老师和某个学生进行了一次谈话，老师能从中了解到学生有没有听懂老师讲的内容，会不会做这些题目。在谈话的过程中，如果老师给了学生一些反馈，学生也能了解到自己有没有弄懂所学的内容。无论如何，老师都能从中了解一些信息，从而改进自己的教学方式，而学生也能获取一些信息，从而提高自己的学习能力。

困 境

问题在于，虽然老师从学生处获取的信息和学生从老师处获取到的信息相差无几，但在接收信息的过程中，不同的人对信息的理解不一样，采取的行动也有差异。老师是完全了解自己的教学框架的，因而他们知道获取到的信息都代表了什么意思，该怎么去做，怎么教学。相较而言，学生其实并不太了解整体的知识框架。所以，同样的信息怎么能既让老师理解又让学生理解呢？

虽然老师从学生处获取的信息和学生从老师处获取到的信息相差无几，但在接收信息的过程中，不同的人对信息的理解会不一样，采取的行动也有差异。

我举个简单的例子，当不同年级的学生学完一整个单元的内容之后，我对他们进行了采访，我只问了一个问题。

研究者：你刚刚学完了一个单元的内容，你可以梳理这个单元的知识框架吗？

只需要观察学生如何回答这个问题，我就能预测他在之后的单元测试中取得怎样的成绩。大约有15%的学生能理出一个单元的知识框架，这些学生也能清晰地说出这个单元的知识点分别都是什么。在之后的单元测试中，这些学生大部分都能取得90分（百分制）以上的分数。另一些学生也知道本单元的知识框架，但他们往往不能非常清晰地表达出每个知识点是什么，这些学生在单元测试中往往得分在75~90分之间。剩下的那部分学生只知道整个单元大致讲了什么，不太清楚具体的知识点，他们的得分通常会低于75分。

最后那一类学生只知道整个单元讲了什么，例如，他们会认为某个单元只是讲了两位数的加法，那么如果给这些学生反馈的是：你们要努力把两位数进行拆解，拆分成个位和十位。这些学生可能仍不太懂，这又有何意义呢？和学生相比，你是老师，你非常清楚一个单元的知识框架，同时，你可以很清楚地掌握学生的学习情况，知道学生在哪些地方还需要努力。但学生并不十分清楚整个单元的知识框架，无法听明白老师的反馈，也不知道自己哪些方面还需要提高。相比之下，老师会更了解整体的教学内容，可以根据学生提供的信息，来确定学生能做什么、不能做什么。因而，如何通过评估既提高老师的教学水平又促进学生学习呢？我们需要为学生找到方法，让学生能像老师一样把一整个单元的知识框架梳理出来，方便了解自己能掌握哪些知识点。

但学生并不十分清楚整个单元的知识框架，无法听明白老师的反馈，也不知道自己哪些方面还需要提高。

思考型课堂

不管是在海洋上还是在陆地上，导航员往往会需要两种信息：第一，他们身处何地；第二，他们将去往何方。这两种信息同样重要。如果他们不知道自己要去往何方，他们必定会迷路。学生也类似，需要为自己的学习之路进行导航，以便了解自己现在身处何地，将去往何方。在思考型课堂里，身处何地意味着学生要知道自己已经弄懂了什么、能做到什么。而将去往何方则指明了学生努力的方向，即他们还没学会的内容，还没达到的水平。弗雷、哈蒂和费希尔（2018）把这种能掌控自己学习过程的学生称为"有自我评估能力的学习者"。

为了让学生掌控自己的学习过程，老师在对学生进行评价时，不仅要让他们知道自己已经弄懂了什么，还需要让他们知道他们还没弄懂的知识。为了达到这一目的，老师需要帮助学生弄清楚整个单元的知识框架。在此基础上，再去评估学生学会了什么、没学会什么。为此，老师可以尝试着通过单元考试、随堂测试和自测题等形式获取信息，并提供一些反馈。反馈本身是很重要的，但帮助学生理解和消化这些反馈的信息更加重要。为此，我们最终创建了如表13-1、表13-2和表13-3的评价表。

表13-1　在找规律这个单元中所使用的评价表

找规律	基础	中级	高级
找出规律的核心	ABABAB…… abbcabbcabbc…… ◇○□○◇□○◇□……	ABABBCABABBC…… ○□◇○□◇……	
把排列的字母或图形进行编码	ABAB……=○□○□ ffyh……= ○□○○□○○……=		
根据规律，写出后续的字母或图形	ABABAB▲▲▲ nnjknnjk＿＿＿ ○◇○◇○＿＿＿	$+$+!$+$+!＿＿＿ KLMNOKL＿＿＿	
根据规律，在空格处填入合适的字母或图案	ABAB▲AB XYZXYZ＿YZ □□○◇＿□○◇	abccda＿ccd…… ＿#$$H#$$……	A＿BCAB＿C…… ＿○○◇＿○○＿◇
根据上述规律，自己创建一个式子	＿＿＿＿＿＿＿＿	＿＿＿＿＿＿＿＿	

表13-2　在数列这个单元中所使用的评价表

有规律的数列	基础	中级	高级
找出数列的规律	2,4,6,……[+2] 1,3,5,…… 4,8,12,……	1,6,11,…… 7,10,13,……	23,30,37,…… 17,28,39,……
根据规律，续写数列	2,4,6,8,10,12 3,6,9,＿,＿,＿ 6,12,18,＿,＿,＿	1,5,9,＿,＿,＿ 9,16,23,＿,＿,＿	22,31,40,＿,＿,＿ 41,63,85,＿,＿,＿
根据规律，给数列填空	2,4,6,8,10, 5,＿,15,20, 4,8,＿,16,	1,4,＿,10, 8,＿,18,23,	＿,16,22, 3,＿,17,
根据上述规律，自己创建一个式子	＿,＿,＿,＿,＿	＿,＿,＿,＿,＿	＿,＿,＿,＿,＿

表13-3　在分数这个单元中所使用的评价表

分数	基础	中级	高级
定义	1abc		
真分数的加减法	7a	7c	7e
带分数的加减法	7b	7d	7f
真分数的乘除法	2a	2b	3b
带分数的乘除法	4a	4b	3c
运算有真分数和带分数的式子	8	10	11, 13
计算复杂的分数题目		9, 11	12
对有关分数的题目，都可以给出大概的解法	5abc	6a	6bc

　　这种评价表可以由老师创建，主要用于学生评价自己在期末考试、随堂测验、自测题中的表现。在这些图表中，最左边的那一栏是一个单元的知识框架，由一些特定的知识点所构成。因为若把一整个单元的内容细分成特定的知识点，学生会更明白，一整个单元的内容其实是由很多知识点构成的。例如，在表13-3中，学生会明白分数这个单元就是由数个不同的知识点组合而成的。

> 若把一整个单元的内容细分成特定的知识点，学生会更明白，一整个单元的内容其实是由很多知识点构成的。

　　针对每项知识点，老师还可以进行难度划分（基础、中级和高级）。例如，下面是有关分数加法的一系列题目。

1. $\frac{1}{5} + \frac{3}{5}$

2. $\frac{1}{4} + \frac{3}{8}$

3. $\frac{3}{5} + \frac{1}{7}$

你应该能看出，这三道题目并不是随意出的。虽然这三道题都要求学生把两个分数进行相加，但每一道题所需的技能、知识都不一样。学生每解出一道题，他们都能获得某种相应的技能和知识。在第一小题中，学生要思考：分母相同的两个分数能直接相加吗（基础）？在第二小题中，学生要思考：若两个分数的分母不同，一个分母是另一个分母的倍数，要怎么相加呢（中级）？而在第三小题中，学生需思考：若两个分数分母不同，且这两个分数的分母没有倍数关系，这样的分数如何相加呢（高级）？针对上述三道题目，学生能解出哪一道就代表学生分别具备了哪些知识与技能。所以，老师要把这些难度区分开来，正如表13-1、表13-2和表13-3中不同的难度等级那样。

老师可以先画出一个表格，再用某些题目（见表13-1和表13-2），或者一些题目编号（见表13-3）来填写表格，最后用这个表格检查学生是否掌握了某些知识点。注意，并非所有的题目都会一一涵盖所有的难度等级。例如，在表13-1中，对于找规律这个知识点，相对应的只有较为基础的难度。再如表13-3中的倒数第二行——计算复杂的分数题目，相对应的也没有基础难度的题目，只有中级、高级难度的题。同样，如果一道题涉及不同的知识点，在表格中会不止出现一次，如表13-3中的题号11。

这种评价表把具体的题目和对应的知识点结合在一起。虽然老师很清楚表格最左栏的内容，但学生还是需要具体的题目辅助理解这些内容。如果老师这样说"让我们分解几个二次项系数为1的二次三项式"，许多学生可能并不能马上理解这句话，直到学生看到下列具体的方程式的时候，他们才会明白。

$$x^2 + 5x + 6$$

$$x^2 + 14x + 24$$

$$x^2 - x + 12$$

$$x^2 - 6x - 16$$

不仅如此，学生可能也理解不了这句话——"我们来做一下两位数的加法"，但当他们看到下面这些算式之后，他们就能明白了。

$$23 + 58$$

67 + 71

39 + 86

48 + 62

在小学阶段，上述情况更为常见，因为小学生的阅读水平还处于初级阶段。根据学生所处的年级不同，有的老师可能会将最左侧的那一栏文字说明给去掉（见表13-4和表13-5）。为了把信息传递清楚，老师可能会在每个难度等级中加入一个具体的实例。

表13-4　没有左边文字栏的评价表（找规律）

基础	中级	高级
ABABAB…… abbcabbcabbc…… ◇○□◇○□◇○□……	ABABBCABABBC…… ○□◇○□◇○□◇	
ABAB……=○□□□… ffyh…… = ○□○◇○□○◇……=		
ABABAB▲△▲ nnjknnjk___ ○◇○◇○___	\$+\$+!\$+\$+!____ KLMNOKL___	
ABA▲AB XYZXYZ_YZ…… □□○◇_□○◇……	abccda_ccd…… _#\$\$H#\$\$	A_BCAB_C…… _○○◇_○○_○□
───────	───────	

如果在不同的难度等级（基础、中级、高级）中标出具体的题目，可以帮助学生理解自己是否掌握了某个知识点。例如，在表13-2和表13-5中，续写数列1、5、9……（中级）的这道题与续写数列41、63、85……（高级）的题目属于完全不一样的难度等级。

正如前文所述，学生可以用上述这些表格来进行自评。无论如何，学生在

表13-5 没有左边文字栏的评价表（数列）

基础	中级	高级
2,4,6,……［+2］ 1,3,5,…… 4,8,12,……	1,6,11,…… 7,10,13,……	23,30,37,…… 17,28,39,……
2,4,6,8,10,12 3,6,9,_,_,_ 6,12,18,_,_,_	1,5,9,_,_,_ 9,16,23,_,_,_	22,31,40,_,_,_ 41,63,85,_,_,_
2,4,6,8,10,…… 5,_,15,20,…… 4,8,_,16,	1,4,_,10,…… 8,_,18,23,	_,16,22,…… 3,_,17,……
_,_,_,_,_	_,_,_,_,_	_,_,_,_,_

一个具体的题目中的表现可不仅仅只有对（√）和错（×）这两种情况，学生自评还需要做出更加细致的区分，例如，学生是自己独立完成这些题目的，还是在他人的帮助之下做出来的；是完全答对了，还是马虎做错了；是努力过了，还是根本就没努力尝试。每一种情况都有必要继续深究。对此，我们用了6个符号分别表示上述这6种情况：√、S、H、G、×和N。

> 学生自评还需要做出更加细致的区分，例如，学生是自己独立完成这些题目的，还是在他人的帮助之下做出来的；是完全答对了，还是马虎做错了；是努力过了，还是根本就没努力尝试。

√ 这个符号代表学生能独立解题，并完全答对

S 这个符号代表学生能独立解题，但偶尔会犯小错误

H 这个符号代表学生需要老师或同学的帮助才能答对题目

G 这个符号代表学生能在小组合作中答对题目

× 这个符号代表学生考试解答，但没答对

N 这个符号代表学生根本没有努力尝试解题

例如，表13-3对知识点和难度等级都有明确的划分，学生会在表格上对自己的表现进行记录（见表13-6），以便清楚地了解自己学会了什么、没学会什么。

表13-6　学生记录自己的表现

分数	基础	中级	高级
定义	1abc ✓✓✗		
真分数的加减法	7a ✓	7c ✓	7e ✗
带分数的加减法	7b ✓	7d ✓	7f N
真分数的乘除法	2a ✓	2b ✗	3b N
带分数的乘除法	4a ✓	4b H	3c H
运算有真分数和带分数的式子	8 ✓	10 ✗	11,13 ✓ ✗
计算复杂的分数题目		9,11 ✓✓	12 N
对有关分数的题目，都可以给出大概的解法	5abc ✓✓✓	6a ✓	6bc H H

最初做实验的时候，我们会把这个表格发给学生，让他们记录自己在单元测试中的表现。结果令人非常惊讶，自从这些学生填了这个表格，有50%~70%学生的成绩马上就提高了10%~15%。对这些学生来说，他们是需要这些表格的，这有助于提高他们的成绩。

> 对这些学生来说，他们是需要这些表格的，这有助于提高他们的成绩。

贾马尔：现在，我知道自己到底要在哪些方面努力了。

有的学生表示，他们终于明白一个完整的单元到底有着怎样的知识框架，包含了哪些知识点。

安吉尔：我终于知道我们都学了些什么了。

科　林：这太棒了！现在我知道我们在学什么了。

问题是，为什么只有50%~70%的学生有进步呢？因为在所有的学生中，肯定有一部分学生（10%~20%左右）本就知道本单元的知识框架，他们也早就明白自己当前的程度和水平。对他们来说，这个表格是多余的，无法推动他们进一步学习。

除此之外，班级里还有另外一类学生也用不到这个表格，他们对自己的学习和成绩都不太关心，成绩在班级里是处于中下游。他们并不需要知道自己学会了什么、没学会什么。他们其实很了解自己的水平，他们也没有想学下去的冲动。当然，这并不意味着我们帮不了这些学生，只是无法用上述的这种方法帮助他们。同时，这也不代表所有成绩差的学生都不关心自己的学习。在实验中，我们观察到，有一些成绩一般的学生在表格的帮助下取得了很大的进步，在单元测验中从不及格考到了及格。对这类学生来说，一个单元中所包含的知识太多、太复杂，他们不知道该怎么办，而这个表格就为他们拨开迷雾，仿佛给了他们一张地图，让他们去关注那一道道比较具体的题目，在解题的过程中，他们逐渐也会有一种成就感。

然而，除了上述几类学生之外，还有另外一类学生，通常是那些考到了B的学生，表格对他们起不到任何作用。有时候连老师也不清楚这类学生的问题所在。我们对他们进行了访谈，弄清了问题所在。

乔　迪：我都不用努力就考到B了。我何必还要那么辛苦，就为了考到一个A？

斯蒂芬：我妈妈觉得考到B就挺不错的了。

克里斯：我就不是那种会努力的人。

这类学生并不是不在意自己的成绩，他们心里面其实是很在意的，他们希望自己的成绩能保持中上等，而他们往往不用下太大功夫就已经可以取得现在的成绩了，对他们来说，付出更多努力，只会获得一点点回报。从经济学的角度看，这些学生认为他们不用太努力就能实现目标，那还努力什么呢？这样的思考方式是难以辩驳的。对于这种情况，老师可参考第十二章中的内容——评价自己所重视的能力。

那么，剩下的就是那50%~70%的学生，他们既关心自己的学习，又希望能提高自己的成绩。对这些学生来说，表13-1、表13-2、表13-4和表13-5中的表格能让他们了解自己学会了什么、没学会什么。有了这些信息，学生就能对自己的学习情况进行反思。

问题与解答

问题 只有这一种方法可以让学生知道自己学会了什么、没学会什么吗？

回答 其实，第十二章中所给的评分标准也能做到这一点，那些评分标准中高亮的部分就展示了学生目前的情况，右边那一栏就是学生还没能达到的水平。在小学阶段，老师通常会用一条绳把学生不同时期的学习成果挂在墙上，以展示学生的成长经历，这其实也能帮助学生了解他们学会了什么和没学会什么。

问题 我在学生的考卷上写了很多评语，这是否就足够了呢？

回答 对那类很清楚本单元知识框架的学生来说，这的确已经足够了。因为这些学生已经非常清楚自己的学习情况，你写一些评语就足够了。在研究过程中，我们发现，一些老师比较擅长告诉学生他们学会了什么，另一些老师则擅长告诉学生还没学会什么。如果有老师能做到两样都擅长，那会让学生更全面地了解自己的学习情况。

问题 在我整个的职业生涯里，我一直都会进行一些随堂测验，每道题我都会打分。学生也可以看到他们做对了什么，做错了什么，错在了哪里；哪个步骤得了分，哪个步骤丢了分。你觉得这些都没有用吗？

回答 我们把这种反馈称为"加密反馈"。对那些很清楚本单元知识框架的学生而言，这种打分的方式就是一种反馈。但对剩下的那一部分学生来说不是这样，他们只会看到分数，以及这个分数够不够高。

问题 在我的课堂中，我不会用"简单、中等和困难"这样的词汇。我会用"新手、进阶者和专家"这类词汇。这两者会有什么区别吗？

回答 这两者区别非常大。研究表明，"简单、中等和困难"这些词是学生最能理解的。在阅读了特蕾西·萨哲(2017)的书后，我们又把"简单、中等和困难"换成了"基础、中级和高级"。学生也很好理解，老师也更喜欢这种表达方式。

此外，"基础、中级和高级"区分的是题目的难度，而"新手、进阶者和专家"这样的词汇则是用于描述学生能力的，这就非常不一样了。你可以用你喜欢的词汇来表达，但要注意的是，你需要描述的是题目的难度，而不是学生的能力。

> "基础、中级和高级"区分的是题目的难度，而"新手、进阶者和专家"这样的词汇则是用于描述学生能力的，这就非常不一样了。

问题 在第十二章中，你完全省略了表头文字，用箭头来代替，在这一章中，为什么你不这样做呢？

回答 我们一开始也这样做过，我们用箭头代替了表头的文字，帮助学生了解他们目前的学习状态和未来的前进方向，也取得了一定的效果，但是一旦开始和学生谈论题目的难度时，老师就会不自觉地说：第一栏、第二栏、第三栏……。我们就意识到，表头的文字是必须有的。最终，我们得出的结果就是表13-1、表13-2、表13-4和表13-5中的内容了。

问题 万一有的学生把表头中的"基础、中级和高级"当作自己可以选择任务难度，于是只做基础的题目，那我该怎么办呢？

回答 当学生看到这些字眼时，哪些学生会以为自己可以少做题、少思考了呢？而哪些学生又会以为自己要开始努力了呢？对于前面那一类学生来说，这的确是一个问题。但这个问题是学生自身的问题，与这个表格无关。所以，只改变这些表头的文字是没用的，最主要的是如何改变这些学生，让他们摆正态度，好好学习。但是，对后面那一类以为自己要开始努力了的学生来说，他们会从表头了解到整体的知识框架，了解自己的学习情况，从而挑战更高难度的题。

> 对后面那一类以为自己要开始努力了的学生来说，他们会从表头了解到整体的知识框架，了解自己的学习情况，从而挑战更高难度的题。

问题 我注意到，在表13-1、表13-2、表13-4、表13-5中，单元格里写的是具体的题目，而在表13.3中，单元格里写的是题目的编号。这是因为前面那些表格是为低年级的学生而设计的，而分数表格是为高年级的学生而设计的吗？

回答　并不是。我们发现，在表格中填入具体的题目其实适用于所有年级，但高年级的题目太长，无法填进这样的表格中。对低年级的学生来说，写题目编号并不适用。因为学生要按照题目编号、不同的难度等级去找相应的题目，这中间会产生太多额外的步骤。而且，低年级的学生无法仅仅通过这些题目编号来了解他们到底学会了哪些知识。

问题　你说应该由老师往表格中填入合适的题目或题目编号。但是，如果让学生自己来决定要在表格中填入哪些题目，这样不是更好吗？

回答　是的。但研究表明，只有10%~20%的学生能够做到。其他的学生还不具备这项能力，他们还需要多次练习老师已填入的题目，才能弄清楚一道题目所包含的知识点、所属的难度等级，为了让学生达到这个程度，老师往往需要花大半年的时间。

　　我们希望学生能弄清楚每个单元的知识框架，尤其是对高三年级的学生来说更是如此，我们不能因为这些学生已经上了高三，就觉得他们能做到。你要帮助学生，让他们反复地去使用上述表格，一学期后，他们就能够梳理每个单元的知识框架了。

问题　我不认为我们应该把一个单元的内容切分为细碎的知识点，以及划分不同的难度等级。若既要切分知识点又要划分难度等级，那学生怎么能把所学的知识看作互相联系的整体呢？这会割裂知识点之间的关联。

回答　这是一个好问题，我们的确也会担心，但实验证明，若要求学生把所学知识看作互相联系的整体，他们先要能够识别这些内容之间的区别。例如，带分数的乘法和真分数的乘法这两个知识点的确有相近的部分：都需要约分。但学生也需要明白这两个知识点的区别，才能把带分数转化为假分数。

若要求学生把所学知识看作互相联系的整体，他们先要能够识别这些内容之间的区别。

　　对于那些并不清楚一个单元中到底包含哪些知识点的学生来说，他们是看不到知识点之间的联系的，他们只会认为这是一大堆互不相干的内容，是需要死记硬背的一套规则而已。如果这些学生可以区分这些知识点，他们就能明白这些知识点都是互相关联的。例如，带分数的乘法其实是真分数乘法的一种特殊情况，学生需要先学会进行区分，他们才能看到其中的关联。

问题　在刚开始上课的时候，我们都会先告诉学生这节课需要学习的内容。这样学生不就知道了一个单元是由各种不同的知识点组成的吗？

回答　理论上应该是这样，但实际情况并非如此。我们观察到，老师刚上课时会阐述这节课的学习目标和学习内容，但大部分学生还是不知道这节课究竟要学哪些具体的知识点，因为老师在学生还不清楚要学什么的情况下告诉他们学习目标是没有任何意义的。例如，你对一个高一年级的学生说"我们今天要学习的是如何分解二次项系数不为1的二次三项式"，这是没有意义的，这就好比我对你说"下一章我们要学习如何求加权无向图中的最小生成树"一样。学生只有理解了所学的知识点，才能弄清楚这些知识点之间的联系和区别。如果要让学生明白这节课要学哪些知识点，你也应该先让学生弄懂这些知识点。这就是底层巩固（第十章）如此有效的原因。

> 如果要让学生明白这节课要学哪些知识点，你也应该先让学生弄懂这些知识点。

问题　总的来说，这一章主要介绍了一种针对学生的自我评价方式。这种评价方式和过去几十年里使用的自我评价方式有什么不同呢？

回答　在过去的几十年里，学生主要是基于对自己能力的看法而进行自我评价的。而评价表这种形式则是基于学生表现的相关数据来评价的。这不仅改变了评价的内容，还改变了学生对评价的看法。大多数学生都会认真对待现在的评价表，往往不太重视以前那种基于看法而进行的评价。

> 过去的几十年里，学生主要是基于对自己能力的看法而进行自我评价的，而评价表这种形式则是基于学生表现的相关数据来评价的。

问题　这种评价表不就是一种学习成果导向的评量吗？

回答　是，也不是。学习成果导向的评量主要是为了评估学生的学习成果，往往用于给学生评分和做成绩汇报。尽管评价表也可用于此目的，但本章的重点是让学生通过了解自己当前的学习情况，明白自己学会了什么、没学会什么。从这个方面而言，你的确可以认为评价表就是一种基于学习成果导向的评量。在下一章中，我们将会讨论如何用这种评价表来给学生评分与做成绩汇报。

问题　我怎么才能知道我的学生是不是明白自己学会了什么、没学会什么呢？

回答　你可以在学完一个单元之后，给学生布置一套基础的单元测试题，确保学生能回答对所有的题目。如果他们全部答对，这就说明这些学生已经知道他们学会了什么。然后，你可以再布置另一套单元测试题，确保学生只能答对一半的题目，这也能让学生明白自己学会了什么，同时还能让他们知道自己还没有学会什么。

问题　评价表可以用来评估学生在单元测试中的表现，也可用来评估学生在自测题中的表现。这两者有什么不同呢？

回答　在学完一个单元后，我们给学生发放这个评价表，让他们评估自己在单元测试中的表现，从而了解自己学会了什么、没有学会什么。当学生用这个评价表来评估自己在自测题中的表现时，情况也是一样的，学生不仅能够从中了解自己当前学会了什么，还能看到自己在一步步解答基础、中级、高级难度的题目。他们可能第一次还做不出来这些题，但随着时间的推移，他们慢慢地就能够做出基础、中级、高级难度的题目。

问题　在本章中，为什么你没有提到让学生用这个评价表来评估自己在考试中的表现呢？

回答　学生也可以这么做，我会在下一章中更深入地讨论这一点。然而，只有再进行一次测试，这个评价表才能起到效果。如果考试结束了，那就意味着这个单元的学习结束了，学生继续前进也找不到方向了，那使用评价表就起不到任何效果了。因此，如果再安排一场测试的话，那我非常支持你用这种评价表，因为这可以给学生提供一个方向，让他们可以持续学习。

问题 我发现这次的评价表也只有三栏，和第十二章中的评价表一样，这样的设计还是出于之前的那种考虑吗？

回答 是的。几乎所有的知识点都能被划分为三种难度的知识点，虽然有的知识点甚至可以被划分成四到五种难度等级的知识点，但这就使得我们不得不去讨论具体哪些知识点该归入哪种难度等级。因而，三种难度等级是最清晰明了的。

问题 我怎么用这个评价表来帮我的学生调整自己的学习计划呢？

回答 这个表可以很好地帮助学生调整自己的学习计划，也可以帮助学生找到自己的问题所在。例如，你可能遇到过这样的学生，他们的学习计划就是掌握本单元中的基础知识点，而这个评价表能让这些学生马上识别出这些基础的知识点是什么，从而朝着更明确的方向前进。

问题 要设计一个评价表会很费时间和精力吗？

回答 并不会。我的经验告诉我，如果一个老师不参考任何资料就能出一套单元测试题的话，那他也可以设计出一个评价表。如果你是一位新老师，这是你第一次教课，你可能还没有弄清楚每个单元里包含了哪些具体的知识点，那你就去多参考一些辅导资料，大部分辅导资料都会对知识点和难度等级进行归类，你只需要把这些内容填入你所设计的表格中。

总 结

宏观手段

- [ ] 帮助学生了解自己学会了什么、没学会什么

"现在，我知道自己到底要在哪些方面努力了。"

"我终于明白我们在做什么了。"

微观手段

- [ ] 创建一个如表13-1的评价表
- [ ] 在表头中，对知识点的难度进行区分（而非区分学生的能力）
- [ ] 用评价表帮助学生评估自己在随堂测试中和单元测试的表现
- [ ] 用评价表帮助学生记录自己做自测题时取得的进步

想一想

1. 在本章中，有哪些是你非常认可的内容？

2. 在你的课堂里，哪些学生马上就可以梳理出单元的知识框架？哪些学生无法做到呢？

3. 在你的班上，有没有学生对自己的成绩很满意，觉得自己不用再努力了呢？

4. 想一想，之前你是如何评价学生的，是否帮学生了解自己学会了什么、没学会什么呢？你的评价到底给学生传达了什么样的信息呢？

5. 在你给学生的反馈中，有哪些是"加密反馈"？

6. 你能想到其他的办法来帮助学生了解自己学会了什么，还没学会什么吗？

7. 如果某种评估方式无法让学生明白他们学会了什么、没学会什么，那这种评估方式主要用于评估什么呢？

8. 当你在实践本章介绍的方法时，你觉得会遇到怎样的困难呢？有什么办法能克服这些困难呢？

✓ 试一试

在下一次教学的过程中，你可以创建一个如表13-1或表13-3的评价表。在创建评价表时，你可以参考一些其他的教辅资料，也可以自己来创建表格。如果你决定自己来创建表格，下面有一个能帮助到你的小技巧。你可以先出一份单元测试题，出题时想一想需要用到哪些知识点，用自己的话写下来。每当你对自己说"我需要这两个知识点"时，就停下来想一想，这两个知识点可以写进评价表吗？如果可以，那又如何划分不同的难度等级（基础、中级和高级）呢？

｜第十四章｜

进行总结性评价
—— 使用数据收集型评分方式

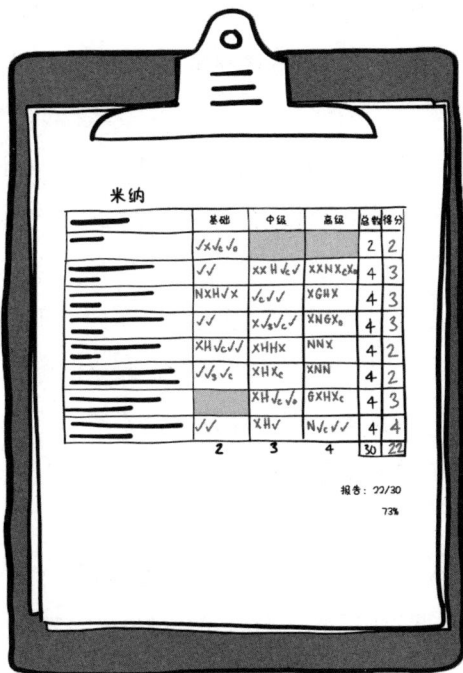

为了打破传统教学的各种条条框框，你可以尝试构建思考型课堂，这种新的教学法不仅能引发学生思考，还能让学生持续思考。但在实践过程中，你肯定也受到了很多限制，例如，你必须按照规定的时间来上课，传统的规范处处限制着你的教学，甚至你还要用传统的评价标准来评价学生的思考和学习，并给学生一个成绩。在这一章中，你会了解到一种新的评分方式，它既能激励学生去思考，又能推动学生反思自己的学习过程。

问　题

如果你读到第十一章，你应该会觉得在教与评之间产生了一些矛盾。当你读到第十二章（评价你所重视的能力）和第十三章（形成性评价）时，你会发现教与评的矛盾得到一定程度的缓解，但可能还是会出现一些教评不一致的问题，例如，有一些学生的日常表现和考试成绩并不一致。这说明了教与评之间确实存在矛盾。

你的学生可能也会感受到这种矛盾。在过去的一百年里，学生平时的学习在某种程度上就是针对考试的提前排练。这也是这么多年来学校都提倡让学生独立学习的原因，这样学生会有很强的动力，想要努力地考取好成绩。但如果平时上课全都采取小组合作的方式来进行，而平时学习又是对考试的提前排练，那为什么考试不能以合作的方式进行呢？研究过程中，学生多次向研究人员提出了这个问题，他们甚至还会直接向老师提出这个想法。

> 如果平时上课全都采取小组合作的方式来进行，而平时学习又是对考试的提前排练，那为什么考试不能以合作的方式进行呢？

为了缓解这种教与评之间的矛盾，你可能想要以小组合作的方式来安排考试。另外，你可能还需要改变你的评分方式，对学生的日常行为表现进行打分。

困　境

当你想要改变评分方式的时候，你可能又会遇到新的难题。例如，你想安排小组测验，那你要怎么分配每个组员的成绩呢？如果某个小组成员什么都没有做，而另一个成员则包办了所有的工作呢？那每个人都拿一样的成绩也不公平吧？如果你想要表扬某位同学在课堂中的优秀表现，你要怎么将其体现在成绩单里呢？又该如何换算成最后的总成绩呢？你可以把这三者结合起来：学生平时的表现、与学生交流的结果和学生的考试成绩。但问题是，你要如何去做呢？

如果你觉得结合上述三者很困难，这也是可以理解的。在现实课堂中，老师的确也需要观察学生平时的表现，以及评估学生小组合作的情况。

> 老师的确需要观察学生平时的表现，以及评估学生小组合作的情况。

肯·奥康纳（2009）和斯蒂金斯（2006）等人在研究有关评估与评价理论中也对此表示支持。而你之所以会觉得这些难以做到，是因为你想把21世纪用于思考型课堂的评分方式融入传统的评分方式中去。

这么多年来，评分方式大致有两种类型：第一种是积分型；第二种是数据收集型。

积分型评分方式

积分型评分方式历史悠久，应用广泛。在使用这种评分方式时，老师说的话中可能会有一些潜台词。

老　师：别忘了明天要随堂测试啊。

（**潜台词**：明天的随堂测试成绩占总成绩的20%，看看你们能拿到多少分吧。）

老　师：下周一要考试了，今天我们来复习。

（**潜台词**：今天好好复习，争取在下周一的考试中多拿点分。）

老　师：这个作业占总成绩的20%，别再拖拉了。

（**潜台词**：我可是告诉了你们要怎么拿分。你们不要错失这次机会，也别拖拖拉拉的。）

在积分型评分方式中，学生获得的每个积分都会被计入他们的总成绩里。最后在打分的时候，老师通常会把学生累积的分数除以相应的总分，按照一定比例去换算，最后得出一个百分比。如果一个学生在某一项任务中得了零分，就会影响到最终的分子，但不会影响到分母。如果一个学生得到额外的积分，多得了一些积分，最终影响到的也是分子而非分母。我把这种积分型评分称为基于任务（随堂测试、单元测试、作业）的评分方式，因为老师是按照不同的任务来评分的。这是20世纪以来应用最广泛的一种评分方式，甚至在北美洲和世界范围内，也是最为常见的一种评分方式。这种基于任务的评分方式之所以受欢迎，是因为老师能据此打出一个客观的分数，这个分数能准确反映学生的收获。但如果我们要评估学生到底学没学会，那这种积分型评分方式就无法客观反映学生的真实情况了。

> 如果我们要评估学生到底学没学会，那这种积分型评分方式就无法客观反映学生的真实情况了。

根据《梅里厄姆韦氏词典》，"客观"一词的意思是"不受个人感情影响，不歪曲地表达或处理所感知到的事实"。卢·罗马尼亚诺在《客观的神话》（2001）中指出，经年累月，老师和学生建立起了一种牢固的关系，所以在评价学生的时候，老师无法避免地带有个人情感和偏见。我举个例子，你就明白了。

例如，你要用一种基于任务的评分方式来给学生打分。当你计算出学生最后的总成绩时，你会不会回过头看一看学生的成绩是否符合你的预期？我敢说，你一定会这样做，所有老师都会这样做。我们用一整年的时间建立起对学生的主观认知，我们肯定想看看我们的主观认知是否和这个计算出来的客观成绩相符。如果两者相符，那就正好说明了我们的主观认知得到了客观验证。但如果两者不符合，你又会怎么办呢？再比如，你班上有一个学生，他一整个学期都非常努力，用了很多额外的时间来学习，他也会很积极地来寻求你的帮助，但他的成绩还是够不上某个等级，这时你会怎么办？你会不会去调整一下他的分数，让他的"客观成绩"与你的主观认知相匹配？你如果这样做了，也就隐隐约约承认了卢·罗马尼亚诺在《客观的神话》中提到的观点。即便你不会这么做，你也会对客观成绩和主观认知之间的错位而感到难过，上述现象都是积分型评分方式所固有的缺陷。

罗马尼亚诺（2001）引用了一些数据，进一步佐证了他的观点：学生不管是在平时的随堂测试还是在SATI数学考试中测出来的成绩都是存在很大的误差的，这被称为所谓的测量误差。例如，在SATI数学考试中，测量误差是30分，这就意味着，如果一个学生在SATI数学考试中取得了470分，我们就可以说他的分数是在440~500分之间。这是一个巨大的测量误差，而且这个误差还会出现在SATI其他科目的考试中，这可是世界上误差控制得最严格的考试之一。

那么，在平时的随堂测试中，又会存在怎样的误差呢？假设老师出于偏袒心理而打了相应的分数，那么就会存在所谓的测量误差。罗马尼亚诺举了一个例子，他让几位老师来给同一份试卷进行评分（满分5分）。老师们的评分大多集中在2分、3分和4分之间，其间会存在40%的误差，因为每位老师也会衡量这些学生在其他方面的表现。换句话说，老师给出的分数是主观的。

老师打分是很主观的。追求完全客观是不现实的，但是这种现象始终存在。这就引出了一个问题，我称之为"客观的暴政"，也就是老师绝对客观地打分时对学生所造成的伤害。老师自认为客观地记录了分数，且这些分数代表了真实情况，这是非常不现实的。

肯·奥康纳（2009）用一个跳伞实验来说明了这一点，我将其进行了改编。

假设，我们都要去某个跳伞中心跳伞。在听完简短的介绍、签完各种免责承诺书后，你需要选一个工作人员带着你跳伞。跳伞中心给了你一份工作人员跳伞的成绩单（见图14-1）供你参考。你会选择哪个工作人员呢？

图14-1　三名工作人员的跳伞成绩图

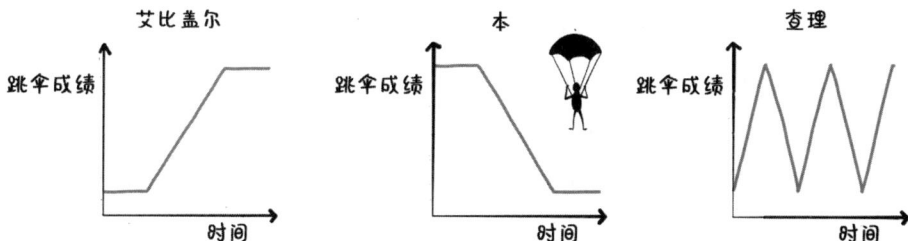

毫无疑问，你肯定会选艾比盖尔。虽然她最开始跳伞成绩一般，但是我们能看出她进步很大，且一直表现得很好。但如果跳伞中心用积分模式来处理这些成绩，只向我们展示三名工作人员最后的总积分，那么他们的成绩都是一样的。

✏️ 数据收集型评分方式

从上述的跳伞例子中，我们能看出积分型评分方式和数据收集型评分方式之间的不同。用积分的方式来评价每位跳伞工作人员的话，大家的成绩都是一样的，但如果我们用数据来体现这些信息的话，你会发现，数据会随着时间的变化而变化。如果这三名工作人员正好是你班上的三名学生，那我们会认为，艾比盖尔有很大的进步，她真的学会了。这不正是老师希望学生能做到的吗？不仅如此，我们还能看出，她已经成功掌握了跳伞这项技能，而你作为她的老师也成功地教会了她，她的成绩也彰显了你教学的成功。她一开始不会跳伞，这也是情理之中的事情，所以她开始学习，慢慢地她就会了，你不能因为她刚开始不会跳伞而去惩罚她。

> 她一开始不会跳伞，这也是情理之中的事情，所以她开始学习，慢慢地她就会了，你不能因为她刚开始不会跳伞而去惩罚她。

如果我们通过数据收集型评分方式来评估本和查理的成绩，我们就会发现，本在学习过程中出现了一些特殊情况，或许是他的父母离婚了，或许是他的祖母去世了，或许是他和不三不四的人混在一起了。查理的情况也是如此，他跳伞成绩不稳定也是周期性的，这到底是因为什么？我曾经有一个学生和查理的情况类似。她的父母离婚了，她时而和爸爸一起生活，时而和妈妈一起生活，每两周会换一次监护人。当她和其中一方一起生活时，她的表现会比和另外一方一起生活时好很多。积分型评分方式会带来所谓的"客观的暴政"，我们往往会忽视其中的一些人性化因素，这在查理和本的案例中尤为明显。我们需要分析所收集的数据，而非让积分来支配我们。我们要通过数据了解哪里还存在问题，以免忽略一些初期的特殊情况或是异常值。数据收集型评分方式通常又被称为"学习成果导向的评量或标准本位评量"，被广泛认为是一种更为准确、公平的评分方式。

思考型课堂

如果你比较看重学生在思考型课堂中的表现，或是如果你希望对小组进行评价，那你就必须改变评价方式。这时，积分型评分方式就不太适用，你需要用到数据收集型评分方式。但无论如何，你都

如果你比较看重学生在思考型课堂中的表现，或是如果你希望对小组进行评价，那你就必须改变评价方式。

会遇到一些挑战，例如，你怎样来获取数据呢？你要以什么方式来记录这些数据呢？如何把学生日常表现的数据和学生的考试数据相结合呢？如何把小组数据和个人数据相结合呢？

从本质上讲，如果我们要评估学生是否学会了，这就与上一章的内容非常相似。对此我们同样也需要一种评价表，来评估学生具体学会了什么，并区分知识点的难度等级（见表14-1和表14-2）。

表14-1　在找规律这个单元中所使用的数据收集型的评分表

找规律	基础	中级	高级
找出规律的核心			
把排列的字母或图形进行编码			
根据规律，写出后续的字母和图形			
根据规律，在空格处填入合适的字母和图形			
根据上述规律，自己创建一个式子			

有了这些精致又简单的表格，我们就可以往表格里填写数据了。无论这些数据是从观察学生平时的表现、通过和学生对话或是从考试成绩中收集的，在这个表格中，它们都只是数据而已，我们也不用去区分这些数据是个人的还是小组的，也不需要纠结小组的成绩该怎么分配给组内成员，或者是每个人每题

表14-2　在分数这个单元中所使用的评分表

分数	基础	中级	高级
定义			
真分数的加减法			
带分数的加减法			
真分数的乘除法			
带分数的乘除法			
运算有真分数和带分数的式子			
计算复杂的分数题目			
对有关分数的题目，都可以给出大概的解法			

到底要拿多少分。我们只需要和上一章一样，使用以下这6个符号来收集和记录数据就可以了。

√　这个符号代表学生能独立运用某种知识

S　这个符号代表学生能独立运用某种知识，但偶尔会犯小错误

H　这个符号代表学生需要老师或同学的帮助才能独立运用某种知识

G　这个符号代表学生能在小组合作中运用某种知识

×　这个符号代表学生尝试回答问题，但没答对

N　这个符号代表学生根本没有努力尝试回答问题

在上述基础上，我们还可以加2个符号——O和C，这两个符号分别代表学生平时的表现（√。）以及和学生谈话的结果（√c）。这样我们就可以把学生平时在课堂中的表现也记录成数据，但这并不代表我们不能从学生的考试和随堂测验中收集数据，只不过考试成绩和测验成绩不再是仅有的评分标准。

一旦你填完了数据（见表14-3和表14-4），你就可以根据这些表格来报

告或评估学生的成绩，这些表格也可以帮助你清晰地组织评语。例如，表14-3中记录的是学生平时在课堂上的表现的数据，你的评语可以这样写："本杰明能够独自做出基础的找规律题目，在他人的帮助下，本杰明能做出中级难度的找规律题目"，"本杰明已经可以独立完成中级难度的找规律题目"，"本杰明已经多次证明了自己可以完成基础和中级难度的找规律题目，但还需要持续努力才能完成高级难度的题目"。

表14-3　本杰明的成绩表

本杰明

找规律	基础	中级	高级
找出规律的核心	✓✓S✓	XNHG_0	
把排列的字母或图形进行编码	X✓$_0$✓		
根据规律，写出后续的字母和图形	X✓$_0$✓✓	NNHH	
根据规律，在空格处填入合适的字母和图形	✓$_c$✓$_0$✓	XG✓$_0$✓	✓
根据上述规律，自己创建一个式子	✓✓	✓✓✓✓✓	

评定成绩

如果要将这些数据换算为成绩或百分比，我们要去留意学生的每一项学习成果，并对此进行打分。至于如何打分，我们需要遵循以下两个基本原则。

1. 如果学生能掌握所有基础难度的知识点，这就意味着该生本单元的学习基本达标了。

2. 不同难度等级（基础、中级、高级）是向后兼容的。这意味着，如果一个学生能够掌握高级难度的知识点，那么他也能掌握基础和中级难度的知识点。例如，如果一个学生能够做出分母不同的分数加减法的题（高级），那么，他也可以做出同分母的分数加减法的题（基础）。

如果你遵循第一条原则的话，当学生掌握了基础难度的知识点，那你可以打2分；中级难度，你可以打3分；高级难度，你可以打4分。如果学生的整体表现处于基础水平，那满分4分的话，他可以得到2分，如果换算成百分数的话，就是50%。

　　如果你遵循第二条原则的话，那这就意味着，不管学生能不能做对基础难度的题目，他们得到的分数是由他们能力的上限决定的，即他们能不能做出高级难度的题目。例如，如果学生已经掌握了分母不同的分数的加减法，即便你有证据证明他们无法解出较低难度的题目——同分母分数的加减法的题目，那他的得分也还是4分。因为学生已经能做出高难度的题了，这代表他们努力学习了，而你也认真地授课了，你们都应得到嘉奖。

　　就算学生证明了自己能解出最高难度的题目，那这又意味着什么呢？对此，我们做了一些实验。我们对40多名老师和数百名学生进行了调查，结合了学生的成绩和老师对这些学生的主观印象（通过观察学生平时的表现和与学生对话），并特别关注了那些可能掺杂主观印象的数据。我们发现，数据应该更有代表性，既不能太少，也不能太多，得达成一种微妙的平衡。

表14-4　本杰明的部分成绩表

找规律	基础	中级	高级
根据规律，写出后续的字母或图形	√c √o √	✕ G √o √	√
根据上述规律，自己创建一个式子	√ √	√ √ √ √ √	

　　例如，在面对高级难度的题目时，本杰明仅有一次做对（见表14-4），老师在这一项中给他打了60分（百分制），这与本杰明的表现是一致的。而本杰明在面对中级难度的题目时，有五次都成功答对（见表14-4），老师给他打的分是100分，这与本杰明的表现也是相符的。但研究者和老师们都认为学生并不需要做这么多次题目。实验证明，连续两次做对同一道题目，就足以证明学生掌握了这一知识点。换句话说，当连续出现两个正面数据，即出现两个连续的√，老师就能给予相应的评定，但表中若出现√×√，那就代表老师需要收

集更多的数据了。

表14-5 艾丽西娅的得分表

艾丽西娅

分数	基础	中级	高级	总分	得分
定义	✓✓			2	2
真分数的加减法	✓✓	✓✓	✓✓	4	4
带分数的加减法	✓X✓	✓SX✓✓S	✓✓	4	4
真分数的乘除法	XX✓✓	NNX✓X	✓✓✓	4	4
带分数的乘除法	XX✓✓	XS	XXH✓✓	4	4
运算有真分数和带分数的式子	XS	NNX	✓✓	4	4
计算复杂的分数题目		N✓✓	✓XSX	4	3
对有关分数的题目，都可以给出大概的解法	XXN✓	XN✓S	✓✓✓	4	4
	2	3	4	30	29

我们来观察一下艾丽西娅的学习数据（见表14-5），再想一想应该如何给她打分。对于第一个知识点，艾丽西娅得了2分（满分2分）。下一个知识点她拿了4分，因为她能驾驭各级别难度的题。对于接下来的三个知识点，她也都得了4分，虽然她刚开始并不能马上掌握这些知识点，但最后我们可以看出她掌握了高级难度的题目。在第六个知识点中也是如此，虽然在面对基础和中级难度的题目时，她表现一般，但她能解出高级难度的题目，刚开始做高级难度的题目时她表现得不太好，我们可以忽略不计，重点关注她最终能否解出高级难度的题目。她在第七个知识点中的表现比较不稳定，尽管她偶尔也能解出高级难度的题目，但从她的表现中，我们可以看出，她是可以稳稳地驾驭中级难度的题目的。所以她在第七个知识点中能获得3分，如果还没到最后算总成绩的截止日期，你还可以继续补充一些其他的数据。对于最后一个知识点，艾丽西娅刚开始表现得不太好，但后来，她表现优异，得到了4分。综上所述，在本单元的学习中，艾丽西娅应得30分，实得29

> 刚开始做高级难度的题目时她表现得不太好，我们可以忽略不计，重点关注她最终能否解出高级难度的题目。

分。你可以根据学校要求的评价形式，把这些数据转化为百分比、字母等级或评语。

看到这里，你可能会觉得仿佛又回到了积分型评分方式，但其实并不是这样的。我们并不是在积分，而是在对收集到的数据进行分析，最终算出一个结果，当需要报告学生成绩的时候，这个结果才会被转化为分数。在那之前，这些就只是数据而已。如果你所在的学校要求你用电子表格来向家长汇报学生的成绩，那你就可以把表14-5的表格稍微整理一下，以此汇报艾丽西娅的成绩。

如果用积分型评分方式来记录艾丽西娅的学习情况的话，满分67分，她可能只能得35分，最后换算成总成绩只会更低。我们为老师提供了类似于表14-1和表14-2的表格让老师去自主打分，大约80%的老师给出的分数比成绩册上显示出来的要高出10%~15%。不仅如此，若用数据收集型评分方式时，老师们就可以全面地对待异常值，以及学生前期表现不太好的情况了。

若用数据收集型评分方式时，老师们就可以全面地对待异常值，以及学生前期表现不太好的情况了。

表14-6　詹妮弗的得分表

詹妮弗

分数	基础	中级	高级	总分	得分
定义	✓X✓c✓o			2	2
真分数的加减法	✓✓	XXH✓c✓	XXNXeXc	4	3
带分数的加减法	NXH✓X	✓c✓✓	XGHX	4	3
真分数的乘除法	✓✓	XS✓c✓	XNGXo	4	3
带分数的乘除法	XH✓c✓✓	XHHX	NNX	4	2
运算有真分数和带分数的式子	✓S✓c	XHXe	XNN	4	2
计算复杂的分数题目		XH✓c✓o	GXHXe	4	3
对有关分数的题目，都可以给出大概的解法	✓✓	XH✓	N✓c✓✓	4	4
	2	3	4	30	22

让我们再来看看詹妮弗的情况（见表14-6）。如果用数据收集型评分方式

来进行评价的话，那我们可以看出，她的成绩有了很大的提高。但如果用积分型评分方式来评价的话，满分76分，詹妮弗可能只能拿到28分，无论怎么换算，她的成绩最终都是不合格的。但如果用数据收集型评分方式，总分30分，詹妮弗能拿到22分，这是一个挺不错的成绩，最终她的成绩还能被评定为B或C+。

若采用不同的评分方式，詹妮弗会得到两个不同的成绩，这主要是由以下两个原因导致的。

1. 如果用积分型评分方式去评价詹妮弗的表现，那她是不可能取得太好的成绩的。但若采用数据收集型评分方式的话，詹妮弗可以拿到22分（满分30分）。因为如果是用积分型评分方式进行评估的话，只要她不会，那她就会受到惩罚，而如果用数据收集型评分方式来进行评估的话，她早期表现并不太好的情况就会被忽略不计，她只要最终学会了，就能得到相应的分数。

> 如果是用积分型评分方式进行评估的话，只要她不会，那她就会受到惩罚。

2. 詹妮弗的老师愿意去寻找一些证据，来证明詹妮弗确实学习进步了。一旦发现詹妮弗表现不太好，老师就会帮助她（H）、与她对话，并试图观察（O）她的表现与进步。在这一过程中，詹妮弗的老师共收集到15条数据，但她并不需要对每个学生都这样做，因为这会耗费大量的时间。通常，老师都会从学生考试和随堂测验的成绩中去获取大部分的数据，但如果遇到了像詹妮弗这样的学生，老师就需要多花一点时间观察这个学生平时的表现，多积累一些数据。

这些评分方式可以与第十三章里的评价方法相互配合，从而使学生的课堂表现发生巨大的转变，让他们知道自己学会了什么、没学会什么，而老师也能更加清楚地掌握学生的学习动态。当学生了解了自己学了什么内容之后，他们就会开始思考自己有没有掌握这些知识点，而不仅仅只关心最终的成绩。当学生这样做时，老师对学生进行评分就能真正地促进他们去学习。

> 当学生了解了自己学了什么内容之后，他们就会开始思考自己有没有掌握这些知识点，而不仅仅只关心最终的成绩。当学生这样做时，老师对学生进行评分就能真正地促进他们去学习。

问题与解答

问题 你说大约有80%的学生成绩提高了10%~15%。为什么这样的学生只占80%呢？

回答 因为不管老师是否要对那剩下的20%的学生进行打分，都不会有太大的影响，毕竟这些学生可能早已是班上的佼佼者了。这并不代表这些学生的成绩无法提高，只不过不会高出10%~15%。除此之外，在那20%的学生中，还有一部分学生不会因为老师评价与否而改变。

问题 难道数据收集型评分方式不会导致分数偏高吗？

回答 并不会。如果你要基于数据收集型评分方式来进行评分，你可以避免所谓的"客观的暴政"，并能根据学生的表现准确且灵活地进行评分。若是采用积分型评分方式来进行评分的话，则可能会导致分数偏低。

> 若是采用积分型评分方式来进行评分的话，则可能会导致分数偏低。

问题 学校要求老师报告中体现学生解决知识型问题和应用型问题和思考型问题的能力。我如何使用数据收集型评分方式来评价学生的这些能力呢？

回答 和基础、中级和高级一样，解决知识型问题、应用型问题和思考型问题这三者的难度也是往后递增的。例如，如果一个学生能够解答有关两位数乘法的思考型问题，那么他也一定能解答出有关两位数乘法的应用型问题。只要难度等级是往后递增的，那么，你就可以套用本章中的数据收集型评分方式的模板了。

问题 在表14-5和表14-6中，所有知识点的权重都是一样的。但在实际教学中，每个知识点的权重是各不相同的。如果我们要换算总成绩，那该怎么办呢？

回答 如果你认为有些知识点要比其他知识点更重要，你可以设置一个比例系数（见表14-7）。例如，如果你认为掌握知识点的定义并不那么重要，只值1分，那么你就把"定义"这一项的总分设置为1分。同样地，如果你认为第七个和第八个知识点的重要性是其他知识点的两倍，那你就可以把这些知识点的总分设置为8分，再将这些分值相加，满分会变成37分，而非表14-5和表14-6中的30分。

表14-7　有比例系数的评分表

分数	基础	中级	高级	总分	得分
定义				1	
真分数的加减法				4	
带分数的加减法				4	
真分数的乘除法				4	
带分数的乘除法				4	
运算有真分数和带分数的式子				4	
计算复杂的分数题目				8	
对有关分数的题目，都可以给出大概的解法				8	
				37	

问题　在表14-5和表14-6中，通过不同的渠道所收集到的数据都是同等权重的，我觉得这样不对。我认为从考试中所获取的数据权重应高于从学生的日常表现中所获取的数据。我要如何做到这一点呢？

回答　我要提醒你，不要盲目地认为某些数据比其他的数据更重要，你需要对每个学生都进行细致的观察，看到数据之间的差异，然后再决定要不要调整数据的权重。我们可以通过两个方法来区分数据。其一，给不同的数据标上不同的颜色，例如，给从考试成绩中获得的数据标上一种颜色，而给从学生平时的表现中所获得的数据标上另一种颜色，给从和学生对话的过程中获得的数据标上第三种颜色，诸如此类。其二，你可以将表中的单元格多拆分出两行，一行记录从考试成绩中所获取的数据，另一行记录通过其他渠道获取的数据。

问题　这样记录数据会花很多时间吧？

回答　和积分型评分方式相比，数据收集型评分方式的确会花费更多的时间，但这些时间可以在其他地方弥补回来。第一，你不需要给每项任务都进行评分，这样就能节省不少的时间。第二，需要评价的内容变少了。当我们把积分型评分表中的分数填到一个类似于表14-1~表14-7的表格中，并把这些表格给老师们看时，所有的老师都说数据太多了。我们的确收集了太多的数据，有很多数据是多余的。在使用数据收集型评分方式时，你要做的其实是收集更少的数据，缺少什么数据就专门收集什么数据。

问题　这是不是就意味着我不用为试卷上的每一道题目都打分呢？

回答　没错。如果学生能做对高级难度的题目，那么你可以只对这些题目进行评分。其实，学生也应该了解老师会从这些题目中收集数据，并尽可能地去做高级难度的题目。考试也不再是唯一且具有决定性的评估方式，而是一种便于收集数据进行评分的方式。

问题　这是否意味着我们不必在学生的考试卷上写分数呢？

回答　没错。当考试不再是唯一且具有决定性的评估方式时，它便是学生主动证明自己学习成果的机会。从考试成绩中获取的数据会被写进评分表格里，只有当你对这些数据进行分析时，这些数据才会被换算成成绩。

问题　如果学生能独立完成所有难度的题目，他是不是就不需要参加考试了？

回答　是的。对有些学生来说，考试并不是唯一可以衡量他们是否掌握了知识点的手段。你可以允许这些学生不参加考试，根据他们平时的课堂表现或根据与他们的对话来确定你要打多少分。

问题　在我的班上，有一些学生的成绩会稍微差一些，那他们该怎么参加考试呢？

回答　如果你的学生还在努力解答基础难度的题，那么你可以只让这些学生去做试卷上的有基础难度题目的那一页。如果这些学生能完成这一页，你就可以问问他们是不是要做更高一级难度的题目，如此类推。这意味着你需要花时间去设计考卷，区分出不同题目的难度。如果你这样做的话，你的学生就可以知道自己应该专注于完成哪一部分题目。

问题　在打造思考型课堂的过程中，很多老师会安排小组考试，这又是怎么操作的呢？

回答　小组考试的形式有很多种，有的老师会专门设计适合小组一起完成的测试题，有的老师则让组内成员一起合作完成考试中的某些题目，甚至是所有题目。小组成员可以用白板做题，也可以坐在座位上一起讨论并完成考试题，或者学生可以先进行小组讨论，然后再提交各自的考卷。小组考试能减轻学生的焦虑感，还会让学生更加重视课堂上的合作。若要采用数据收集型评分方式来对小组进行评估，我们可以将数据记录为"小组合作（G）"，最后在成绩单中说明就可以了。

问题　我是否可以把小组合作的数据当作学生的个人成绩呢？

回答　你可以自己决定。大多数老师都认为学生在小组中的表现和学生的个人表现是一样的，两者都可以看作是学生个人的成功，这并不矛盾。如果一个学生在小组中表现良好，但在个人表现上又不太好，那这说明你还需要收集更多数据，才能了解这个学生是否真的学会了。

问题　我非常认同这一章的内容，我也准备改变我的评分方式，我们学校虽然也鼓励我们采用数据收集型评分方式来评估学生是否学会了，但他们要求我们使用积分型评分方式。我该如何处理这个问题呢？

回答　我和很多老师合作过，他们也遇到过这种情况。这个矛盾之所以会存在，是因为学校还没有意识到这两种评分方式有很大的差别。为了解决这个问题，我的建议是审视所给评分表的不足之处。如果学校只是为了要给学生汇报总成绩，那两种评分方式都能达到其要求。如果学校是为了定期记录学生平时的表现，那你可以把学生对每项知识点的掌握情况都记到表格中，以此检视学生是否达到了基础、中级或高级水平（如果你愿意，还可以用分数来记录），但这不影响你自己对学生的最后评分。

问题　我们的学校规定我们按照COP框架对学生进行评分：和学生对话

（C）、观察学生平时的表现（O）、学生的考试成绩（P）。虽然这一章的内容正好是从这一方面去讲的，但似乎学生的学习成果（考试成绩）才是主要的评分依据。

回答 在探索评分方式的过程中，COP框架是一个巨大的进步。但是，你们学校似乎误解了COP框架。我们要认识到，COP框架的确是基于学习成果而进行评分的，很多学校可能并未传达清楚COP框架的具体要求，只能靠老师自己去摸索，盲目地收集有关考试成绩、学生的平时表现、日常对话的数据填入评分表，求出平均数。但这和COP框架所要求的并不一致，COP框架主要要求求出三角数据（见图14-2）。

图14-2　COP框架中的三角数据

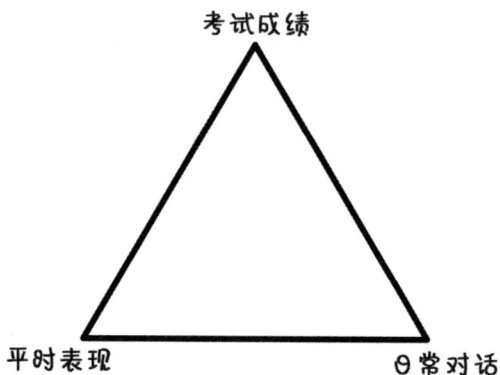

求三角数据意味着我们要尽可能地多收集收据，让这些数据能真正体现学生的学习状态。如果一个学生的考试成绩数据与这个学生平时表现的数据相吻合，那么就说明了这两组数据存在对应关系，能真实地体现这个学生的学习状态。你只要在其中两种数据中找到了对应关系，就算是完成了评分。除此之外，第三种数据要么是多余的、不必要的，要么就是可以忽略的异常值。在三角数据中，只有前两角的数据不存在对应关系时，你才需要引入第三角的数据。

因此，如果你观察到学生的考试成绩和日常对话的数据是相吻合的，那么这两组数据就可用作学生的成绩评定。因而，并不是只有考试成绩才是主要的评分依据，考试成绩也需要满足COP框架的三角对应关系。

问题　这是否意味着我可以只收集其中的两种数据：日常对话的数据和平时表现的数据呢？

回答　是的，不管你是用本章介绍的方法，还是用前文提到的COP框架，你都可以只收集其中的两种数据。如果你班上有个学生的考试成绩数据并不好，你完全可以不参考他的考试成绩数据，转而收集另外两种数据，找到对应关系。

问题　我们学校要求我们使用COP框架来评分，却不支持我们将小组合作的数据纳入学生的最终成绩。而在思考型课堂上，学生所有平时表现的数据都来自小组合作，我该如何处理这个问题呢？

回答　首先，我的确很难想象到学生平时表现的数据不是来自小组合作的。如果不考虑小组合作的话，我们就只能观察学生独自完成了哪些事情，但学生的大多数理解和思考活动都是在头脑中进行的，我们是无法用肉眼看见的。另外，学校其实并不会限制你去收集小组数据，只会要求你给出学生最后的总成绩。为此，你只需要找到两种数据的对应关系，就能解决这个问题。例如，如果你发现某个学生平时表现的数据和考试成绩的数据是吻合的，那么，你就可以只参考这个学生的考试成绩。如果他的平时表现的数据和日常对话的数据相吻合，那么，你就可以只参考日常对话的数据。

问题　我的学生每学期末都要参加当地教育局组织的针对个人的标准化考试，如果我将教评重心放在小组学习、小组测试上的话，这会不会导致学生在个人考试中表现不佳呢？

回答　也不一定，因为在上你的课之前，学生其实已经上过其他老师的数学课了，一定也参加过包括其他学科考试在内的各种各样的考试，他们早就熟悉了这种针对个人的考试形式。虽然我在本章中似乎一直建议你不要只考虑学生的个人考试成绩，而要多方面收集数据来对学生进行评分，但其实我只是希望给你提供一种评分工具，以便你更合理地进行评分，而不是只看到迫在眉睫的标准化考试。

问题 你说过，学生自己也要提供一些学习成果来证明自己的学习水平。我该如何让学生提供这些成果呢？

回答 有两种方法。第一，你可以要求学生亲自证明自己的学习水平；第二，你可以让学生通过收集证据来证明自己的学习水平。第一种方法非常容易，在算总成绩前，你可以给每个学生安排一次定制化的测试。第二种方法则更加简单，你可以给学生一些档案袋来收集学生的学习成果，让学生在档案袋中放入一些证明材料，证明他们已经理解了所学的知识，并能够运用这些知识。

问题 我班上学生的学习动力就是考取好成绩。但这种评分方式会把学生的动力转到学习而非成绩上。这是同一回事吗？

回答 不是的。如果你采用我建议的这种数据收集型评分方式，你会发现学生的学习行为发生了很大的转变。达连·艾伦（2017）表示，以取得好成绩为动力的学生只在能得分的时候才会采取行动，他们的行为是不连续的。而那些以好好学习为动力的学生，他们在任何情况下都会有很强的学习动力，他们的行为是连续的。也就是说，以好好学习为动力的学生会利用一切机会去学习，而思考型课堂正是要给学生提供这种学习的机会。如果一个学生只关心成绩，他就会放弃这些学习机会。

问题 在本章中，你说要获取更多的数据。我也知道获取更多的数据才能真实地反映学生的学习情况。但我们学校禁止重考，那我该如何获得更多的数据呢？

回答 在数据收集型评分方式中，没有"重考"这个概念，而且你额外获取的数据并不会取代原有的数据，只是作为之前数据的补充，所以你可以不称之为重考，而称之为补充测试。其实，你可以从学生的平时表现、日常对话或问题的解答中来收集额外的数据。基于这些额外的数据，换算出最后的总成绩。

问题 我认为基于学生的学习成果来评分是不公平的。如果每个学生的成绩来源都不同，都是基于完全不同的标准来评分的，我们怎么能说这种评分方式对每个学生而言都是公平的呢？

回答 的确不公平，这就是问题的关键。我们希望根据收集到的数据来判断学生的能力，对学生进行评分。但每个学生都是不同的，他们会在不同时间用不同的方式来展现自己的能力。我们早就已经接受了差异化教学的理念，因为我们认识到每个学生都是独一无二的，那么我们也应该接受差异化评估的理念。

> 我们早就已经接受了差异化教学的理念，因为我们认识到每个学生都是独一无二的，那么我们也应该接受差异化评估的理念。

你觉得这种评分方式不公平，主要是因为以前评估学生是为了给学生排名，有些学校现在仍然是这么做的，那这就要求我们必须保证公平对待每个学生，以便准确地排名。但到目前为止，在世界大多数地方，评估学生的方式已经发生了很大的改变，从将学生与学生进行比较，转变成参照一定的标准（或结果）来评估学生。即使评估方式发生了改变，我们还是下意识地认为，对每个学生都应该一视同仁。

问题 罗马尼亚诺（2001）认为，学生的成绩中存在误差是因为评分员不同所导致的，这可以用来解释一些大型标准化考试中出现的测量误差。但在我的班上，我是唯一的评分员，那还会存在这种误差吗？

回答 会有的。这种误差也有可能是我们自己造成的。例如，刚开始给试卷打分时，我们给出的分数总是和后来所给的分数不一样。随着时间的推移，一些老师给出的分数会越来越高，而另一些老师给出的分数会越来越低。再比如，如果老师在中途休息一下，休息前打的分和休息后打的分也是不同的。如果休息时间够长，比如睡一个觉、吃一顿饭，以及参加一些积极的社会活动，这些都会影响到评分员的打分标准。不仅如此，我们还需要考虑到学生生活的复杂性，这也会产生一些差异。例如，有些学生上午表现得要比下午好，或者周一表现得比周五好，诸如此类。

综合来看，每个学生的考卷都可能存在测量误差。保守地来看，这个误差只有1%。这意味着学生的考试分数准确反映了学生对知识的掌握程度，误差在±1%以内。这是一个相当小的误差范围。但这只是一次测试的误差，如果在一年中，一个学生参加了10次测试，那就意味着，年底的时候他的成绩误差会在±10%以内。再根据你的成绩换算公式，这个误差可能最后会导致学生的成绩倒退（或进步）好几个等级，别忘了，这还是一个最保守的误差。

总 结

宏观手段

- [ ] 采用数据收集型评分方式（而非积分型评分方式）

微观手段

- [ ] 创建评分工具（列出划分好的知识点和难度等级）
- [ ] 评估学生的学习成果
- [ ] 基于学生的平时表现和老师与学生的日常对话来收集相关数据
- [ ] 根据收集到的数据来评分
- [ ] 可以忽略一些异常值和学习初期表现不太好的情况

- [ ] 出试卷时，把所有基础难度的题目放到试卷的第一页
- [ ] 让学生自己选择要做试卷上哪一部分的内容
- [ ] 安排小组测试
- [ ] 设置档案袋，让学生收集证据，以证明自己的学习成果
- [ ] 允许一些学生不参加考试

1. 在本章中，有哪些是你非常认可的内容？

2. 在"问题与解答"的部分，我提到了学生分数偏高或偏低的情况。你觉得哪一种问题更严重呢？

3. 用数据收集型评分方式真的会让分数偏高吗？

4. 在这一章中，我举了一个例子来说明某些学校的说法和做法自相矛盾，这是一种普遍现象。你所在的学校存在这样的情况吗？

5. 如果学生只做试卷上的一部分题目，那会不会收获不大呢？他们会在哪些方面有所收获呢？

6. 如果学生不参加考试，那他们会有所收获吗？

7. 你如何将小组测试成绩纳入评分体系呢？

8. 当你在实践本章介绍的方法时，你觉得会遇到怎样的困难呢？有什么办法能克服这些困难呢？

　　在下一个单元的教学过程中，用你所设计的评分表来收集数据，同时，使用6个符号（√、S、H、G、×、N）和2个辅助符号（O和C）来记录数据，并根据所收集的数据给学生打分。

第十五章

综合运用14种方法

我最初认为，让学生思考的关键在于出一些让他们思考的题目。如果我能给学生布置恰当的题目，那思考就会是顺理成章的事情。尽管多年前我在简的课堂上已经有过一些实践经验了，但我依旧认为，要想让学生思考，老师就要给他们出一些可以思考的题目。这种想法也不全对，我们的确需要给学生一些能吸引和推动他们思考的题目，但这还远远不够。如果我们没有在教学中做出其他的改变，仅仅只给学生一些思考题的话，这只会让学生觉得沮丧，而且会加重老师的心理负担。我们必须要营造一种思考的氛围，在这种氛围中，思考不仅仅会得到重视，思考还是必须要做的事。所以，我们要建立思考型课堂。

如果你在阅读本书的同时，也在实践本书中介绍的方法，那么其实你已经开始建立思考型课堂了。但如果你想把本书全部读完后再开始实践，那么这时你要从何处着手呢？你总不能一口气把所有的方法都运用到课堂上吧？即便你的教学能力再高超，你也不可能同时实践这14种方法。即使你能做到，你的学生也没法一下子适应，你无法一口吃成个胖子，你需要找到一个切入点。这就是本章要讲的内容——从何处着手，以何种顺序打造思考型课堂。

问　题

打造思考型课堂要从何处着手呢？这成了我要研究的下一个问题，我要弄清楚怎么实践这14种方法才是最有效的。我将几百名老师按每组20～40人进行分组，为他们提供了很多思路，供他们在自己的课堂上实践这14种方法，并针对实践结果收集一些数据；随后，我会根据这些数据反馈，再次调整我的研究思路。

研究表明，这14种方法不可以随意打乱顺序。从一开始，我就很注重每种方法之间的关联性，有些方法必须先于其他方法来操作。例如，学生只有先运用白板来学习（第三章），知识的流动（第八章）才有可能发生，而且只有先进行分组讨论，才会有知识的流动。因为这些方法之间本身就存在着关联性，所以我们应该合理地来安排这14种方法。

思考型课堂

进行这项实验主要是为了研究出一套我称之为"构建思考型课堂的框架"（见图15-1）——在实践这14种方法时，我们需要遵循既定的顺序。

图15-1　构建思考型课堂的框架

我将这14种方法分成了4组，称之为4个工具包。以合理的顺序来使用这些工具包非常重要。工具包1中包含这几种方法：布置思考题（第一章）、频繁地进行透明化的随机分组（第二章）、运用白板（第三章）。你应该先将工具包1顺利地运用在你的课堂中，然后再开始使用工具包2。另外，每个工具包中的方法也需要按顺序来使用。为此，你需要注意如下原则。

1. 工具包1中的3种方法需要同时使用，不能分开单独使用。

2. 工具包2中的方法可以打乱顺序，不分谁先谁后。只要保证以这样的顺序来使用：工具包2在工具包1之后，且在工具包3之前来使用，至于按照什么顺序来使用第2个工具包里的5种方法其实并不重要。你可以一个接一个地使用，也可以同时使用。如果你要同时使用这5种方法，你要注意的是能不能做得到，以及学生能不能接受。在使用工具包2的过程中最关键的是，你要提前想好先使用哪种方法，再使用哪种方法。本书主要是按照图15-1所示的顺序来写的。

3. 工具包3最好就按照框架中的顺序来实施，一次只实施一种方法。在工具包2里的方法还没有顺利实施之前，最好不要开始实施工具包3中的方法。

4. 在工具包4中，"评价你重视的能力"（第十二章）这个方法的实施顺序并不重要。你要先帮助学生了解自己学会了什么、没学会什么（第十三章），再对他们进行数据收集型评分（第十四章）。你要保证之前3个工具包你都已经顺利运用在你的课堂里，你再开始使用工具包4。

由于各个方法所具备的特殊性，你并不需要完全遵循图15-1中的顺序。从某种层面上来说，顺序是非常重要的，但在另外的层面上来说，顺序又不是那么重要。

在研究使用顺序的过程中，我认为某些部分是有意义的，如培养学生自主性应在促进知识流动之前；而有些部分则比较复杂，需要进一步的调查。在下文中，你将按照所给的顺序来了解与每个工具包相关的内容，各个工具包里都有哪些方法，以及要以什么顺序来实践这些方法。

🖊 工具包1

为了解工具包1中的方法，我们可以先把课堂看作一个系统。系统是按照一定的程序、有目的地运行着的，随着时间的推移，这些程序渐渐沉淀

· 布置思考题
· 频繁地进行透明化的随机分组
· 运用白板

下来，就成为了你课堂里的规范。这些规范一旦建立起来，就很难再改变。现在你已经知道这一点了，所以你最好在新学期刚开始的时候就做出改变，因为那个时候，新的规范还没建立起来，一切都还是可变的。

改变课堂规范就意味着改变学生的行为习惯。从系统理论的角度来看，当我们想要改变一个相对稳定的系统时，系统自身的防御机制会自动开启。施蒂格勒和希伯特（1999）说："在一个系统中，所有的要素都是互相关联、互相支持的。如果一个要素被改变了，系统会受到损害，同时这个系统的防御机制也会立刻开启，该系统马上就会自动复原。"当我们把课堂看作一个系统，那这个系统的防御机制就是学生的拒绝、抱怨和冷漠。

当一个课堂系统过于顽固，甚至都没有学生会注意到你所做的改变。例如，你试图让学生在课堂上写日记，结果你很快会发现这种方法并不受学生欢迎。学生即便不抱怨，写日记也没有起到应有的作用，但这并不代表写日记不好。毫无疑问，日记是一种可以促进学习反思的工具，也是学生和老师之间的一种有效的沟通方式，只不过它不是刚开始实施就会起作用。因为，在一个稳定运行的课堂系统中，你的学生可能不认为自己的行为需要改变，对学生来说，写日记只是另一项作业而已，因而这项改变并没有颠覆传统的课堂模式，也没办法提示学生做出改变。

然而，工具包1中的3种方法与写日记不一样。布置思考题、频繁地进行透明化的随机分组、运用白板，这三种方法已经在很大程度上偏离传统的课堂规范了，学生也会注意到课堂里发生了改变。同时，这三种方法可以算是颠覆了传统课堂的规范，压倒了整个系统的防御机制。因此，学生会让自己慢慢改变，变得与众不同，转变以前的行为模式，真正开始思考。于是，这个系统就彻底改变了。

我们提到过，我们在前文移除了教室里所有的课桌椅，学生开始积极思考了。事实证明，移除教室里的摆设对学生的冲击很大，足以让学生的行为发生改变。工具包1中的3种方法是：布置思考题、频繁地进行透明化的随机分组，以及运用白板。如

> 工具包1中的3种方法是：布置思考题、频繁地进行透明化的随机分组，以及运用白板。如果同时使用这3种方法，就会对学生产生足够强的冲击力。

果同时使用这3种方法，就会对学生产生足够强的冲击力。即便你在学年中期开始使用这些方法，这也能对整个课堂系统和学生都产生强大的冲击，促使学生改变自己的行为。

尽管使用工具包1中的方法需要老师进行大幅度的改变，但决定权还是在你。你可以实践这些方法，也可以不实践，一切取决于你。这三种方法都是为了在教室里创建一套新的规范，改变原有的传统，促使你的学生发生改变。

✎ 工具包2

工具包1中的方法主要是为了改变学生行为的，而工具包2中的方法则主要是为了改变教学方式的。这个工具包要求老师对自己的教学方式做出根本性的改变。作为老师，你必须要思考何时、何地、如何布置思考题，这可能和你过去给学生布置题目的方式很不一样。同时，你还需要有意识地让自己不去回答学生问的某一类问题，改变自己回答问题的方式。

> 工具包1中的方法主要是为了改变学生行为的，而工具包2中的方法则主要是为了改变教学方式的。

你需要开始培养学生的自主性，让学生能自己管理自己，并在遇到困难时能学会利用小组的力量来解决问题。为了促成这一点点改变，你还需要让教室里的知识流动起来，减少对学生的帮助——对很多人来说，这可违背了作为老师的根本原则。

在工具包2中，有一个方法是布置自测题，这有助于学生将所学内容转化为个人的思考和认知。虽然我们习惯把这些题目称为家庭作业，但不要忘了你自己可以对其重新定义。你还要放弃对这些题目的控制权，学生做或不做这些题目都是他们自己的选择，与你无关。

除此之外，你还需要重新布置教室，把课桌椅随意摆放。虽然这个方法看似无足轻重，但也要求你在教学过程中以不同的方式

- 课桌椅随意摆放
- 只回答持续思考的问题
- 站着口述题目
- 布置自测题
- 让知识流动起来

来利用教室。你要尽可能地清除教室里不必要的杂物，包括多余的课桌椅。你可能还要将讲台从教室的正前方移开，并重新考虑你要如何在教室里走动，以及你站在哪个方位来讲课。

在研究过程中，我发现，工具包2中的任何一个方法虽然都有助于引发学生思考，但是无法改变学生的行为。在你刚开始实践工具包2中的方法时，并不会产生足够大的影响，你无法动摇整个课堂系统，也无法改变学生的行为。但这些方法可以起到微调思考型课堂的作用，且有助于为工具包3的实践奠定基础。

这些方法可以起到微调思考型课堂的作用，且有助于为工具包3的实践奠定基础。

✎ 工具包3

一旦成功在课堂上运用了工具包2，你就可以让学生沉浸在心流状态中，你也将开始真正体会到思考型课堂的好处。学生一旦进入心流状态，他们就会愿意思考，你之前为了打造思考型课堂所耗费的时间都可以在这里得到弥补，因为你的学生可以高效地学习和吸收知识。但工具包3对你的要求比较高，比起其他的工具包都要高不少。你不仅需要循序渐进地讲解题目，让学生保持在心流状态中，还要时不时地给学生一些提示，适当地进行知识延伸，管理好学生的心流状态。为此，你可以口述题目，培养学生的自主性。

一旦成功在课堂上运用了工具包2，你就可以让学生沉浸在心流状态中，你也将开始真正体会到思考型课堂的好处。

此外，你还需要思考如何巩固一节课的内容。正如第十章所述，在你让学生进入心流状态后，你就应该开始准备进行巩固了，想一想你要依据哪个小组的解题思路来给学生进行巩固讲解。例如，如果你希望给学生展示一个图表，但没有一个小组制作图表，这时你就要引导一个或多个小组来制作图表

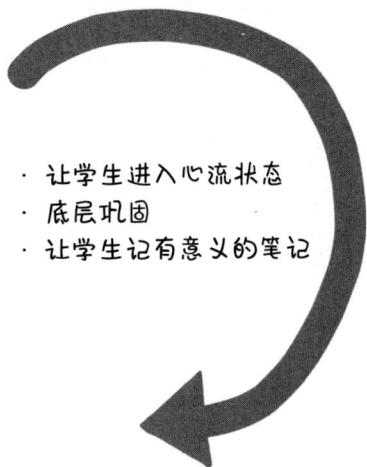

· 让学生进入心流状态
· 底层巩固
· 让学生记有意义的笔记

供你使用，但你要保证始终让学生处于心流状态。因此，当你开始准备进行巩固之前，你必须先对学生进行提示和知识拓展，让学生保持心流状态，再开始准备要巩固的内容。

工具包3中的最后一个方法是让学生记有意义的笔记，而记笔记有两个目的。第一个目的是将已经学过的内容记录下来，而另一个更重要的目的是帮助学生将组内的思考成果转化为个人认知。在这方面，有意义的笔记标志着集体成果向个人成果的过渡。所以，你还是要重视记笔记这个环节的。数据显示，相比在打造思考型课堂的早期就让学生去记有意义的笔记，进行底层巩固后再记的话效果会更好。

✎ 工具包4

工具包4中的方法都是有关如何评估学生的。我们选择把这些方法放在最后来实践，并不是说评估的重要性低于其他方面。恰恰相反，评估会让学生行为发生最大的转变。这些方法之所以被纳入工具包4中，是因为评估是对教学的反映，而在实践工具包4之前，你的教学方式一直在不断地变化。一旦你成功实践了前三个工具包，接下来你就可以开始评估了。

> 这些方法之所以被纳入工具包4中，是因为评估是对教学的反映，而在实施工具包4之前，你的教学方式一直在不断地变化。

评估的方法之一是：评价你重视的能力。你可以和学生共同创建一个三栏式评分标准，从而向学生展示你对学生能力的关注，如耐心、挑战自我的能力和合作的能力，这有助于促进学生在这些方面进行改变。

不仅如此，对学生进行评估还可以促进学生对知识的理解和掌握。通过第十三章中的评价表，学生就能了解每个单元包含的知识点，明白不同知识点之间的区别，明确自己努力的方向，从而在自己的学习道路上有更强的责任感。

- 评价你重视的能力
- 帮助学生了解自己学会了什么、没学会什么
- 使用数据收集型评分方式

一旦学生能运用这些评价表进行自评，你就可以基于这些评价表来收集数据，从而对学生进行评分。如果你要采用数据收集型评价方式，你既能从学生的考试成绩中收集数据，也能从学生的平时表现、老师与学生的对话中去收集数据。你还可以使用COP框架，利用三角数据来进行评估，通过这种评分方式，你将能够更准确地掌握每个学生的学习情况，并给出更准确的分数，同时，你还可以引导学生重点关注学习本身，而非只在意自己的分数。

你还可以使用COP框架，利用三角数据来进行评估，通过这种评分方式，你将能够更准确地掌握每个学生的学习情况，并给出更准确的分数，同时，你还可以引导学生重点关注学习本身，而非只在意自己的分数。

将集体认知转化为个人认知

在早期的研究中，我们主要是在探索每个小组要在白板上完成什么样的思考题，老师要如何布置题目、回答学生的问题、让学生保持心流状态。截至目前，这些研究还远远没有完成，我们发现，让学生保持心流状态有助于老师在很短时间内讲完大量的知识点。但问题是，学生的考试成绩并没有提高。

我们意识到，应该是某个流程出现了问题。于是，我们又去观察学生的日常表现，当他们以小组合作的方式解题时，组内的每个人都可以理解所学的内容，我们也的确观察到组内成员已经弄懂了所学内容。例如，当高一年级的学生在心流状态下对二次三项式进行因式分解时，刚开始组内成员都能成功地将$8x^2 - 8x - 6$进行因式分解，大家都弄懂了这个知识点。但在四天后的测验中，大约有70%的学生不能成功分解出类似的二次三项式。不知何故，学生对该知识点的理解力变差了，他们无法将其内化为自己的认知。

刚开始每个小组都学会了，但这只是暂时的，是在组内成员一起协作的情况下才发生的。当时学生理解了这个知识点，不代表他们能独自解答相应的题目，只不过在小组合作的情况下，学生才有所领悟而已。我们需要弄清楚的是，如何将这种集体认知转化为个人认知。随着时间的推移，我们慢慢实践了更多种教学方法，于是这个问题就自然而然地解决了。

我们发现了4种方法，可以把集体认知转化为个人认知。

★底层巩固（第十章）；

★让学生记有意义的笔记（第十一章）；

★布置自测题（第七章）；

★帮助学生了解自己学会了什么、没学会什么（第十三章）。

无论是单独还是同时使用这4种方法，都有助于学生将集体认知转化为个人认知（见图15-2）。

图15-2　将集体认知转化为个人认知

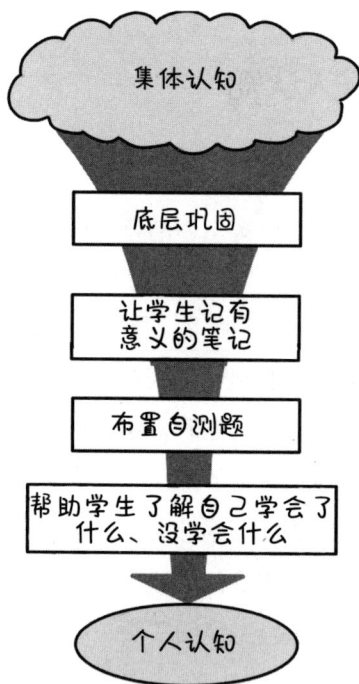

底层巩固有助于整合集体认知，但这还停留在集体认知的阶段。记有意义的笔记则为学生提供了一次个人学习的机会，以巩固集体学习成果，并将其内化为个人认知。布置自测题则提供了一个及时反馈的机会，学生通过自测题可以了解自己有没有学会。而帮助学生了解自己学会了什么、没学会什么则给学生提供了持续的形成性反馈，帮助学生更好地把握自己的学习进度。

尽管这4种方法都有助于将集体认知转化为个人认知，但只有一起使用这4种方法，才是最有效的。而且，以何种顺序来实施这4种方法也是非常重要的。其中，前3种方法的使用顺序依次为：底层巩固、让学生记有意义的笔记、布置自测题（见图15-3）。

尽管这4种方法都有助于学生将集体认知转化为个人认知，但只有一起使用这4种方法，才是最有效的。

图15-3　典型的上课流程

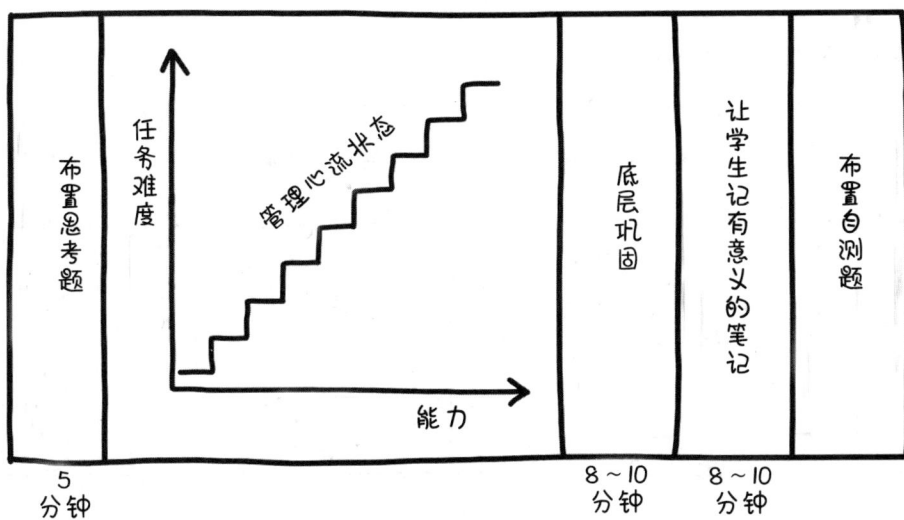

布置思考题　5分钟

任务难度　管理心流状态　能力

底层巩固　8~10分钟

让学生记有意义的笔记　8~10分钟

布置自测题

★　你可以让学生围着你站，再口述题目，将学生随机分组，让每个小组用白板解题。

★　你可以对学生进行提示和知识拓展，以便让学生保持心流状态。接着，你要开始准备后续的巩固内容。

★　你可以在学生处于心流状态的情况下，给学生进行底层巩固。

★　你可以让学生去记有意义的笔记。

★　你可以给学生布置自测题。

如果一堂课有65分钟，课堂节奏就会非常好。但如果一堂课不超过65分钟的话，你可能很难操作完上述所有步骤。如果出现这种情况，你可以把一堂课拆分成两次课（见图15-4）。第一次课专门用来管理学生的心流状态，巩固知识点可以留到第二次课上，你可以带领学生简单回顾一下上一堂课所学的内容，然后再让学生进入心流状态，学习剩下的知识。但这次学习的时间会比较短一些，时间主要留给学生去完成你所规定的不同难度的题目，你可以将两次课之间的难度跨度设置得稍微大一些。接着，你可以给学生进行巩固讲解，如果在第一次课上你已经巩固完了，那么，这堂课你就可以让学生去记有意义的笔记、完成自测题。你可以灵活安排，根据具体的情况来定。但唯一不能变的是，让学生进入心流状态必须先于巩固知识点，而巩固知识点又必须先于记有意义的笔记。例如，在第一次课上，你可以专门巩固知识点，让学生记有意义的笔记，而在第二次课上，你可以让学生专门做自测题。事实上，我合作过的许多老师都会在第一次课让学生做自测题，以便了解他们学会了没有。

图15-4 将一节课分为两次课的上课流程

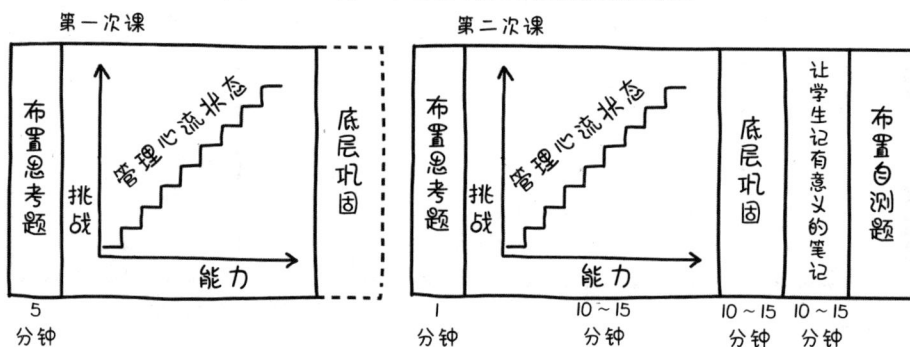

这4个方法不仅有助于将集体认知转化为个人认知，还有助于学生承担起学习的责任。当集体认知过渡到个人认知，学生自己要开始对自己的学习负责。除了底层巩固外，其他3个方法（布置自测题，让学生记有意义的笔记和帮助学生了解自己学会了什么、没学会什么）都需要学生自己承担起学习的重任，这就是为什么我将其称之为增强学生责任感的方法。

做自测题对责任感的要求是最低的。学生其实早就熟悉了自测题这种作业形式，也就是所谓的家庭作业——把家庭作业称为自测题，只是改变了写作业的受益人和根本目的，即为谁而做（从为老师而做到为学生自己而做）以及为何而做（从为了巩固知识点到为了检查自己有没有学会）。从本质上来说，家庭作业和自测题唯一的不同就是，学生所承担的责任不同。

工具包3中的"让学生记有意义的笔记"需要学生承担起更多的责任。在传统的教学模式中，学生都非常清楚老师需要他们记什么样的笔记，记笔记更像是把板书抄在自己的笔记本上。这几乎不需要经过任何思考，也不需要学生对写下的笔记负责。这是一种被动的抄写，记有意义的笔记和这有很大的区别。在记有意义的笔记时，学生要想一想应该按照什么顺序、用什么语言来组织笔记。学生是笔记的主人，笔记由学生自己负责记，也为学生自己所用。

工具包4中的最后一个方法——帮助学生了解自己学会了什么、没学会什么——也需要学生有一定的责任心，能对自己的学习负责。尽管这个评价表是老师创建的，但最终还是要学生跟踪和检测自己的学习情况，并在发现自己停滞不前时及时采取行动。

这些方法让学生自己担负起学习的责任，减少了老师的干预。也就是说，如果老师采用评分或惩罚的措施来迫使学生承担学习的责任，那情况就会发生变化，原本学生会自己对学习负责，渐渐地就会变成学生被迫承担起责任，那么学生又会变回以前的样子，为了错误的目的（分数）和错误的人（老师）而去学习。因此，我才会安排这样的顺序，这有助于打造思考型课堂。增强学生责任感的方法在工具包2、工具包3、工具包4中各有1个，而在工具包1中没有，原因在于工具包1中的方法主要是为了创设一种学生相互合作的情境，而不是为了促进个人认知。

再建思考型课堂

当你真正实施这4个工具包中的方法时，学生就会有更多的自主权，同时，你还会看到更多好处：有更多的学生参与到学习中，学生学习的积极性增强了，更多的学生开始享受学习、为学习负责、有了更好的表现。你的教学过程变得更顺利了，一节课里你能讲授更多知识点，作为一名老师，你也对课堂的教学效果更满意了。这些方法能改变你的学生，改变你的课堂，也能改变你。

但一年后，我又该按照怎样的顺序来实施这些方法呢？这成了我下一个要研究的问题。新的一年里，你的班里有新同学，他们可能不熟悉思考型课堂，但你是熟悉的，接下来就看学生能不能适应思考型课堂了。如果你已经会用这些方法了，你是否会变换顺序来实践这些方法？事实证明，老师们的确会如此。数据显示，对那些在第二到第四年仍在使用这些方法的教师来说，他们确实会变换顺序，最终4个工具包会渐渐演变成2个工具包。我把这个新顺序称为"再建思考型课堂的框架"（见图15-5）。

图15-5　再建思考型课堂的框架

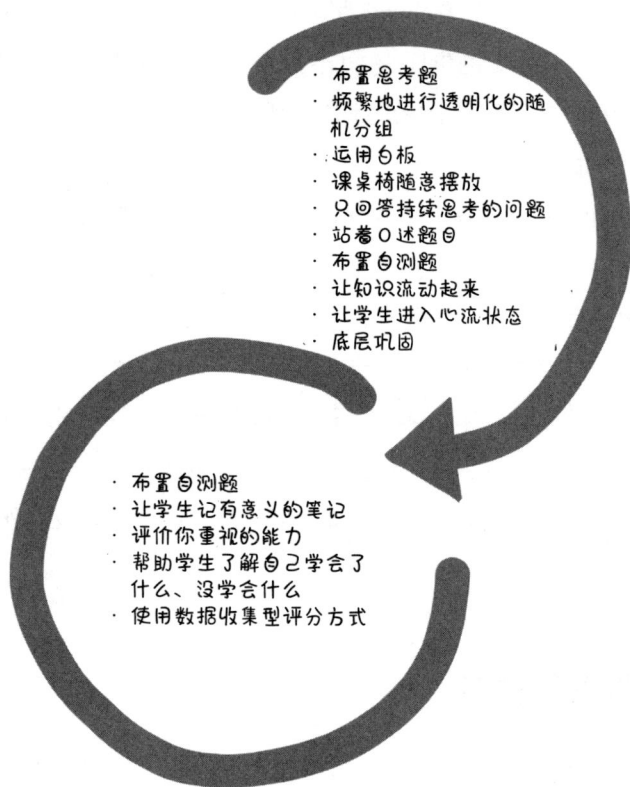

- 布置思考题
- 频繁地进行透明化的随机分组
- 运用白板
- 课桌椅随意摆放
- 只回答持续思考的问题
- 站着口述题目
- 布置自测题
- 让知识流动起来
- 让学生进入心流状态
- 底层巩固

- 布置自测题
- 让学生记有意义的笔记
- 评价你重视的能力
- 帮助学生了解自己学会了什么、没学会什么
- 使用数据收集型评分方式

新工具包1

这个新工具包1与之前的工具包1有几处区别。最主要的区别在于：新工具包1中所包含的方法变多了。首次构建思考型课堂是否成功，很大程度上取决于学生和老师的适应能力，而再建思考型课堂则只需依靠学生的适应能力，因为老师自己已经适应思考型课堂了，开学第一天老师就做了充足的准备，例如，他们之前已经积累了一系列趣味题可以供学生思考，也知道何时、何地、

如何布置这些题目，如何避免回答停止思考的问题和接近性问题，将课桌椅提前随意摆放，在教室里放白板，给学生随机分组，也准备尽量减少提供不必要的帮助，以此促进教室内知识的流动。另外，老师也知道如何安排题目的难度来引导学生进入心流状态，以及如何在学生进入心流状态的前提下带学生巩固知识点。

· 布置思考题
· 频繁地进行透明化的随机分组
· 运用白板
· 课桌椅随意摆放
· 只回答持续思考的问题
· 站着口述题目
· 布置自测题
· 让知识流动起来
· 让学生进入心流状态
· 底层巩固

新工具包1里所包含的方法也是需要同时使用的。当然，老师不可能在开学第一天就全部顺利使用这些方法，因为那样学生会觉得这节课和平时的课相差太大，会有些不适应，这也有可能会让老师在实践过程中感到力不从心，毕竟学生肯定还是需要一段适应期的。但这也只是开学第一天的情况而已，阻力并不会太大，学生适应得也会比较快。与初次打造思考型课堂不同，这一次你需要设立新的课堂规范，而非试图重塑以往的课堂规范，这会更加容易。无论如何，学生在课堂里的行为习惯是需要时间来培养的，之前你所做的努力可能看似徒劳，但这一切都值得你坚持。

> 这一次你需要设立新的课堂规范，而非试图重塑以往的课堂规范。

✎ 新工具包2

在坚持使用三周新工具包1中的方法后，你就可以开始实施新工具包2中的方法了。新工具包2中的方法侧重于评估以及如何增强学生的责任感。与实践新工具包1中的方法不同的是，你需要先让学生有一定的心理准备，然后再去实践新工具包2中的方法。虽然你可以自由掌握实施的顺序，但如果你能带学生了解评估工具，再向学生介绍数据收集型评分方式，然后帮助学生了解自己学会了什么、没学会什么，效果将是最好的。这并不意味着你不能一开始就使用数据收集型评分方式，只是学生需要先了解这种评分方式，他们才会真正理解这种评分方式的益处。

同样，如果要培养学生的责任感，那建议按照所给顺序展开实践，因为每种方法对学生的责任感的要求是不同的。

✎ 独木不成林

无论你是边阅读边实践，还是准备按照构建思考型课堂的框架（见图15-1）中所给的顺序来实践，你都要明白我们的最终目标：独木需成林，即让学生思考（成林）。思考是学习的前提，如果学生不思考，他们就不会学习。我进行了15年的研究，和数百名老师、数以千计的学生一起合作，就是为了达成这一目标：让学生思考。我们给出了14种构建思考型

- 布置思考题
- 频繁地进行透明化的随机分组
- 运用白板
- 课桌椅随意摆放
- 只回答持续思考的问题
- 站着口述题目
- 布置自测题
- 让知识流动起来
- 让学生进入心流状态
- 底层巩固

课堂的方法（独木）。本书对这14种方法进行了详细阐述，还提供了很多微观方法（更多独木）。这些方法（独木）都将帮助你打造出思考型课堂，促进学生思考（成林）。

我们要平衡地来实践各种方法，而不要过分注重哪种做法，否则容易忽略终极目标。如果我们想让学生思考，只给学生布置一些思考题是不够的。我们也要尽量不回答学生提出的接近性问题或停止思考的问题，因为这样做可能会剥夺学生思考的机会。我们还要调整教室的摆设，调整我们的教学方式以及评估方式，从而让学生为他们的学习承担更多的责任。我们所做的这些改变都是为了种下一棵棵小树苗，但我们的终极目标仍然是收获一整片的森林。

当你实现了这个目标，你会发现，所有的方法汇聚在一起，促进了一个融合的整体形成——思考型课堂。在这个课堂里，有着一群自由思考的学生，大家共同学习、共同讨论、共同理解与吸收知识。

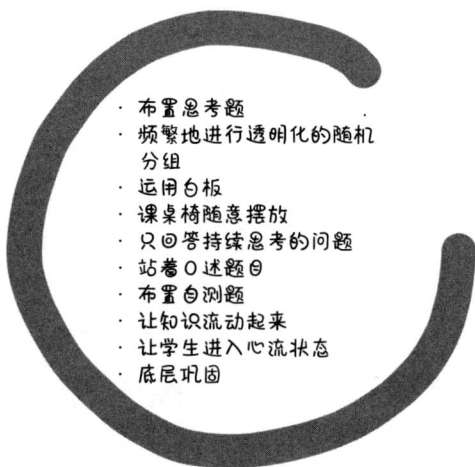

问题与解答

问题 思考型课堂似乎更侧重对学生进行提示和知识拓展，让学生进入心流状态。这一点既然很重要，为什么不在最开始的时候实践呢？

回答 让学生进入心流状态的确是思考型课堂上最重要的一环。但我选择把它放在工具包3里面，因为按照这样的顺序（图15-1）来实践，效果是最好的。我花了很长时间思考为什么是这种顺序而不是其他的顺序，我发现有些方法需要同时使用，有些方法需要在其他方法使用之后才开始使用。只有顺利实践了工具包1和工具包2中的方法，我们才会体会到让学生进入心流状态的价值与意义。

问题 我如果要打造思考型课堂的话，可能会比你所建议的速度慢很多，我可能会先改变我回答学生问题的方式，这样做可以吗？

回答 你可以按照你的想法来做。虽然本书提供的是一套经过验证的方法，一套构建思考型课堂（图15-1）和再建思考型课堂（图15-9）的框架，但你还是要自己思考——到底怎么做才是最适合你和学生的方式。我建议你不要进度太慢。研究表明，如果你每次只做出一点点细微的改变，那么学生的行为也不会发生彻底的改变。这就是为什么我建议你同时使用工具包1中的方法，因为你需要向学生证明这节课是不同的，从而帮助学生做出行为上的改变。

问题 在刚开始打造思考型课堂时，每周只用一节课来实践。这样可以吗？

回答 每周实践一次的确可以让你的学生从传统的教学方式中解脱出来。但研究表明，这样做既无法达到工具包1旨在达到的效果，而且会导致学生把数学课堂和思考型课堂看作两种不同类型的课堂。

问题 除了图15-4中所示的上课流程划分外，还有没有其他办法可以将一节课划分为两次课？

回答 有的。你可以专门用第二次课来让学生做自测题。除此之外，还有一种办法，即要求学生做完自测题后再记有意义的笔记。之前我建议你先带学生巩固知识点，再让他们记有意义的笔记，但记笔记也不一定要在巩固完知识点之后马上进行，我看到过一些老师会要求学生回家记笔记，在课堂上留出更多的时间来做自测题。经验证，这种方法也会增强学生在记笔记方面的责任感。

想一想

1. 在本章中，有哪些是你非常认可的内容？

2. 你还有其他的方法可以将一节课拆分为两次课吗？

3. 你的思考型课堂进展到哪一步了？接下来，你会怎么做呢？

4. 课堂就好比一个系统，会进行自我保护，不让自己发生变化。你有没有实践过一些新东西，却因为课堂系统的自我保护而没能成功？

5. 如果开学第一周是将新事物引入一个系统中的最佳时机，那你希望在下一学期刚开学时怎么做呢？

6. 当你在实践本章介绍的方法时，你觉得会遇到怎样的困难呢？有什么办法能克服这些困难呢？